百年贵大文化传承工程项目资金资助

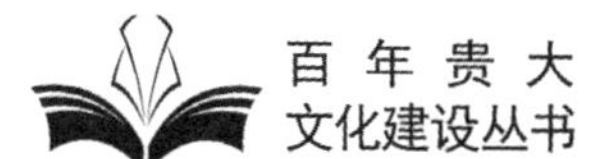

人的解读与重塑

——马克思学说与东西方文化

陶渝苏　徐　圻／著

图书在版编目（CIP）数据

人的解读与重塑 ： 马克思学说与东西方文化 / 陶渝苏，徐圻著． -- 贵阳 ： 贵州大学出版社，2022.8
（百年贵大文化建设丛书）
ISBN 978-7-5691-0576-6

Ⅰ．①人… Ⅱ．①陶… ②徐… Ⅲ．①马克思学－研究②东西文化－研究 Ⅳ．①A81 ②G0

中国版本图书馆 CIP 数据核字（2022）第 147916 号

RENDE JIEDU YU CHONGSU MAKESI XUESHUO YU DONGXIFANG WENHUA

人的解读与重塑

——马克思学说与东西方文化

著　　者：陶渝苏　徐　圻

出 版 人：闵　军
责任编辑：吴亚微
排版设计：方国进

出版发行：贵州大学出版社有限责任公司
地址：贵阳市花溪区贵州大学北校区出版大楼
邮编：550025　电话：0851-88291180
印　　刷：贵阳精彩数字印刷有限公司
开　　本：787 毫米 ×1092 毫米　1/16
印　　张：14.75
字　　数：219 千字
版　　次：2022 年 8 月第 1 版
印　　次：2022 年 8 月第 1 次印刷

书　　号：ISBN 978-7-5691-0576-6
定　　价：49.00 元

“百年贵大学术精品文库”序

◇ 李建军

“溪山如黛，常沐春风，学府起黔中。”1902年，贵州大学堂崛起于黔中，历经省立贵州大学、国立贵州农工学院、国立贵州大学等时期，1950年定名为贵州大学。1951年，毛泽东主席亲笔题写贵州大学校名。2005年，贵州大学成为国家“211工程”大学。2017年，入选国家世界一流学科建设高校。2018年，荣列教育部、贵州省人民政府“部省合建”高校。2022年，再度入选国家新一轮“双一流”建设高校。贵州大学学科门类齐全，涵盖文学、历史学、哲学、理学、工学、农学、医学、经济学、管理学、法学、教育学、艺术学等12个门类。

2021年12月，习近平总书记在中国文联十一大、中国作协十大开幕式上说：“文化是民族的精神命脉，文艺是时代的号角。古人说：‘文者，贯道之器也。’”在贵州大学建校120周年之际，将贵大学人的学术精品以及珍贵的校史资料、档案进行研究整理并予以出版，有利于百年贵大的文化传承，有利于提升学校的文化品位和学术影响力，有利于增强校友对母校的认同感和凝聚力。因此，学校特别策划出版了“百年贵大文化建设丛书”，“百年贵大学术精品文库”即为其中之一种。

贵州大学在百廿年的办学历程中，虽然校名几经更迭，校址几度变迁，筚路蓝缕，历经沧桑，但百年传承，薪火相继，始终坚持以兴学育人为根本，以立足贵州、服务地方为己任。学校由小到大，由弱渐强，形成了“艰苦奋斗，自强不息”的办学精神，凝练出“明德至善，博学笃行”的校训，以严谨、求实、创新的校风和丰厚的文化底蕴培养和孕育了大批优秀人才，为国家特别是贵州经济建设和社会发展提供了强有力的人才支撑和智力保障，而这离不开诸如周恭寿、周步瑛、李书田、张永立、柳诒徵、魏寿昆、王栋、张廷休、罗登义、吴定良、谢六逸、郎世俊、丁道衡、乐森璕、王世真、吴汝康、吕荧、刘述文、恽震、徐采栋、黎东方、姚奠中、汤炳正、张汝舟、张振珮、杨汉先、杜文铎、蒋希文、陈祖武、虞愚、王锳、宋宝安、马克俭、郝小江、张克勤等众多优秀学者的努力和贡献。他们在诲人不倦、教书育人的同时，也在各自的学术领域取得了丰硕的成果，撰写了诸多可堪传世的精品力作，成就了贵州大学“黔中第一学府”的美誉。这是百年名校的历史积淀，更是建设“双一流”大学的厚重底蕴。

“百年贵大学术精品文库”选取贵州大学两个“甲子”120 年来贵大学人在各学科领域创作的、具有代表性的经典学术著作整理出版，如《中国文化史》《世界文学》《二毋室古代天文历法论丛》等。

《中国文化史》一书为 1942—1946 年被聘为国立贵州大学特约讲席的史学家柳诒徵的代表作，被称为中国文化史的“开山之作”。本书着眼于世界文化史与中国文化史的密切关系，叙述了从周代至清代五千年来的中国文化发展史。引用资料自六经、诸子、二十五史、历代各家著述、国外汉学家论著至近代报纸杂志、统计报道，无不详为选辑，史论结合，在当时流传甚广。柳诒徵，字翼谋，亦字希兆，号知非，晚年号劬堂，是中国近现代史学先驱、中国文化学的奠基人和现代儒学宗师，也是著名的书法家和教育家。他在贵州大学任教时，讲课有条不紊，既不做枯燥无味的考证，也不做不着边际的空谈，而是广征博引，引人入胜，不仅得到文科生的喜爱，就连理工科的学生也赶来旁听。在学术方面，他以“一不敷衍自己，二不敷衍古人，三不敷衍今人”为治学准绳，注重史料的作用，并把历史分为“代史、类史、地史、国史”四类，影响了现代史学的治学方向和学科架构。

谢六逸的《世界文学》介绍了英国、法国、德国的古典主义文学、浪漫主义文学、现实主义文学和自然主义文学及新兴文学，内容丰富，介绍系统，是最能表现作者学术功底和眼界的作品。谢六逸，号光燊，字六逸，笔名宏徒、鲁愚，是著名的作家、翻译家、教授，中国现代新闻教育事业的奠基者之一。他提出新闻记者须具备“史德、史才、史识”三条件，为全国大学设新闻系之嚆矢。在贵阳，谢六逸以振兴家乡文化教育为己任，先后任大夏大学文学院院长、国立贵州大学中文系教授，主讲“中国文学史”“文学批评”“国文教材及教法研究”等课程。他学识渊博、和蔼可亲，讲解细致入微，深受学生爱戴。先生十分勤勉，夙兴夜寐、著作等身，有关日本文学、世界文学的著作更是成为文学研究的珍贵文献。

《二毋室古代天文历法论丛》是知名学者、语言学家、贵州大学教授张汝舟先生的代表作。张汝舟先生在对中国古代天文历法的研究中，强调将纸上材料（文献记录）、地下材料（出土文物）、天上材料（实际天象）对证，做到“三证合一”，倾力研究中国古代天文历法资料，较前人取得了可靠的结论。这种古天文历法体系，影响了整个学术界。本书是张汝舟先生在古代天文历法方面的文章合集，解决了很多历史上长期没有解决的具体问题，成为古代天文历法方面独具特色的著作。张汝舟先生毕生从事教育事业，敬德修业、教书育人，以培养人才为己任。他崇高的道德修养、精深的学术水平影响和造就了一大批人才。国内知名学者如周本淳、宋祚胤、孟醒仁、祖保泉等都出自他门下。他在贵州从教近30年，为贵州培养了众多的专业人才，不少弟子成为教育、文艺、学术方面的骨干与中坚，在贵州文教领域熠熠生辉。弟子们给张汝舟先生撰述的《墓碑记》所言：“玉在山而草木润，先师于贵州文教学术之贡献，可谓大矣。弟子遍黔中，颂先师之书、传先师之道，敬德修业咸以先师为楷模。道德风范，口耳相传，无不以升堂入室为荣。”

“百年贵大学术精品文库”所选学术精品著作，涵盖了文学、历史、哲学、政治、经济、法律、社会学、艺术学及理、工、农等众多学科，限于篇幅，恕不能在此一一列举。本丛书一方面梳理、归集了贵州大学建校以来的丰硕学术成果，以明晰学术传承脉络，继传统，启后学；一方面以回顾历史为契机，将当前活跃在国内外学界的贵大人的精品学术成果纳入丛书之中，激励大家沉潜学术，关照现实，投身新时代，为推进学校“双一流”建设、学校学科振兴建设贡献力量。

明德至善，博学笃行，文脉永赓续。“百年贵大学术精品文库”的整理出版，不仅有利于传承贵大百余年的文脉、彰显贵大文化自信，更有利于落实立德树人的根本任务。百年贵大，时逢盛世中华，贵大人当不忘初心、牢记使命，薪火相传，一路凯歌行进，未来必将无限广大。

出版前言

马克思在谈到黑格尔哲学的现实意义时，曾经把这种哲学称作“法国革命的德国理论”。马克思主义这一产生于西方而在东方国家造成了空前社会变迁的伟大学说，也正是一种“东方革命的西方理论”。马克思主义在当代中国是一个超越不了的文化论题。本书从学理上对马克思主义进行阐明与解读，对东西方文化进行比较，由此提出，马克思主义之所以能够在中国取得巨大的社会效应并深入人心，是因为马克思主义与中国传统文化存在着某种程度的默契，这也正是该书力图阐发的主旨。

马克思主义作为人类智慧和人类优秀思想文化发展的结晶，是由两个大的部分构成的，即理想主义的部分和现实主义的部分。其理想主义部分主要是对人类美好生活的憧憬与构想，对人的全面发展的关注，对劳动从“异化状态”向“本真状态”回归的信心。本书在对理想主义部分进行梳理的基础上，也对现实主义部分进行了探讨，展示了马克思主义在“全球化”态势下的现代意义和恒久价值，从而指导人类更好地向本真状态的回归。这在新的时代背景下具有重要的现实意义。

本书 2002 年由重庆出版社出版发行，本次再版，作者对第一版的相关内容进行了调整，删掉了第一版的第八章、第九章、第十章、第十二章，从调整中也可以看到作者对某些话语和观念有了新的态度，但是对于本书所研讨的核心问题的基本立场并未改变。适逢贵州大学建校 120 周年之际，我们将此书收入“百年贵大学术精品文库”，以飨读者。

CONTENTS

目　录

第一章　论作为“东方革命的西方理论”的马克思主义

一、从批判的武器到武器的批判

自马克思、恩格斯于19世纪40年代提出自己的学说以来，已经过去了快两个世纪。在这样长的历史时期里，马克思主义的发展实际上呈现出这样一个地缘文化事实：它产生于西方，却影响、改变和扎根在了东方。这是特别耐人寻味的。为什么会这样？我们认为，马克思主义作为人类智慧和人类优秀思想文化发展的结晶，是由两个大的部分构成的，即理想主义的部分和现实主义的部分。其理想主义部分主要是对人类美好生活（包括经济发展的高效率与分配制度的公平之间的统一，物质生活的不断改善与精神境界的不断超越之间的互补，等等）的憧憬与构想，对人的全面发展（即人的创造性、人的精神生活的丰富多彩、人与人的友爱，等等）的关注，对劳动从“异化状态”向“本真状态”回归的信心。总之，从理想和长远的方面来讲，马克思主义是一种人道主义学说。在这个学说中，最重要的并非是使人获取最大的经济收益，恰恰相反，它要使人从千百年来一直压迫着人们的经济需求下面解脱出来，以便使人及人类社会获得精神的解放。正是由于马克思所看到的资本主义社会下人的生存现状并不理想（主要表现为经济生活中的剥削、劳动性质的异化，以及由此而导致的人的畸形发展），所以马克思提出自己的学说首先是要表示一种抗议，即抗议人性的扭曲；其次，马克思要通过社会的和文化的批判来促使人们意识到自己的不利处境，进而自觉地去改善这种处境，使人的“自我”恢复原状。用埃里希·弗洛姆的话讲就是，马克思认为“人在事实上不是他潜在地是的那个样子，换句话说，人不是他应当成为的样子，而他应当成为他可能成为的那个样子”[①]。可见，从根本上讲，马克思主义是一种“救世理论”，是一种全力以赴地促使不合理社会现象向合理社会现象转变的“批判的武器”。

然而正如马克思本人所讲：“批判的武器不能代替武器的批判，物质力量只能用物质力量来摧毁；但是理论一旦掌握群众，也会变成物质力量。理论只要说服人，就能掌握群众。”[②] 这就是说，马克思主义不仅是一种理想化的人道主义理论，而且是一种力图改变世界的现实革命理论。换句话说，马克思主义一方面树立了一种理想社会、理想人格的范式，同时它又要求人们必须通过切切实实的行动（即“武器的批判”）来达到这个目标。马克思主义的现实主义部分，即马克思主义关于社会变革的理论，已为人们熟知。那就是通过揭露资本主义经济制度的剥削本质，来唤醒被雇佣的劳动者的阶级意识，进而组织成为无产阶级的革命力量，在共产党及其领袖的领导下，首先在政治上实现变革。用马克思和恩格斯的话来说，“工人革命的第一步就是使无产阶级上升为统治阶级，争得民主”；在此基础上，“一步一步地夺取资产阶级的全部资本，把一切生产工具集中在国家即组织成为统治阶级的无产阶级的手中，并且尽可能快地增加生产力的总量。”[③] 要实现这两个目标，最重要的甚至是唯一的手段就是暴力：“共产党人不屑于隐瞒自己的观点和意图。他们公开宣布：他们的目的只有通过暴力推翻全部现存的社会制度才能达到”，他们豪迈地宣布：“无产者在这个革命中失去的只是锁链，他们获得的将是整个世界。”[④] 这正是马克思、恩格斯最先提出，后来又被众多的马克思主义者们接受

---

① 复旦大学哲学系现代西方哲学研究室编译《西方学者论〈一八四四年经济学—哲学手稿〉》，复旦大学出版社，1983，第 59 页。

② 中共中央马克思恩格斯列宁斯大林著作编译局编译《马克思恩格斯选集》第 1 卷，人民出版社，1995，第 9 页。

③ 同上书，第 272 页。

④ 同上书，第 285—286 页。

并用以实现社会根本变革的途径。

二、马克思学说的东方意义

问题是，为什么马克思主义的现实功能没有能够在它的诞生地西方得到充分的发挥，却在遥远的东方（比如俄国和中国）取得了伟大的成功呢？

根据意大利共产党创始人安东尼奥·葛兰西的解释，那是因为西方国家与东方国家的政治结构有区别。他认为，在东方，政治统治就是一切，或基本上就是一切。一旦在东方爆发无产阶级革命并且夺取了国家政权，无产阶级（或受压迫阶级）就会立即上升为统治阶级，随即实现经济制度的变革。而西方社会却更为复杂，它是"上层建筑"与"市民社会"的有机统一，资产阶级统治是建立在"强制"(暴力、压迫，等等）和"同意"(民众对体制的认同）相结合的基础上的。因此，一方面，在西方爆发革命的可能性和成功性都很小；另一方面，即便夺取了国家机器，市民社会也会从内部将革命的成果逐步瓦解掉。因此，马克思设计的暴力革命的道路在西方是行不通的，足见葛兰西的观点是有道理的。毫无疑问，马克思主义的理想主义部分是具有普遍意义的，它对人的全面发展和社会的全面完善的描绘与预言，不论对西方还是对东方，都是一种普适的价值观。然而，马克思主义的现实主义部分，在西方和在东方的适用程度却有天壤之别。不错，马克思、恩格斯十分痛恨他们所生活的那个自由资本主义的社会，并通过大量论述来揭示了它的罪恶以及它被社会主义、共产主义所取代的历史必然性。但是，西方的资本主义制度，就像西方历史上其他社会制度一样，也不是一成不变的。西方文化中所固有的批判性、怀疑性和相对主义，使得西方人不愿接受"永恒真理""天不变道亦不变"那样的观念。马克思和恩格斯以及其他对资本主义持激烈否定态度的思想家们的批判，客观上促使这个制度的维护者们认真地对待这个制度的种种弊端，并千方百计采取经济的、政治的、科技的、社会的和文化的措施，来缓解甚至尽可能消除这些弊端。结果，西方资本主义便从马克思那个时代的自由、放任、粗放、赤裸裸的形态逐步演化为后来的"理性”和“温文尔雅”的形态了。而马克思当年对它的揭露、批判，以及当年设计的推翻它的现实途径（暴力革命等），在西方便显得不现实了。在这种情况下，如果真的在资本主义世界发生一场旨在推翻现存制度的革命（不管是暴力的革命还是非暴力的革命），那么，一方面不会有足够的“下层劳动者”参加，另一方面，即便有那么多人参加，他们在这场革命之后便会感觉到，他们失去的，已经不仅仅是锁链了。换句话说，西方的无产者已经失去了当初马克思和恩格斯曾对之抱有极大信心的阶级意识。

东方国家的情况则有很大的不同。首先，在东方国家，政治权力是支配一切的至高权力。正如葛兰西所指出的：最高权力一旦发生变故，改朝换代、社会大变迁便即刻实现。因此，马克思、恩格斯所设计的“剥夺剥夺者”“用暴力推翻现存制度”等革命方略，最能引起东方革命者的共鸣，也最易于被东方革命者所采纳（当然，在真正实施的时候，还必须与本国的具体情况相适应，设计出一种最可行的革命方式来，比如列宁的攻打冬宫的战略和毛泽东的“农村包围城市”的道路）。这是马克思主义之所以在东方取得成功的一个原因。另一个原因则是：东方被压迫民众与西方被压迫民众的生存境遇之间的差别实在是太大了，以至于一方面，马克思主义在力图唤起西方无产者的阶级意识和革命冲动时总是不太顺利，而另一方面，它在传播到东方国家时，却迅速地将东方劳苦大众的阶级意识和革命冲动极大地焕发出来了。的确，《共产党宣言》《英国工人阶级状况》《雇佣劳动与资本》《资本论》等著作所揭露出来的西方无产者的“非人道”的工作状况和生活状况，如果放到俄国特别是中国的劳动者当中来，简直就算不了什么。马克思曾经把订阅报刊、孩子受教育等费用，折算成19世纪欧洲一个普通工人家庭的“社会必要劳动时间”；然而，这样的开支在20世纪上半叶的中国，哪怕对于中等阶层来说也是不可能的。于是，当西方的工人阶级对马克思主义的召唤无动于衷的时候，东方的劳动人民却在了解到马克思主义的基本内容之后，便风起云涌般地投身于“剥夺剥夺者”“翻身做主人”的革命中去了。

三、中国文化与马克思主义的契合

马克思在谈到黑格尔哲学的现实意义的时候，曾经把这种哲学称作"法国革命的德国理论"。意思是说，黑格尔哲学从表面上看是一种用艰涩的语言包裹起来的保守的德国理论体系；但是，这种哲学内在的、本质的革命精神却是对法国大革命的理论策应。虽然黑格尔哲学未能在黑格尔的故乡德国造成现实的变革，但却引起了法国革命者的共鸣。马克思对黑格尔理论所产生的奇异社会效益的这种评价，不是也可以用来刻画马克思自己的理论吗？这一产生于西方而在东方国家造成了空前社会变迁的伟大学说，不正是一种"东方革命的西方理论"吗？

马克思主义能够在中国引起革命，已经清楚了；但是它能够在中国扎下根来，其原因则更加深刻。人们往往把马克思主义成为中国共产党的指导思想这件事，归结为所谓"权力话语"的结果。这种说法至少忽视了这样一个根本性的事实：马克思主义与中国传统文化中的某些成分有着天然的一致。作为西方文化的一个类型，马克思主义对人性的估价应该说是非西方化的，即它不承认人性的丑恶或"原罪"，反而认为人有着某种善良的意愿，比如人对"本来意义"的劳动的天然热爱，人对消除精神异化、回归自然本性的渴望，人在物质极大丰富的情况下对自身"全面发展"的向往，人对"物质生产领域的彼岸"的那个"历史自由王国"的憧憬等，都表明马克思对人性的"复归"是心驰神往的。而这种倾向，恰恰与儒学对道德理想的追求、对"大同世界"的渴望、对"人人皆可为尧舜"的期盼，是高度一致的。这是马克思主义扎根于中国的一个不可忽视的内在原因。

马克思主义强调人的完善的每一步都与社会生产力发展的特定历史阶段相联系，尽管这种联系并不是机械的和直截了当的，而是恩格斯一再指出的那样，是"归根结底"意义上的。可见，马克思主义是一种既包含了西方的"工具理性"精神，又包含了东方的"价值理性"意蕴的思想体系。在全球化浪潮从经济和科技领域涌向思想文化领域的形势下，正确地认识马克思主义在中国造成的影响，以便在马克思主义中国化的基础上，奋力找到沟通东西方文化壁垒的最佳途径，既是知识分子的分内之事，也是政治领导人的应尽之责。

四、马克思主义的不可超越性

20世纪80年代中期以来，中国学术界的一项持续不断的活动，就是开展文化价值问题的讨论。讨论的主题集中在两个方面：一是传统文化在当代的地位与发展问题；二是“国学”与“西学”的关系问题。围绕着这两个主题，人们进行了多视角、多方位、多层次的研究，提出了各种观点。在这些观点中，要求重新审视国学，以便弘扬传统文化中的精华来为中国的全方位现代化服务的观点，占了主导地位。这就使人想起了20世纪初那场思想文化大讨论。当时一大批“领风气之先”的中国知识分子面对国家衰败、民族危亡的局面，提出过许许多多救国图强的主张。除了那些实证性的主张（如实业救国、教育救国等）外，从深层次上即从思想观念的层面探讨济世之道的知识分子们展开了激烈的争论。“五四”以后，中国发生了天翻地覆的社会变化，马克思主义在其中始终起着引导历史前进的作用。在不同的历史时期，马克思主义曾经被不同的人加以不同的解读，从而导致了虽很不相同、却都十分重要的社会影响。这正说明了20世纪中国文化与马克思主义之间的不解之缘。因此，在当前及未来的文化建设问题上，不管人们怎样呼吁国学的振兴和人文精神的重建，都不能回避马克思主义的地位与作用的问题，即是说，马克思主义在当代中国是一个超越不了的文化论题。

五、工业文明下人的解放

前面已经谈到，马克思主义作为一种起源于西域的文化模式，之所以能够在这么长的时间里处于我们这个古老东方大国的社会进程的核心地位，就在于它实际上扮演着某种“东方革命的西方理论”的角色，即它总是不断地与变化着的中国社会现实及本土文化进行着相互间的融合与渗透，进而不断地丰富着中国新文化的理论与实践内涵。

然而并不是所有的人都同意这一判断。一段时间以来，马克思主义在中国的境遇有些令人奇怪：作为一种意识形态，它拥有一种无可争议的政治、社会地位。它不但写进了党章和宪法，而且成为制定国家发展战略、路线、方针、政策的根本性指导原则；但是，当人们对马克思主义进行文化学理层面的研究时，却显得没有力度。原因有两个：第一，在改革开放以前的相当长一段时间里，马克思主义被规定为一种在结构上不可更改的、教条的理论体系，而这个结构，基本上是根据苏联的模式建立起来的。第二，有的人把马克思主义仅仅看成是一种意识形态，因而不愿探讨甚至不愿承认它的文化学术价值。后一种看法在当前比较突出，以至于出现了绕开马克思主义去谈论当代中国的思想文化建设这样的倾向。我们认为这至少是脱离现实的。因为，既然马克思主义已经占据了长期而相当稳固的主流文化地位，那么在21世纪，任何一项重要的思想建设事业都不可能不与马克思主义有直接的关联。由此还可以得出一个结论：对马克思主义进行真正深入的理论探讨（包括社会政治和学术文化这两方面的探讨），不仅是可能的，而且是十分必要的。当然，过去那种僵化和教条的理解肯定是无助于这种探讨的。所以，重要的仍然是对马克思主义进行中国式的解读。

要继续实现马克思主义的中国化，一个重要的前提是坚持马克思主义的理论基本点。然而恰恰在这个问题上最容易发生理解上的差异。历史已经证明，苏联人解读出来的马克思主义，即便不是一种过于偏差的理论体系，也是一种过于狭窄的理论体系。它在实践中虽然有过辉煌时期，却也造成过严重的失误，以至于后来在社会主义国家中普遍实施了改革。于是，另一种偏向出现了，那就是对马克思主义的庸俗化的理解。如今的确已没有什么人把马克思主义看成一种“精神胜利法”了，但是却有不少的人将它看成是“唯经济胜利法”。这种看法的片面与不当，其实早在恩格斯在世时就被严肃指出了。恩格斯讲：根据唯物史观，历史过程中的决定性因素归根结底是现实生活的生产和再生产。无论马克思或我，都从来没有肯定过比这更多的东西。

如果有人在这里加以歪曲，说经济因素是唯一决定性的因素，那么他就把这个命题变成了毫无内容的、抽象的、荒诞无稽的空话。恩格斯的这些话，是针对当时一些信奉马克思主义却片面地理解了马克思主义的人说的；可是在后来差不多整个20世纪的上半叶，怀有敌意的西方思想家却一再把马克思主义的哲学基础——历史唯物论描绘成一种探讨人类行为的物质和经济诱因的浅薄的心理学理论。众所周知，马克思和恩格斯极其关注人们现实的经济生活条件（主要是生产方式）对人们的思想、感情和欲望的巨大制约作用，这一点正构成了他们的历史哲学的基本理论特征。但是这并不意味着人们的精神文化水准只能步经济发展状况的后尘，更不意味着人们生活的意义只是在于全力追求物质的消费和感官的满足。然而，这种对马克思主义的唯“物”主义的理解，却在我们今天的现实生活中不时地得到运用。换句话说，我们社会中那些一味追求金钱、财富、享乐的种种行为，似乎可以“合理的”被归结为“物质第一性”“存在决定意识”一类。其实，唯“物”主义不是别的，恰恰是资本主义生活方式最显著的特点，它通过异化的劳动过程在肉体上和精神上给劳动者造成的损害，曾经那样强烈地震撼着从青年直到晚年的马克思，以至于他把克服劳动异化、消除商品和货币的拜物教、使人重新占有自己的本质，作为自己毕生的事业，其结果便是以他本人的名字命名的世界范围的社会主义运动。

这样一来，马克思主义在当代商业文化氛围中的社会功能便愈发显得具有针对性了。在我们看来，马克思主义的一个持久不衰的价值在于它可以解救处于异化状态下的现代人。到目前为止，所有国家的工业化过程都伴随着巨大的精神阵痛。如果这种现象的确非有不可，那么马克思主义可以起到消除至少是缓解人的异化的作用。单就经济发展指标而言，到目前为止还没有任何社会形态可以与资本主义相匹敌，马克思和恩格斯在一百多年前就曾对资本主义生产方式的经济效率表示了赞叹，而这种生产方式在今天所带来的物质产品的丰饶、快捷和便利更是有目共睹。但是，这种生产方式在历史的主体——人身上所体现的，却是分配的不公和精神的倒错，马克思将这种情况归结为"异化（或物化）劳动"的直接后果，它构成了资本主义生产方式内在的弊端。虽然马克思的时代离今天已过去了100多年，而且资本主义也进行了多次的自我调整与更新，但它的这种内在的弊端却是怎么也克服不掉的；它在当今世界最主要的表现就是使原本活生生的人变成了冷冰冰的人，使原本丰富多彩的人变成了单向度的人。特别严重的是，异化似乎成了一种普遍的社会现象。就是说，似乎每一个国家要实现自己的经济现代化，便注定要以不同程度的精神危机为代价，似乎"鱼"和"熊掌"怎么也不能兼得。正是这种令人困惑的两难选择，使得今天越来越多的有识之士清楚地认识到，尽管经济这种"硬权力"永远都是文化这种"软权力"的基础，但那种以单纯的经济力量来衡量社会进步程度的观点，却是十分片面的。马克思和恩格斯当年在理论与实践两个方面所进行的努力，正是为了避免人和社会的畸形发展。于是，问题又回到了马克思主义的这样一个基本点上来：资本主义之所以必须加以否定，就是因为它总是把对金钱和物质利益的追逐当成了人主要的甚至是唯一的动力；而社会主义之所以应当取代资本主义，就是因为它关注的是人的整体发展和社会的全面进步，并且力求为实现这样的目标而创造物质和精神两方面的条件。

因此，当务之急是在理论上和实践中给马克思主义以及真正的社会主义定位。无疑，马克思没能料到今天所发生的许多事情，但是，他憧憬并且描绘的那个理想社会却体现了人类本性中的某种共同的价值取向，那就是：一个建立在自然的特别是经济的必然王国基础之上的历史自由王国。其中，经济的必然性（主要指市场运作的法则）导致的是物质资料尽可能地丰富（但不是无限度的、以毁灭自然生态和窒息人的劳动渴望为代价的那种物质享乐），而自由王国却处于"由必需和外在目的规定要做的劳动终止的地方才开始，因而按照事物的本性来说，它存在于真正物质生产领域的彼岸"。马克思在这里所讲的"经济的必然王国"也就是我们所讲的物质文明，即生产力的不断发展，它是一切社会得以存在、进步和完善的基础；然而真正的进步与完善却必须超越这种经济的必然性，去达到自由王国的境界。这种境界，也就是我们所讲的精神文明，即整个社会的思想、道德、文化、教育的水平达到空前的完善程度。在那种情况下，人与自己、与他人、与自然界之间不是相互否定的，而是相互肯定的；不是头重脚轻的，而是和谐一致的。人类理想的社会“将是这样一个联合体，在那里，每个人的自由发展是一切人的自由发展的条件”[①]。

六、马克思主义：有物质基础的“救世理论”

正是为了对抗西方工业文明负面因素的袭染，20世纪80年代以来，中国学术界掀起了一股“国学热”，旨在唤醒人们正在淡忘的道德理想和重建往昔的精神家园。不可否认，发生在今天不少中国人身上的“精神贫血症”，确实跟遗忘“国粹”、迷失传统有关，因而补上这一课实属必要。但是切不可对国学的“造血功能”期待过高。须知，从“五四”算起，尤其是改革开放以来，中国发生了极其深刻的变化。不论是国家的整体状态，还是中国在世界舞台上的角色，以及国人的精神面貌，都已绝非20世纪初的情况可比。人们当然有理由从学术理论的角度评论，当初“本该”如何对待国学，以及现在“应当”如何从国学（主要是儒学）典籍中寻找和再造“济世良方”，等等。可是，我们还得面对已经发生并将继续发生巨大变迁的社会现实，这种社会现实的基本特征有两点：一是中国业已走上了经济市场化的道路；二是马克思主义在中国所占据的主流文化地位不会因经济的市场化而发生根本性的变化。不承认这两点，关于文化价值问题的讨论便永远只能停留在纯学术的层面，而不具有现实意义。

中国传统文化的特点和优点在于它对精神价值的强烈肯定，但是它的弱点也正在这里。为什么千百年来中国历经战争浩劫、改朝换代，都不曾动摇我们这个古老文明的基本结构，而在西方的商业化、市场化面前我们却是如此地不堪一击，以至于发生了空前的价值失范？说到底，是由于我们的传统

① 中共中央马克思恩格斯列宁斯大林著作编译局编译《马克思恩格斯选集》第1卷，人民出版社，1995，第294页。

文化有着不可克服的缺陷：无论人们怎么辩护，它要求实现的道德理想等，是以物质生活的匮乏为前提的。而在当今世界，一旦物质基础发生了危机，任何别的追求都是谈不上的。与西方人相比，中国人的生命意义的确应当更多地（当然不是唯一地）在精神世界中去寻找，这一方面是由中国文化与西方文化的内在差异所决定的，同时也是出于这样一个十分现实的理由：对于大多数中国人来说，有一种充足而适度的物质消费，加上充实而完整的精神享受，才是可以指望的美好生活。在这方面，马克思主义为我们提供了理论与实践的范例。马克思主义与中国本土文化之间有一种天然的默契，即都注重人的道德的完善，而不一意味地追逐物欲的满足。马克思主义始终强调：人的完善的每一步，都不能不与社会生产力发展的特定历史阶段相联系，尽管这种联系并非人们以前经常所说的那种机械的和直截了当的，而是恩格斯所讲的那种“归根结底”意义上的。因此，我们的结论是：在西方商业文化甚嚣尘上的情况下，我们需要对传统文化以及马克思主义重新进行解读和应用。

第二章　马克思的历史哲学：辨伪与澄清

毫无疑问，马克思主义的一切理论与实践，都是建立在特定的哲学理论基础上的。但是，在究竟什么是马克思主义的哲学，以及这种哲学的精髓及现实意义是什么的问题上，长期以来存在着极大的分歧。这种分歧的产生有历史的理由。首先，马克思主义是由马克思和恩格斯在19世纪共同创立的。在对资本主义制度进行全面批判的过程中，在与形形色色的资产阶级自由派和反马克思主义或非马克思主义思潮做斗争的过程中，马克思和恩格斯携手合作、并肩战斗，共同构筑了意识形态上的坚强堡垒。马克思和恩格斯在不同的理论领域有着不同的分工，他们各自关注的问题或偏重点也不尽相同。可以想象，两位才华横溢、极富创造性的伟大思想家在具体见解上是不可能完全一致的，但是共同的大目标却使得他们之间的一些并非无关紧要的分歧在他们在世时显得不重要了。但是在今天看来，这种不同之处或分歧不仅是不能忽略的客观事实，而且加以分析和解说已经显得十分必要。其次，长期以来，由苏联人解读出来的马克思主义哲学被奉为“正统”，一切与之相悖的解说都成了“异端”。这样一来，一方面，在苏联模式下的各种马克思主义哲学理论版本，都是某种特定的、不容置疑的、教条的体系的翻版；另一方面，那些敌视马克思主义的人却趁机对马克思主义哲学进行歪曲，甚至进行漫画式的描述，从而造成了对马克思主义哲学理解上的诸多困难。我们无意致力于对马克思主义哲学进行全面的重新阐释。但是，我们愿意对100多年来特别是20世纪以来马克思主义哲学所受到的敌视与歪曲，以及由于种种可以理解的原因而造成的误解，做出理性的澄清，并就马克思主义哲学的一些重要理论表述我们自己的理解。

一、马克思的哲学立足点是物还是人？

从纯粹哲学的意义上讲，马克思无疑是一位唯物主义者。马克思相信，运动着的物质是宇宙的基本成分；构成实在的，不是超验的“本质”或观念，而是我们生活于其中的这个感性的世界。不过，这类“本体论”问题实际上是马克思不感兴趣的。马克思在他的著作中很少议论这类问题。相反，马克思一再指出，探讨人及其活动“以外”的那个“客观世界”，以及相应的“客观真理”问题，是“纯粹经院哲学”的问题。马克思的唯物主义跟一般的唯物主义有根本的不同。实际上，马克思一直坚决地反对当时在自然科学家当中十分流行的那种哲学唯物主义。根据这种唯物主义，一切思想和精神现象的来源都只能在物质及物质过程当中去寻找，而其最庸俗、最浅薄的表现形式，就是认为“脑子分泌思想就像肾脏分泌尿液一样”。马克思把这种机械的唯物主义称作“排除历史的、抽象的、自然科学的唯物主义”[①]。在这里，马克思最关注的是“历史过程”，即人类行为的总和。在这个意义上，马克思不用唯物主义来称呼自己的哲学，而采用了“自然主义”“人本主义”这种提法，并且断言，他的哲学有别于以往的唯物主义、唯心主义，却同时实现了两者的综合。他说：“彻底的自然主义和人本主义既有别于唯心主义，也有别于唯物主义，同时是把它们二者统一起来的真理。”[②]

在马克思那里，重要的不是唯物主义这样一种本体论（那是马克思不关心的事情），而是他的哲学的“唯物主义基础”。这个基础不是感性的物质、自然界，而是“人类生存的基本条件”。从这个意义上讲，把马克思的哲学称作“历史唯物主义”是贴切的，尽管马克思本人从未使用过这个词。在这个名称中，要点不是像通常讲的那样将辩证唯物主义“推广应用”于历史领域，

---

① 中共中央马克思恩格斯列宁斯大林著作编译局编译《马克思恩格斯全集》第 23 卷，人民出版社，1972，第 410 页。

② 马克思：《1844 年经济学—哲学手稿》，刘丕坤译，人民出版社，1979，第 120 页。

而是人类历史从来就是这种哲学的出发点，并且仅仅以人的历史实践为内容。

但是，马克思这种唯物主义哲学却受到了长期的曲解。在主要的西方式的理解中，历史唯物主义是这样一种哲学，它主张人的物质利益、人对不断增加自己的物质财富和使生活日益舒适的愿望是历史的主要动力。事实上，历史唯物主义绝对不是这样一种人类心理动机理论；不论人类的心理动机是多么地高雅，也不论这种动机是多么地粗俗，都跟马克思的哲学没有关系。马克思关心人类生存的基本条件，这个条件当然主要指物质条件。但是马克思不研究这种条件与人的行为之间的直接的因果联系，而研究人的现实经济生活和社会生活的本质，研究人的实际生活方式对人的思想和感情造成的深刻的影响。正如马克思所说："我们的出发点是从事实际活动的人，而且从他们的现实生活过程中我们还可以揭示这一生活过程在意识形态上的反射和回声的发展。"[①] 马克思还认为，个人怎样表现自己的生活，他们自己也就怎样。因此，他们是什么样的，这同他们的生产是一致的——既和他们生产什么一致，又和他们怎样生产一致。总的来说个人是什么样的，取决于他们进行生产的物质条件。一方面，马克思像黑格尔一样，不把历史当作静态的、抽象的东西来看，而是在它的运动和变化（通过人的能动实践来体现）中来观察；另一方面，马克思又不像黑格尔那样从某种观念、精神原则出发，而是从现实的人和他必须生活于其中的经济环境和社会环境出发来审视人和人类历史。正是在这个意义上，马克思的哲学被称作"实践唯物主义"。

应当把不依赖任何主体的活动而独立存在这种"客观性"，与对于人及其活动而言的"世界"这两者区别开来。真正重要的是后者，那正是实践唯物主义的出发点与归宿，这种唯物主义的创始人正是马克思。当马克思强调事物、现实、自然界只能作为人的对象、作为人的实践活动的构成要素而被理解的时候，这里面一点也没有否认这个现实以及这个自然界的客观存在的意思，只是说，这种抽象的客观性是不值得讨论的，因为它与人没有关系。毫

---

① 中共中央马克思恩格斯列宁斯大林著作编译局编译《马克思恩格斯选集》第1卷，人民出版社，1995，第73页。

无疑问，这不是恩格斯的观点，但却是马克思的观点。恩格斯强烈地认定，获取真理的前提是如实地反映客观现实（不管是自然的现实还是人类的现实），然后才有驾驭现实、造福人类的问题。换句话讲，在恩格斯那里，哲学的“唯物主义”是第一位的东西，认识的最高价值是与“实在”相符合。但是马克思的观点却不是如此。我认为，马克思的哲学贡献主要是在他比较年轻的时期（19世纪40至60年代，特别是1845年前后）做出的。在这一时期，马克思虽然时不时地也谈到自己哲学的唯物主义性质，但大量论述的始终是辩证法和人类学问题，而且常常使用思辨哲学和人本哲学的术语。特别应该指出的是，马克思几乎没有论及认识如何与对象相一致、主体如何“反映”或“刻画”客观实在这类经典唯物主义的问题；相反，他的思路总是围绕着主体（人）如何能动地“介入”客体（自然界和社会生活）、理论如何与实践达到同一、人如何创造自己的历史这类辩证问题而展开，其中，人的实践活动是一切的核心。在马克思的中、晚年，他的精力集中于政治经济学批判和重大的政治问题（从第一国际到巴黎公社），而极少专门谈及哲学。所以，从哲学上讲，不能认为马克思有早期和晚期之间的区别，更不能断定他的早期是“不成熟”的。那么，最能够概括以及反映马克思哲学思想的话语是什么呢？我们认为是作为他的墓志铭的那句著名的箴言：“哲学家们只是用不同的方式解释世界，而问题在于改变世界。”这是以实践为最大特征的马克思哲学思想的必然结论，也是马克思哲学同以前和以后的流行哲学的最重要的区别。在这里，“改变”而不是“解释”世界，是第一位的事情。而这一点，无论如何与恩格斯所注重的事情是不同的。我们认为，不论马克思与恩格斯之间这种侧重点的不同有怎样的原因，但是这个不同之处却是不能够否认的。而且，尽管恩格斯本人决不希望看到他与马克思在哲学上有分歧——他真诚地认为他陈述的也全是马克思的哲学思想，而且他从来甘愿做“第二小提琴手”，这一点显示了他伟大的人格——但这个不同之点事实上造成了后来的马克思主义者之间的重大分歧甚至是激烈的党派之争。

其实，不仅是马克思，列宁也对纯粹哲学问题没有多少兴趣。历史表明，

1908 年以前，列宁并没有专门的哲学著述。当围绕有关最新自然科学成就的哲学意义的争论发生的时候，列宁并没有予以特别的关注。可是，当了解到他称之为“变相的孟什维克”的亚历山大·波格丹诺夫正在宣扬一种“经验一元论”(即马赫主义）时，他便感到有必要进行系统的哲学斗争，来澄清布尔什维克的唯物主义的哲学理论基础，以便从哲学的高度打击孟什维克、“召回派”等反布尔什维克的政治派别。这一点，至少是《唯物主义和经验批判主义》这本哲学著作问世的一个原因。今天看来，这本著作的一些论点明显是不合适的，至少是不全面的；尤其是作者对 20 世纪初自然科学伟大成就所做的某些哲学理解和概括，是难以立足的：相对论的物理学意义（特别是它对时间和空间的见解），是对千百年来人类关于宇宙存在和运动方式的传统看法的一场真正的革命，它在哲学上引起的各种存在论和知识论问题，是不可以用几个简单的“唯物”“唯心”“反映”“先验”“经验”等标签就可以解答得了的。不过这对于列宁来说是不足为奇的：任何伟大思想家都超越不了他的时代，在他写《唯物主义和经验批判主义》时，世界上能真正理解狭义相对论的物理学意义的人屈指可数，因此在进行哲学概括时就难免发生偏颇。更何况，列宁并非专业的哲学家，他的研究工作在很大程度上是出于政治的需要。1908 年，列宁给高尔基写过一封亲密的信，谈到了他为什么现在对进行哲学论战有极大的兴趣，以及当时正在写作《唯物主义和经验批判主义》一书的基本意图。列宁写道：“1904 年秋天，我们同波格丹诺夫等几个布尔什维克的意见完全一致，我们订立了默契，大家都不谈哲学，把哲学当作中立地区”，“在革命火热的时候很少谈哲学”[①]。1904 年的确是革命火热的年头，当时，1905 年的革命正在酝酿之中，所有发誓推翻沙皇统治的革命志士都投身于实实在在的革命实践之中，而对玄奥的哲学问题无暇顾及。特别是在当时，波格丹诺夫还是一位坚定的布尔什维克，因此，尽管列宁已经认为他的某些哲学观点不妥，并且把这一看法告诉给了普列汉诺夫，但是他仍然决定不对

① 中共中央马克思恩格斯列宁斯大林著作编译局编译《列宁全集》第 13 卷，人民出版社，1987，第 426 页。

此进行批判，否则将对布尔什维克党的团结不利。1905年的革命以及革命的失败改变了这一切。波格丹诺夫在革命失败后发生了政治立场上的倒退，成了所谓“召回派”“前进派”的一员，即变相的孟什维克，终于在1907年被开除出党。于是，列宁认为先前的“默契”已不再有效，遂发起了对波格丹诺夫的哲学清算，这就是《唯物主义和经验批判主义》这本书的基本写作背景。在这种情况下，列宁告诉高尔基说，目的在于“不要给读者一丝一毫的借口，来把代表俄国社会民主党革命派的策略路线的布尔什维克同经验批判主义和经验一元论联系在一起”[①]，“我们进行哲学上的争论应该使布尔什维克这个党内派别不致受到伤害”[②]。可见，哲学论战之所以必要，只是因为对于党和无产阶级的最高利益来说，马赫主义和经验批判主义之类的哲学是“有害的”体系。可见，哲学在列宁手里，当然是一种理论，但更是一种意识形态。列宁本人是不讳言这一点的，他说：“在经验批判主义认识论烦琐语句后面，不能不看到哲学上的党派斗争，这种斗争归根结底表现着现代社会中敌对阶级的倾向和思想体系。”[③]

列宁这么做是完全有道理的。试想，像他这样的革命领袖在领导错综复杂的伟大斗争的过程中，怎么可能去钻研那些本质上与革命的成败没有关系的纯客观世界的问题和纯客观真理的问题呢？他们必然要在理论上做工作，但这么做的目的只能是为他们的阶级、他们的党、他们的运动服务。因此，真理就不可能具备独立自在的含义，即不可能是一视同仁的，而只能为本阶级、本党所认识和掌握。我们认为，马克思作为一位革命家和意识形态批判家，他的基本理论出发点跟列宁的是一样的。恩格斯则不一样，他扮演的社会角色主要是一位纯理论家，而不是职业革命家。在恩格斯身上表现出来的重自然科学的倾向，是不足为奇的。

---

① 中共中央马克思恩格斯列宁斯大林著作编译局编译《列宁全集》第13卷，人民出版社，1987，第426页。

② 同上书，第431页。

③ 同上书，第379页。

不过真正重要的还是澄清对马克思的历史哲学的曲解。如前所述，马克思主义哲学曾长期被描述为一种心理动机理论。如果真是那样的话，那么“历史唯物论”的一个最重要的人类学结论就只能是：人的最强烈的心理动机是想获得更多的金钱和物质享受，而理解历史的关键就是人的胃口和他对物质满足的贪欲程度。这听起来似乎有些耸人听闻，但是在西方，长期以来就是这么看马克思主义的。结果，这一高尚的理论体系被说成是拜金主义、享乐主义、精神空虚那一套。这显然是一种最庸俗的唯物主义，或者说，是唯“物”主义。这种东西，跟19世纪毕希纳的那种生理学唯物主义相比，似乎更加庸俗。不用说，这跟真正的马克思主义是风马牛不相及的。但是，这样一种对马克思主义哲学的理解，竟然在中国有日益扩大的影响。在以经济建设为中心的时代，我们时不时会听到这样的宏论：“物质第一性嘛！马克思主义强调的就是有了物质，什么都可以有。物质变精神嘛！没有经济基础，还谈什么精神文明？”你能说这种说法是不对的吗？只不过，把这样一个最浅显的道理安放在马克思的头上，则是贬低了这位伟大的思想家。但是，盛行于当今中国大地上的功利主义、实用主义和唯“物”主义，的确被有些“理论工作者”确认为马克思在他的哲学里早就期待的东西，他们为终于恢复了“本来的马克思主义”而兴奋不已。这种“新发现”，是把马克思主义的哲学基础——历史唯物论，弄成了一种浅薄的理论，以便为今天人们的物化、精神贫血找一个冠冕堂皇的理论依据。而实际上，历史唯物主义完全不是这么回事。历史唯物主义的确认为，人们的生产方式决定着人们的思想和欲望，但它绝不认为人们的主要欲望就是想获得最大的物质利益。根据马克思的见解，人们现实的经济生活条件制约和影响了人们的思想、感情、欲望等的形成、发展及表现方式，对一切属于“上层建筑”领域里的东西（包括政治的和文化的）的说明，归根结底必须从它们植根于其中的生产方式中获得解决。比如，某些经济条件产生了对金钱、财产的欲望，而别的经济条件却可能产生正好相反的欲望，即对纯粹精神价值的关注，以及由此产生的对世俗财富的轻视。同样，一种全新的经济制度（如对私有制的废除和使劳动成为主体的第一需要）可以导致真正自然主义的和人本主义的价值观念（人与人之间的和睦、人的自由与创造性的彻底展现、人的全面发展等）。而所有这些，与人的行为的主要动力来自经济利益和物质享受这样一种追求是根本没有关系的。马克思极为看重的经济，与人的心理动因无关，而仅仅与生产方式有关，也就是说，与主观的、心理的因素无关，而与客观的、社会的因素有关。弄清楚这一点是非常重要的，不然的话，历史唯“物”主义和唯经济主义就很容易被强加给马克思，而更要命的是，这样一种“马克思主义”很容易得到群众的普遍认同。

特别要指出的是，西方人那种怀有敌意的解释毕竟是情有可原的，但自称马克思信徒的人也做此理解，就是完全不可原谅的了。因为马克思无论如何也想不到，他的哲学理念和政治期待竟会被歪曲成了唯“物”主义和唯经济主义，他更想不到，在根据他的学说建立起来的社会主义国家，竟也有那么多的人把金钱、财富和享乐当成了人生追求的主要目标甚至唯一目标，而这种追求，他当初是怎样将其作为资本主义的顽疾而加以批判的啊！

二、马克思关心经济的优先性还是社会的全面进步？

马克思在《1857—1858年经济学手稿·导言》中说过这么一句话：“在一切社会形式中都有一种一定的生产支配着其他一切生产的地位和影响，因而它的关系也支配着其他一切关系的地位和影响。这是一种普照的光，一切其他色彩都隐没其中，它使它们的特点变了样。这是一种特殊的以太，它决定着它里面暴露出来的一切存在的比重。”[①] 这段话的黑格尔哲学色彩是相当浓厚的：一种“普照的光”、一种“特殊的以太”，相当于黑格尔的那个“绝对精神”；它贯穿始终，决定着各个特殊阶段和事态，而后者则以各自的方式体现着它（当然，马克思的“以太”的内容，不是精神，而是物质，即生产方式）。面对这样一种对象，仅仅关注和考察个别、特殊的发展进程和发展

① 中共中央马克思恩格斯列宁斯大林著作编译局编译《马克思恩格斯全集》第12卷，人民出版社，1962，第757页。

结果，对于把握一种社会制度（比如资本主义制度）的本质，是没有太大帮助的。重要的是观照那个贯穿始终的“以太”及其与各部分之间的内在联系，即事物的总体。

所以，就研究方法而言，应当说马克思的方法与黑格尔的方法是相当一致的。在《资本论》的体系中，我们很熟悉这样一点：资本主义的经济运作是一个由不可分割的诸多因素和方面整合为一的总体，从最简单的商品生产到交换，直到资本主义经济制度因其内在矛盾而解体，是有机地联系在一起的。它的初始阶段蕴涵着最终结局，其间，每一个环节都是必不可少的；整个过程呈现出由抽象到具体、由简单到复杂的动态图景。马克思本人曾明确谈到他的《资本论》完全遵循了黑格尔的辩证法，只不过，那个表征着辩证发展格律的主体（同时也是客体）已不再是神秘的“绝对精神”。马克思在同一部著作里还讲过这样的话：“具体之所以具体，因为它是许多规定性的综合，因而是多样性的统一”①，他还说道：“粗率和无知之处正在于把有机联系的东西看成是彼此偶然发生关系的，纯粹反思联系中的东西。”②可见，黑格尔与马克思之间的思想联系，比通常人们所认为的要强。马克思对黑格尔的批判继承，绝非仅仅对唯心主义辩证法来了一个“唯物主义的颠倒”，更重要的是他们两人间的共同点，那就是“方法本身”；而这个方法，正是辩证法。

这就引出了一个更加普遍、更加现实的问题：究竟马克思更关心经济的优先性，还是更关心对社会（尤其是构成社会的人）进行全面的改造？

我们已经十分熟悉这样一些原理：社会存在决定社会意识，而社会存在主要指的是建立在特定生产力水平之上的生产关系（包括人与人之间的社会关系）。因此，生产方式的运动决定着社会上的一切其他方面（比如政治、宗教、哲学等）的运动及其形式。毫无疑问，马克思本人曾多次论及这些问题，而恩格斯和列宁以及伯恩施坦、考茨基、普列汉诺夫等人则系统地总结和表

---

① 中共中央马克思恩格斯列宁斯大林著作编译局编译《马克思恩格斯全集》第12卷，人民出版社，1962，第751页。

② 同上书，第738页。

述了马克思的这些思想。从这个意义上说，那的确可以看作一种经济决定论或经济优先论。但是，如果把这一点加以夸大或绝对化，那就肯定会使马克思主义走样。必须明确，马克思的想法是，所有观念形态的东西（如政治、宗教、哲学、艺术等），归根结底都可以从特定社会的生产方式和经济生活中找到原因。道理很简单：人们首先得吃、穿、住，然后才可以从事政治和文化的活动，因而，为生产的运作而建立起来的生产关系便成了必须首先予以考虑的东西。但是，这种经济的优先性一点也不意味着人们应当把精力全部或绝大部分倾注在改善物质生活的水平上面，更不意味着人的精神的进步与完善只能在经济十分发达之后才能加以考虑。

不知从什么时候开始，经济决定论被解读成了唯经济论，社会的总体进步、人的全面发展却被忽视了。事实上，马克思除了对生产方式的决定性意义做过论述之外，也用了相当大的精力来说明人的解放与发展的问题。在我们看来，马克思是把人的问题（即通过全面改造社会来消除人的恶、建构人的善）当作他的哲学、经济学和政治学的最高目标的；也就是说，社会革命不能够以导致某种合理的经济——政治秩序为最后目的，毋宁说，新秩序为人的全面解放提供了现实的出路。

在对马克思主义的现代解说中，社会主义这个概念的内涵越来越集中于如何更加合理、更大程度地发展生产力，如何提高劳动生产率以及如何使产品的分配趋于合理和公正。毫无疑问，这些东西是社会主义制度得以生存和发展的基本前提，没有生产力的持续进步和国民生活水平的不断提高，社会主义要想同资本主义竞争，是根本不可能的，更别说超过资本主义。但是，这绝不是问题的全部。实际上，按照马克思的设想，社会主义社会或共产主义社会是一个在质上不同于以往任何社会形态的社会。其主要表现就是：在社会主义社会里，生活本身已具有了以往社会都不具有的那种现象，即人们将同心协力地决定自己的存在，因而是一种不再有恐惧的存在；劳动将不再是衡量财富和价值的尺度；人将不必在被迫劳动的异化状态中消耗生命，等等。可是，在社会主义已经或正在进行的实验中，这一关键之处却被忽略和掩盖起来了，结果仅造就了与资本主义较量经济实力和物质生活水平的一场竞赛（比如苏联曾经长期做的那样）。

不可否认，苏联模式的社会主义，从马克思所说的“国民经济学”的角度看，的确在分配方面克服了资本主义的贫富对立这一弊端，但也导致了生产的低效率。而资本主义，则正好反过来：所有权的差异，造成了竞争，从而导致了生产的高效率。换句话说，即使是苏联式的社会主义，在实现社会公正方面也是胜过资本主义的，因为它无论如何都不允许个人或少数人占有多数人的劳动。但是，多数人却似乎并没有为自己的“主人翁地位”所打动。他们不喜欢别人剥削自己，却也不乐意在分配平等甚至分配平均的条件下按照马克思所期待的那样把劳动本身作为目的。另一方面，资本主义的按资分配所造成的后果是严重的贫富不均以及劳动者相对的贫困化，但是这一明显的不公正却恰恰是生产力不断发展、物质财富持续增长的动力。正是这样一个原因，使得社会主义国家纷纷进行经济体制的改革，不论这些改革的方式和程度如何，却总是在吸收、借鉴甚至移植资本主义的生产方式。这一点正好证明了：在纯经济的层面上，马克思对社会主义的预期——“尽可能快地增加生产力的总量”——虽然是可以实现的，但是要超过资本主义的发展而又不改变计划经济的体制，却是不可能实现的。换句话说，马克思未能预料到资本主义可以通过自身的调整而缓解冲突，并进而至少在经济上保持持续的增长。因此，即使在今天，在我们的改革已取得了巨大成功的情况下，如果我们只注重经济的发展和物用的增加，那么，社会主义和资本主义的区别仍是看不出来的。因此，真正的社会主义，不应仅仅在量上，而更应在质上不同于包括资本主义在内的一切以往社会形态，它处在以生产谋生的手段为目的这一必然王国的彼岸，它是在摆脱了经济贫困的枷锁和精神异化的桎梏之后的一个自由王国。

文明发展与人性异化的关系及消除异化的途径等是马克思最为关心的哲学问题。了解马克思主义发展史的人都知道，关于资本主义制度下的异化劳动所造成的人的精神和肉体的变形，以及如何消除这种变形、使人返回他自身，这方面的论述是青年马克思在其《1844年经济学—哲学手稿》中表述出来的一个核心思想，也是引起了很大争议的一个思想。《1844年经济学—哲学手稿》于1932年正式出版，而在此之前，马克思主义的哲学方面，已经由于恩格斯、考茨基、普列汉诺夫和列宁的著述而广为流传，在第二国际、第三国际的广泛领域里长期发挥着决定性的影响，并成为定论。所以《1844年经济学—哲学手稿》一出版，便引起了轩然大波，其中引发了最大理论震动的就是马克思有关异化问题的论述。至少从字面上讲，马克思在《1844年经济学—哲学手稿》中对资本主义进行批判时，主要的根据不是对资本主义那个生产关系的分析及其引申出来的阶级斗争状况，而是从人的固有本性或本质出发；资本主义制度的罪恶并不是剥削和榨取工人阶级的剩余价值，而是通过不由自主的、异化了的劳动改变了人（当然，工人阶级首当其冲）的本性，使人与他自己疏离开来；社会主义和共产主义的实质也不是生产关系、政治权利的变更与转移，而是依靠恢复劳动的本来意义，进而使人性得以复归。一般说来，传统社会主义阵营的理论界都对马克思的异化理论（甚至包括其1845年以前的所有思想）持强烈保留态度，认为那是尚未摆脱黑格尔思辨唯心主义和费尔巴哈抽象人道主义影响的"不成熟"的思想。但是实际的原因却是，《1844年经济学—哲学手稿》阐述了一种与人们所熟知的恩格斯和列宁的思想的大相径庭。而且，在人们知道《1844年经济学—哲学手稿》之前，匈牙利共产党员卢卡奇发表了与《手稿》中的异化理论相当一致的见解，随即引来了严厉的批判和清洗。可以想象，当《1844年经济学—哲学手稿》正式出版后，它使那些卢卡奇的批判者面临了不少的尴尬局面。仅仅为了这个，马克思的异化理论也不能被确认为成熟的东西。但我认为，至少在哲学上，并不存在马克思的早期思想和晚期思想之间的区别，而且，如果像人们所规定的那样，以1845年作为马克思变得"成熟"为标志的话（这年春天他写了《关于费尔巴哈的提纲》），那么事情就会令人费解：怎么仅仅半年前，马克思还那么地"不成熟"？所以，理论界对马克思关于异化问题的论述的"正统"看法，以及对马克思的思想分期的"正统"规定，是难以立足的。

“异化”这个概念在黑格尔哲学中是一个抽象的哲学范畴，或者说，是他的哲学实现自我演进过程中自始至终必然采取的方式。黑格尔哲学是由许多大大小小的辩证三段式（“正题”“反题”“合题”）有机地构成的，其中每一个正题派生或分裂出反题，就是一种异化（或对象化、客观化）；从他最大的辩证三段式“逻辑—自然—精神”来看，从逻辑发展为自然，就是最大的一次异化（物化）。而从自然进入到精神，又是扬弃、克服异化而回到精神自身（即绝对精神的“复归”）的过程。可以看出，异化在黑格尔那里虽然是必然的和必要的，却也是暂时的和不完满的，它一定要被扬弃和克服。只有这样，绝对精神的发展才会有一个圆满结局（这也正是他的哲学的“保守性”的主要表现）。所以，就构造体系而言，黑格尔关注的不是异化（即主体与客体的矛盾对立），恰恰相反，是克服异化，实现主客体的同一（即达到“合题”）。另外，从绝对精神的纯粹形态——逻辑中异化出自然界，也就是从一个实体（同时也是一个主体）中裂变出一个物质对象的过程，因此异化也就是客观化、物化。从最广泛的意义上说，讲一句话，做一件事，都可以看作某种异化，因为这种行为总是主体导致某种客观后果的过程。然而从黑格尔哲学的角度讲，异化终归不是一件值得称道的事情，它意味着那被分离出来的对象与其母体处于反对甚至敌对的关系之中。所以异化不能是长久的状态，它必然要被超越，以便主体重新占有它自身。

路德维希·费尔巴哈使用异化概念主要是为了说明一种普遍的社会和心理现象——宗教。费尔巴哈认为宗教及其核心——上帝观念，是从人的本性中分离出来，然后变成了一个虚幻的精神实体的结果。“上帝是人的本质的异化”这句名言的意思就是这样的。费尔巴哈当然也认为宗教异化是一件坏事，因为那个凝聚了人的本性和本质的上帝，那个成为千百万人顶礼膜拜的对象，事实上一开始就是他的创造者——人的异己力量，它压迫人、损害人、统治人，使人受到了最大的精神摧残。费尔巴哈认为，一切社会苦难、一切罪恶与不合理、一切人间悲剧，均源于这个异化。因此，他要求整个地扬弃宗教，使人克服自己的异化，重新获得自己的本质。这也正是费尔巴哈的人本哲学的归属。

年轻时代的马克思频频使用异化这一概念，这显然受到了黑格尔和费尔巴哈的双重影响：辩证法与人本主义。马克思的发展在于，他使用异化概念说明资本主义制度下不合理的、非人道的、扭曲了的劳动过程，即劳动异化或异化的劳动。马克思的这一思想集中体现在《1844年经济学—哲学手稿》中。马克思在《手稿》中是把异化现象与经济制度密切联系起来加以考察的，但是马克思却有这样的看法：私有制并非异化劳动的原因，恰恰相反，是它的结果。他说："私有财产是外化了的劳动，即劳动者同自然界和自己本身的外在关系的产物、结果和必然归结。因此，私有财产这一概念，是通过分析……异化的人这一概念得出的。"[①] 如果是这样的话，那么消灭资本主义私有制，建立社会主义公有制，就的确只能作为终结异化、拯救人性的手段。而且，被拯救出来的人，不能只是资本主义制度中受到奴役和剥削的劳动者，还应当包括那些剥削他人劳动的资本家，因为在这些人的身上，异化同样严重地存在着。马克思在《神圣家族》中说："有产阶级和无产阶级同是人的自我异化。但是有产阶级在这种自我异化中感到自己是被满足和被巩固的，它把异化看作自身强大的证明，并在这种异化中获得人的生存的外观。而无产阶级在这种异化中感到自己是被毁灭的，并在其中看到自己的无力和非人的生存的现实。"[②] 这就是说，尽管异化对两个对立阶级所造成的具体后果是不一样的，却都使人的存在与其本质相分离，都使人成为自己的"对象的对象"，或自己产品的奴仆，都失去了人的自我的"本真状态"。正是因为这种普遍的异化现象存在，马克思才提出不仅要实现无产阶级的自我解放，而且要求以解放全人类为最高目标。

不可否认，人道主义、人的主体性和创造性、人的终极价值、人的异化及其扬弃的道路、人的全面解放等，在马克思哲学中占有十分显要的地位。特别是在《1844年经济学—哲学手稿》中，这些问题表述得十分详尽，那的

① 马克思：《1844年经济学—哲学手稿》，刘丕坤译，人民出版社，1979，第89页。

② 同上书，第54页。

确可以看作一种彻底的人道主义的思想体系。我们认为，尽管马克思在其早期的著作中似乎表现得比中、晚期的著作更注重从一般的、抽象的意义上谈论人的问题，而中、晚期则比较强调具体的、历史的人（无产者、资本家、雇佣劳动者等）。毕竟马克思关心的是人而不是物，人们不能不立足于物质的生产方式。马克思建立自己的学说，就是要使人们掌握一种实现自身解放的“批判的武器”（即理论），并同时诉诸“武器的批判”（即实践），彻底解放人。正如马克思所说：“批判的武器当然不能代替武器的批判，物质力量只能用物质力量来摧毁；但是理论一旦掌握群众，也会变成物质力量。理论只要说服人，就能掌握群众；而理论只要彻底，就能说服人。所谓彻底，就是抓住事物的根本。但是人的根本就是人本身。”[①] 虽然这里的“人本身”显得抽象，有点像费尔巴哈讲的人的“类本质”，但是谁都知道，“人”在马克思那里，指的是“从事实际活动的人”（《德意志意识形态》），或者，指的是“人类社会和社会化了的人类”（《关于费尔巴哈的提纲》）。不能简单地断言马克思早期关注的只是抽象的人，更不能断言那是“不成熟的”“尚未摆脱唯心主义影响的”思想。重要的是，马克思认为，一方面，人的现实的生存与历史的发展不能脱离他的物质生活环境，另一方面，他的规定性绝不因此而取决于物，而只能是人本身。

因此，马克思主义是一种人道主义，无论如何是一个站得住脚的定义。当然，马克思主义不仅仅是一种人道主义，它还有更多、更深的理论与实践的内涵；但是，人这个“万物之灵”，毕竟是这一伟大学说的中心。不承认这一点，或者说，把马克思主义的焦点投射到本质上与人无关的“物”“自然”“客体”等上面，那便是曲解了马克思的本意。

毫无疑问，今天的资本主义是一个全方位的异化社会（即经济发达与精神失落之间严重对立的社会），但是，我们认为即便是在马克思所生活的那个粗放的资本主义社会，无产者所受到的非人待遇也不仅仅是经济上或物质生

---

① 中共中央马克思恩格斯列宁斯大林著作编译局编译《马克思恩格斯选集》第1卷，人民出版社，1995，第9页。

活上的，而同时也是文化上或精神生活上的。马克思正是对这个制度做了全方位的批判，才导致了以他的名字命名的全世界范围的社会主义运动。马克思决不认为，只要通过革命改变了无产阶级的经济状况，其政治、文化等方面的状况就自然而然会得到改善，尽管经济制度的变革的确是应当首先做的。无论如何，如果无产阶级感到它在政治上的无权地位比它在经济上遭受的剥削更能忍受，或者，它在文化上的不自由比它在政治上所受的压迫更能够理解，那么，资本主义制度或者资本主义生产方式就仍然具有不可克服的力量。

不幸的是，由于把经济的优先性绝对化，即认为变更旧有的生产关系就算完成了大部分社会革命的任务，结果出现了后来几乎所有社会主义国家的困惑和不少国家向资本主义的回归。因此，的确不能只注重即时的经验结果，哪怕是革命成功、新制度建立这样重大的成就；而必须总体地、全面地和一以贯之地把握全程，或将过程作为有机的统一体来看待。

三、重要的是历史的“基础”还是历史的“创造”？

在人类的事务中，并不存在非发生不可的事情和一定发生不了的事情，故而可以从不同的方面规定人类生存与发展的条件，或者说，探寻人类得以存在与发展的基础。马克思主义关于生产方式的运动决定着人类历史的发展方式和发展方向的理论，是历史上各种探寻这类“条件”和“基础”的理论当中比较合理的一个。因为它揭示了一个十分简单却又一直不为人们所注意的事实：人类得以生存和发展的首要条件，是对自身赖以生存和发展的物质生活资料的有组织地、主动地攫取与创造。但是，也正因为如此，人就不是被动地去适应客观的经济环境，相反，而是这个环境的解释者、创造者和主人。人类对自身生活方式的本质的认识，仅仅是为了有效地改善和改造这种生活方式，这一点，不仅是马克思的历史唯物论的理论精髓，更是这一理论在实践上的归宿。

必须把“基础”与“创造”区别开来。人不可能超越他的生活条件，不可能解决时代尚未提出的历史任务；但是历史上所发生的一切，毕竟是人自己选择和创造出来的。这其实是一个再浅显不过的道理，是最符合常识的一种理论。我们不相信历史除了它实际上所表现出来的东西之外，还有什么更加合理或更加不合理的内涵。实际上，人怎样决定，事情就会怎样发展。从思辨哲学的角度看，决定论与非决定论、宿命论与自由意志论是没有办法澄清孰真孰假的，它们基本上与鼓吹者的个人气质和趣味有关。但就现实来看，主张人可以能动地创造自己的未来这样一种见解，肯定要比相反的见解更加可取，因为它至少确认了人自身的价值。马克思在他的实践唯物论中多次表述出来的有关思想，说到底，无非是强调人在历史实践中实实在在地造就着自己的个体、群体和整个族类。

如果说马克思主要是在理论上阐述这个论点的话，那么，列宁、毛泽东这些革命家则现实地体现了它。如果列宁相信并且依赖于“为我而动”的历史潮流的话，那就不会有俄国的革命及其所取得的成功，因为根据当时马克思、恩格斯所发现的“历史潮流”，发达资本主义国家“必将”共同爆发无产阶级革命，而这种革命，还根本轮不到俄国。同样，在中国，毛泽东要创造一种历史潮流，根据这种潮流，农民可以完成原本只能由工人去完成的历史任务。按照严格的真理定义，列宁和毛泽东显然都离“反映”“发现”客观历史规律甚远，因为他们简直就是在“发明”这种规律。然而，谁也不能否认真理就在他们的手中，因为历史实践以“最后的成功”对此做了最确切可信的证明。列宁和毛泽东的敌手到死都不承认他们两位的实践符合历史的潮流和体现了绝大多数人的意愿；但是，如果不是那样的话，为什么恰恰是列宁、毛泽东，而不是考茨基、卢森堡，也不是陈独秀、张国焘取得了革命的成功呢？毫无疑问，成功的伟大革命家几乎都认定自己是顺乎历史潮流的。这一点在策略上至关重要，否则将缺少发动和引导革命所必不可少的精神动力和吸引力；但是他们也都认定，正是他们自己而不是别人，才是这种潮流的体现者和解释者。在他们的身上，任何牌号的宿命论、决定论都是没有立足之地的。当然，从操作层面上讲，运用怎样的办法去唤起民众，即怎样实现马克思讲的“理论掌握群众”和列宁讲的从外面向群众“灌输”阶级意识，那不是一个哲学问题，而是一个政治学问题。

在国家问题上，长期以来，“正统理论”至少忽略了这样一个事实：国家是强制因素与非强制因素的统一，是“镇压工具”与“教育者”的统一。事实上，国家成了统治者用以维护其统治，同时又设法赢得被他们统治的人们的积极拥护的某种复合体。这后一点正是国家（尤其是西方国家）得以稳定和长治久安的保证。西方国家之所以一直没有发生政治上的大灾变，这无疑是重要的原因。资产阶级致力于在整体上对社会实施有效的控制，即不仅要统治权，更要领导权，努力使国家的强制功能得到建立在“同意”基础上的市民社会的补充。比如，选举就是一种同意：人们可以不同意这个或那个政党、政客，却都同意去投票（包括投反对票）。这就是西方国家的特点。在西方国家，“强制”与“同意”是交替起作用的，任何时候都不会有某一方过分占据上风的情况（即便在法西斯的意大利和纳粹的德国，也是先有普遍同意之后才逐步实施专制统治的）。如果暴力部分占据了同意的上风，革命高潮就会来临，国家就要颠覆；反过来，如果一切都由民众的“同意”来决定，国家机器的运转就会失灵，就会出现无政府状态。西方国家就是这两者的巧妙平衡，结果就是很难发生导致重大社会变革的政治事件；即便发生了，它也扛得住。

但是，东方国家的情况则不是这样。在东方国家，情况比较简单，人们信奉的是政治权力的至高无上，而且这种权力很少有体制上的保证，主要靠人为的因素维持。在东方，经济基础完全制约着上层建筑，一旦社会发生巨大的经济危机、民族危机、国内战争以及对外战争等，就很容易引发革命，导致政权更迭、改朝换代。而一旦革命完成、换代成功，旧的统治力量也就土崩瓦解，一蹶不振。人们信奉的是“胜者为王，败者为寇”，谁掌握了最高统治权，谁就是道德和法律之合理性的当然体现者。但是，东方国家中革命的这种容易发生、容易成功、容易巩固的特点，同时也就意味着新一轮的革命容易发生、成功与巩固。总的来看，体现为政权更迭更加频繁。我们认为，“国家权力就是一切”这个模式，不仅可以部分地解释 1917 年俄国十月革命的成功和苏维埃国家几十年来在多次极端困难条件下继续存在（因为最高领导权始终掌握在真正的布尔什维克手中），而且可以部分地解释 90 年代初苏联的解体和消亡（因为最高领导权落到了异己者手中）。既然最高政治权利的归属是决定性的东西，那么，苏联的消亡和不消亡就都是可能的，都没有什么必然性，关键在于执政的最高领导人的个人素质以及其他的偶然因素。但是这种事情在西方却是完全不可想象的。用安东尼奥·葛兰西的话来说，即西方国家的上层建筑“特别稠密”，市民社会则具有异常“坚韧的结构”，足以抵御“经济大灾变”和其他社会危机的直接打击，再严重的危机也不会引起震撼根基的社会、政治危机。相反，像西方 1929 年爆发的那场前所未有的经济危机，结果要么是希特勒的极右势力的上台，要么是罗斯福的温和的社会改良，而这两者跟马克思所设想的无产阶级革命都是毫不沾边的。

政治总是落后于经济的发展，是西方社会的一个特点。在西方，民主的政体及其包含的权力分散与制衡原则，把资本主义社会中权利关系的真正本质，即阶级或社会阶层之间的对抗与斗争，掩盖在了法律的公正、公民的权利与义务等观念后面，这就有助于被统治阶级的“同意”。于是，社会的冲突就被调节在一个适当的范围之内，并且可以在由选票所记录的法律程序内得到妥善的解决，使人们的抱怨、反抗、造反这样一些冲动得到间接的宣泄，同时又不至于危及国家本身。

必须看到，在第二次世界大战之前，夺取国家政权无论如何是各国共产党人首要的斗争目标。那时，国家机器以外的各种问题（包括市民社会、意识形态及文化主导权等）并不具有普遍意义，这一点，只需看看纳粹德国、法西斯意大利、独裁的西班牙就可以了。在这些国家，希特勒、墨索里尼、弗朗哥并没有在使民众自觉同意他们的“领导”以及在耐心细致地教育人民方面费太多的心思，他们的统治原则仍以强权和高压著称。只是在这类粗鄙的资本主义制度成为历史的陈迹、整个西方资本主义形成了一个政治共同体之后，亦即第二次世界大战以后，西方国家的本质特征才全面显现出来，因而文化方面的斗争便具有了越来越现实的意义。列宁关于无产阶级革命可以在资本主义“薄弱环节”取胜的思想，以及毛泽东关于在中国这个半殖民地、半封建的国家进行"新民主主义革命"的理论，对于俄国和中国这样的东方大国是可行的，而且它们已经成为活生生的现实。但是，"俄国人的路"在西方却走不通。如果说在十月革命感召下，德国、匈牙利等地的无产阶级毕竟走出了以悲壮的失败为结局的一步的话，那么如今，连西方最激进的政治力量也不会想着要尝试一下俄国式的革命了。为什么？当然首先还是经济基础的问题。西方国家的经济借助于几次新技术革命而得到了迅猛的发展，其结果便是物质生活的空前富足，马克思所处时代的那种非人道的生产劳动已经见不到了。在这样的情况下，西方的劳动者阶级是不会相信在一场革命中他们失去的只会是锁链的。但是，西方社会并没有改变它的非人道的本质，只不过它用对人精神的折磨代替了对肉体的摧残，无形的然而却无孔不入的异己力量（主要是金钱的支配力和人们不自觉地对物质享乐的无尽的趋向力）在时时刻刻袭扰着人们的精神世界。

谁也不会否认，今天的资本主义世界与马克思写作《1844年经济学—哲学手稿》《资本论》的那个时代的资本主义相比，已经发生了极大的变化。问题在于，这种变化在多大程度上改变了当年马克思对它所做的基本评价？我们认为，马克思的剩余价值学说，不管在100年前或者更早，还是在100年后或者更晚，都是正确的。也就是说，资本主义制度的经济动力，无论如何仍然是对剩余劳动的无偿占有或变相的无偿占用。但是，这样一种占有，经过一系列的转换，会引起劳动者的反抗（从捣毁机器直到武装起义）。最终，要么无产阶级在社会危机中上升为统治阶级，要么在强力的弹压下屈服（不过在西方，前者从未成为事实）。然而在今天，在资本主义国家的劳动者眼里，遭受经济上的剥削业已不是最糟糕的事情，他们已经丧失了自己的阶段意识。为什么会这样？因为他们所生活的那个制度已经十分成功地同化了他们。这当中既有客观的因素（比如科技对生产力的强有力的推动，实现了普遍的生活舒适，连最下层的劳动者都成了既得利益者），也有主观的因素（比如官方在政治、意识形态和文化等方面施展的策略频频奏效，使工人阶级在不知不觉中成了那个制度的同路人）。这样一来，当初马克思所谴责的资本主义劳动造成的人在物质上、甚至在肉体上的痛苦，便不复存在了；而经济上的再分配（从生产资料到消费品），也不会作为一个阶级的有组织的纲领提出来了。

我们不得不承认这样一种事实，从单纯的效率指标来看，资本主义生产方式至少在20世纪没能应验马克思、恩格斯关于“内在矛盾—社会危机—社会革命”的预言，这个体制在促进、保障物质产品的生产方面，仍然有着强大的生命力；而且，资本主义生产方式已经发展出了诸多的形态（比如英美型、欧洲大陆型、日本型、瑞典型等），其中的不少运作方式已经具有了全球的意义（中国及其他第三世界国家目前进行的经济体制改革，在相当大的程度上正是吸收了西方经济中那些普遍性的、卓有成效的东西）。

那么，资本主义就已经消除了它的内在弊端了吗？答案是否定的。资本主义生产关系的永恒的二律背反，就是公平与效率之间的互不相容，或者说，是精神危机与物质富足之间的对立。我认为，现在来重温马克思当年有关异化劳动的论述，特别是把这种论述与人类的生存、人的本性等联系起来看，是特别有意义的。借用马克斯·韦伯的说法，资本主义在“工具理性”这个方面的建设是卓有成效的，甚至可能人类历史的其他任何阶段已经无法与之相匹敌了；但是，这个制度在“价值理性”这个层面上却是十分糟糕的，因为它造成了人与自己、人与他人、人与自然的空前的疏离，这就是人和社会生活的全面异化。西方社会的现代弊端比比皆是，用不着在这里进行描述了。用马克思的话讲就是：“人只是在执行自己的动物机能时，才觉得自己是自由地活动的；而在执行自己的人的机能时，却觉得自己不过是动物。”[①] 而且这种倒错现象是普遍发生的，既包括工人，也包括资本家。不仅如此，在今日西方世界，资本家、商人、职员、官员的异化程度甚至超过一般劳动者的异化程度，他们的精神紧张与价值失衡是如此严重，以至于许多人患上了精神病，自杀也多半发生在他们当中。总而言之，今天的资本主义社会，从最深层次上讲，是一个真正的非人道的社会。

---

① 马克思：《1844年经济学—哲学手稿》，刘丕坤译，人民出版社，1979，第48页。

特别要强调的是，对于中国来说，马克思所描绘的那种异化现象的存在与蔓延有很大的危害性。精神异化在西方世界虽说不是好事，却难以避免，因为西方文化在哲学上的最大特点恰恰是二元论的，即强调主体与客体的分立，注重人对自然的认识和利用，结果必然导致主体的客体化（对象化），更有甚者，还将导致客体（对象）的主体（人）化，即发生价值的颠倒。但是中国人的传统却是彻底一元论的，强调天人合一、物我不分。只是在近现代工业文明的冲击下，这一模式才受到了真正的冲击。冲击是必要的，否则就不会有中国的现代化历程。但是不能走极端，不能以牺牲我们民族优秀的精神价值为代价，来换取经济的进步。我们已经看到，由于对市场法则的无限制应用、对自然界急功近利的驱使、对金钱和物质的迷恋，造成了前所未有的严重的人的异化。谁也不会怀疑中国在物质方面定会取得巨大成功（不过要在人均占有方面达到一般发达国家的水平是极其困难的），但如若这种成功是以人的精神价值和道德理念的丧失为代价的话，那么这种成功又有多大意义呢？再也没有什么比一个民族在不知不觉中自己将自己的文化特点予以消解更加可悲的事情了。而一个没有了自己精神价值的民族，又怎么可能是一个真正强大的民族呢？

因此，一个真正的马克思主义者决不可以停留在马克思、恩格斯、列宁、毛泽东、邓小平等人的某些现成的理论公式上，哪怕这些公式不是枝节性的。判定一种学说的说服力的是什么？不是理论本身，而是实践，即现实的合理性。这个道理说起来容易，做起来难。人们在修订、发展马克思主义的“个别结论”的时候，可谓步步为营；可是一涉及重大的、带根本性的结论时，却踌躇不前了。其实，列宁对马克思关于革命问题上的结论的修改，完全是根本性的，十月革命的确可以看作是对《资本论》的政治结论的突破。毛泽东领导的中国革命，不也是抛弃了列宁、斯大林的革命公式之后才获胜的吗？邓小平的最大功绩之一，不是别的，正是他彻底抛弃了毛泽东关于“无产阶级专政下继续革命”的理论和实践，才把中国引向了改革开放的道路。但列宁、毛泽东、邓小平与那些“原教旨主义者”相比，他们才是真正的马克思主义者，因为他们真正理解了马克思主义的精髓，正在于它的批判的和革命的辩证方法。这个方法规定，世界上唯一永恒的东西就是不存在永恒的东西。

第三章　马克思的关注点：人的解放

无论在西方还是在东方，马克思的历史哲学都已被公认为人类文化史上的一次革命。这是因为马克思不仅以根本不同于以往任何一种历史学说的深刻见解为自己建起了一座丰碑，而且这种见解对于历史时空的影响力和穿透力是如此之大，以至于照耀到了整个东西方世界，在一个半世纪的历史进程中长盛不衰。直到今天，几乎所有的社会批判理论都或多或少与马克思这个名字相关联。然而，对于马克思历史观的解读和阐释又是如此地五花八门、歧见丛生。有人认为，马克思主义是一种人学理论体系，而有人则主张，马克思主义是一种阶级斗争学说；在一些人眼里，马克思主义继承了西方人道主义的传统，因而它本质上仍然是一种“救世理论”，而在另一些人看来，马克思主义恰恰标志了同这种传统人道主义的决裂，因而它在本质上是一种关于社会革命的学说；在有的人那里，马克思主义的核心价值观被陈述为倡导社会公正和经济平等，因而它反复指斥资本主义剥削制度，一再要求提高工人阶级和其他被剥削阶级或阶层的物质生活水准；但在另一些人那里，马克思主义的历史使命却被阐释为高扬人的自由和解放的旗帜，因而它孜孜以求于使人从悲惨深重的异化境遇中挣脱出来，使人的“自我”恢复原状。所有这些见解均意义重大，因为它们均导致了极为不同的历史与文化道路。众所周知，马克思主义曾经引发了遍布全球的社会主义运动或共产主义运动，建立了截然不同于西方资本主义的社会制度，制定了一种社会发展的全新模式；马克思主义还曾经生发出一种对发达资本主义社会现实，尤其是文化状况的厌倦情绪和批判态度，代表着一种对高雅文化和价值理念的眷恋，以及对人的生命意义的终极性关怀。其实，从解释学的观点来看，处于不同生存境况中的人们对同一历史文本的诠释是不同的，处于不同时代的人们对同一历史文本的解读也不尽相同，因此，文本的意义永远是开放的和不确定的，存在分歧和不同意见是再正常不过的事情。值得我们关注的是，这些意见是互不相容、非此即彼的吗？它们其中的哪一种阐释与当今时代的律动更加吻合？

在经过多年的浴血奋斗、痛苦挫折和风雨磨难之后，重读和重解马克思的历史学说是极有意义的。我们必须深入探究和进一步解答：在许多曾经风靡一时的理论昙花一现后，都成了历史的匆匆过客的情况下，是什么使得马克思主义保持了其生命的旺盛和永驻的？我们认为，马克思主义说到底是一种关于人的学说，它表现了对人的生存境况的深层关切和终极眷注。不错，马克思非常强调阶级对立的事实和无产阶级的历史使命，在他看来，阶级斗争也好，无产阶级专政也罢，都不过是无限的历史长河中的特殊阶段；它们不是我们追求的目标，至少不是我们追求的终极目标；相反，它们是我们最终要加以消除的历史现象。马克思憧憬的是历史如何由必然王国向自由王国挺进，在这个过程中，人从一切奴役和束缚中逐步得到解放，并最终成为自由的和全面发展的新人。因此，对于阶级斗争，人们既不能对之抹杀和放弃，也不能将其绝对化和永恒化。我们认为，马克思固然对工人阶级的受剥削状况表示了深切的同情，从而主张改善工人的生活条件、实现社会的公正和经济的平等。但是，马克思毕竟更加重视人的自由而不是平等。首先，他倡导的平等主要是一种权利的平等；其次，他清醒地指出，任何一种权利的平等都隐藏了事实上的不平等。因此，马克思对资本主义的批判，重在无情地揭露工人受奴役、压迫的非人境遇，他要把工人提升到真正的人的地位，并最终实现整个人类的解放。我们还认为，在马克思的历史理论中，人的精神价值和全面发展一直以来都被置于至高无上的地位。当然，这种精神价值和全面发展的实现必须以生产力的高度发展及其创造的物质财富的相对充裕为前提。马克思深恶痛绝的是，在资本主义社会中，人完全被物欲所驱使，沦为了金钱和商品的奴隶。如果说在现代社会，物质丰足与价值失落正不可遏制地呈现出两种相反发展趋向，并使我们为此感到困惑和苦恼的话，那么，马克思的异化理论将作为有效的解毒剂，成为留给我们的一份极为珍贵的和十分现实的精神遗产。我们相信，只要我们不局限于原教旨主义和僵硬的教条主义，而是以开放的和实事求是的态度来解读马克思的历史理论，那么，马克思主义就会在我们这个历来以重视人的精神价值而著称的古老国度再现辉煌。

一、作为人的基本规定性的“自由”和“自觉”

如果我们对马克思的历史观乃至于他的哲学思想的整体发展脉络有一个全面的把握，就不难得出这样的结论：马克思的历史理论是以“现实的人”为起点而展开来的。他从来不曾以僵死的物和抽象的精神去遮蔽鲜活而富有灵性的人，他从来不曾以机械和刻板的物的法则或“绝对精神”的内在规律来否定人的“自由的自觉的活动”，因而他的学说是对黑格尔哲学和青年黑格尔派哲学的革命性超越；同时，马克思十分注重人的现实性、具体性和历史性，非常强调作为人的本质的自由，是通过人的实践活动来实现的，是劳动把人的意志和力量投射到一切对象物之上，因而他的学说又是对费尔巴哈抽象的人本学的革命性超越。

不了解马克思所处时代的历史任务，不了解黑格尔哲学的精髓和青年黑格尔派的理论旨趣，以及马克思学说与它们的关联，就无从理解马克思。黑格尔以其泛逻辑主义的方式，描绘了绝对精神自我展开、自我实现和自我认识的过程，这一逻辑与历史相统一的过程充分展示了绝对精神的“自由状态”。用黑格尔的话说，绝对精神通过重新回归自己，表征了那种从“不依赖他物，不受外力压迫，不牵连在他物里面”[①] 的自由精神。虽然黑格尔所标举的“自由”带有浓厚的思辨色彩和刻板的决定论特点，但他还是为德国沉闷死寂的神学界和哲学界注入了生机与活力，正是这种生机与活力润泽了以马

① 黑格尔：《哲学史讲演录》第1卷，贺麟、王太庆译，商务印书馆，1959，第28页。

克思为代表的那一代具有民主自由思想的青年学者。黑格尔通过一系列“逻各斯”范畴的递进，演绎了一个个扬弃性的否定过程，这使得他的哲学拥有了一种强烈的历史感，正是这种历史感深深启发和感召了以马克思为代表的深情关切现实人生、乐观憧憬人类未来的一代思想家。黑格尔逝世以后，在众多黑格尔哲学的解说者中，分化出一批思想激进、充满自由批判精神的年轻人，这就是“青年黑格尔派”。如果说老黑格尔对基督教的态度还比较保守和虔诚的话，那么，大多数青年黑格尔派的代表都或隐或显地宣布了哲学与当下神学的互不相容。布鲁诺·鲍威尔既是第一个旗帜鲜明的无神论者，也是第一个把宗教归结为人的“自我异化”的深邃哲学家。为了反对神学对人的身心的摧残和对自由的禁锢，鲍威尔把“自我意识”作为自己哲学的核心范畴。他指出，自我意识不受任何制约地独立运作，它寓于人之中，是代表着人的本质的普遍精神。鲍威尔甚至以自我意识为依据，对当时的政治现实进行了猛烈的抨击。然而遗憾的是，鲍氏始终未能把自我意识与现实的个人联系起来；至于被普遍化了的自我意识的含义究竟是什么，读过他的浩繁著述的人依然不甚了了。路德维希·费尔巴哈对德国思想界的解放作用是振聋发聩的，他的深刻的洞识和透彻的说理使人耳目一新。费尔巴哈对黑格尔思辨哲学早已感到厌倦，对鲍威尔的“自我意识”也不感兴趣，他力图把自己的思想聚焦于人，把人们的心灵和目光引向更具亲切感的感性现实，因此，他以自然人作为哲学的出发点。然而，费氏关注的是那个与动物相区别的人的“类本质”，并且他把这一类本质定义为“理性、意志、心”。在他那里，人的本质被抽取了实际内涵，变为一个确定化的和平面化的常数，因而根本体现不出人类世代相继的自我超越和自我创新；人的社会历史性被遮蔽了。

与鲍威尔、费尔巴哈相比，马克思是一位意趣更高雅、运思更深沉，从而更具精神原创力的思想家。他发现，经过宗教改革、启蒙运动和青年黑格尔派的哲学洗礼，德国神学批判的任务已基本完成。然而人虽挣脱了宗教的束缚，却并未获得彻底的解放和得到真正的自由。他敏锐地洞察到，在当时，几乎所有的青年黑格尔派思想家都在为人的解放苦苦思索，但他们的研究理路存在着相当大的局限性。他们要么把自由仅仅理解为心灵的自由，即自由理性在玄思天地中不受约束地纵横驰骋；要么把人视为脱离感性活动和历史发展的抽象人。他们认为，人的自由不过就是人从上帝的统治中解放出来，就是政教分离，就是使天国降落于尘世。总之，他们天真地把现实的一切弊端统统归咎于宗教。因此他们幻想，一旦摧毁了人们心目中的上帝信仰，人们也就迎来了独立和解放。与这些哲学家不同，马克思一开始就把批判的锋芒指向了不合理的人间，他深刻地指出："我们不把世俗问题化为神学问题，我们要把神学问题化为世俗问题。"宗教不是造成现实苦难的根源，相反，宗教是现实苦难在观念世界的折射。"因为自然安排得不好，所以神才存在的。"

"自由"同样是马克思最为看重的价值祈向，无论我们从马克思的早期著作还是晚期著作中，无论从马克思学说的出发点还是其归宿点中，都可以看到这一点。马克思在初涉哲学论坛时就已经对自由问题倾注了极大的渴慕和憧憬之情，他说："应当时刻注意，除了精神的自由和精神的独立之外，无论是'快乐'，无论是感觉的可靠性，无论什么东西，伊壁鸠鲁一概都不感兴趣。"①如果说这时马克思还未意识到自由与现实的个人之间的关联的话，那么，以后他对这一关联的强调便日渐明晰了。马克思在《1844年经济学—哲学手稿》中第一次把人的"类特性"定义为"自由的自觉的活动"，此后，他在《共产党宣言》和《资本论》等著作中，又一再把未来理想社会描述为"每个人的全面而自由的发展""每个人的自由发展是一切人的自由发展的条件"的时代。马克思通过对青年黑格尔派的哲学反思体会到，必须把自由归属于人的特性，自由就是人的自我主宰、自我决定；一切高卓于人之外的所谓理性精神，实际上都会再次把人置于"他律"原则的统摄之下。这时"自由"就变成了道道地地的"他由"。因此，把人确定为名副其实的价值主体，标示着马克思与黑格尔思辨哲学的彻底决裂。然而，黑格尔哲学中充溢着的历史感却是费尔巴哈理论所欠缺的。马克思指出："从前一切唯物主义——包

① 中共中央马克思恩格斯列宁斯大林著作编译局编译《马克思恩格斯全集》第40卷，人民出版社，1982，第80页。

括费尔巴哈的唯物主义——的主要缺点是：对事物、现实、感应，只是从客体的或者直观的形式去理解，而不是把它们当作人的感性活动，当作实践去理解，不是从主观方面去理解。”[①] 人的全部自由都是通过他的“自由的、自觉的活动”即劳动展现出来的，因此，应该“把对象性的人、现实的因而是真正的人理解为他自己的劳动结果”[②]。劳动是理解全部社会发展史的锁钥，通过劳动，人类广袤恢宏、曲折跌宕的历史画卷尽收眼底。自此，萌动于母腹中的新历史观终于脱生了。马克思说：“历史什么事情也没有做，它‘并不拥有任何无穷无尽的丰富性’，它并‘没有在任何战斗中作战’！创造这一切、拥有这一切并为这一切而斗争的，不是‘历史’，而是人，现实的、活生生的人。‘历史’并不是把人当作达到自己目的的工具来利用的某种特殊的人格。历史不过是追求着自己目的的人的活动而已。”[③] 总之，马克思的历史观以从事实践活动的人为出发点，而自由正是人的本质特征。人在劳动中自由地创设了人化的自然、典章制度和社会组织，并使它们不断地得到净化和改善。“生产力”体现为通过实践活动而对象化了的自然存在物（所谓“人化的自然”），“生产关系”“国家”“法”“意识形态”及其与“生产力”的关系，是通过实践活动对象化了的社会存在物，“社会形态”的变迁及其征象可觅的内在机制，是通过实践活动而对象化了的人类历史。可见，这些构成新历史观独异格局中的逻辑扭结的范畴，不过是人的“自由的、自觉的活动”的衍生物；在这些衍生物的创生和变异中，实践始终起到了杠杆的作用；离开实践活动，它们既无从确定，也无从理解，整个人类历史随之变得荒诞和离奇。

一谈及马克思历史理论的出发点是人，就有宣扬“抽象人性论”之嫌。其实，我们觉得，马克思与费尔巴哈的区别并不在于他们是否把人当作自己

---

① 中共中央马克思恩格斯列宁斯大林著作编译局编译《马克思恩格斯全集》第1卷，人民出版社，1956，第16页。

② 中共中央马克思恩格斯列宁斯大林著作编译局编译《马克思恩格斯全集》第42卷，人民出版社，1979，第163页。

③ 中共中央马克思恩格斯列宁斯大林著作编译局编译《马克思恩格斯全集》第2卷，人民出版社，1957，第18—19页。

哲学的核心范畴和终极的价值主体，而在于费氏所讲的“人”是没有在自己的生命活动中展示其丰富性的抽象人，而马克思所讲的“人”则是存在于实践所造就的对象化过程中的现实人。人创造了生产力、生产关系、国家、法、意识形态和历史，人也在生产力、生产关系、国家、法、意识形态和历史中生存；人改变了生产力、生产关系、国家、法、意识形态和历史，同时也改变着人自身。这就是人的“自由的、自觉的活动”，这就是人的现实的存在；这样的自由不是抽象的自由，这样的人也不是抽象的人。

马克思究竟是一个历史决定论者，还是一个自由意志论者？对这个问题，坦率地说，我们在试图解答时颇为踟蹰。如果马克思确实主张严格的历史决定论，那么我们目前的整个立论就不能成立；但如果马克思实际上坚持自由意志论，那么我们又将如何面对马克思的诸多带有明显决定论意味的论断呢？不错，马克思在《〈政治经济学批判〉序言、导言》中明确说过：社会的物质生产力发展到一定阶段，便同它们一直在其中活动的生产关系或财产关系（这只是生产关系的法律用语）发生矛盾。于是这些关系便由生产力的发展形式变为生产力的桎梏。那时社会革命的时代就到来了。随着经济基础的变更，全部的上层建筑也将或慢或快地发生变革。正是根据这段话，长期以来，人们已经习惯于把马克思的历史理论约简为一套便于记诵的公式，把人的丰富多彩和变化万端的生命活动历程转化成僵死和刻板的物的法则：生产力决定生产关系，经济基础决定上层建筑；当生产力发展到一定阶段后，必然引起生产关系的变更，从而导致上层建筑的变化。于是，“自律”便异化成为“他律”，“自由”则沦落为“他由”，人被物所遮蔽，人的创新性被不可抗拒的客观规律所消隐。马克思在这里变成了另一个黑格尔。然而，这是唯一的解释吗？如果把马克思的这段话放入他的整个历史哲学中去考察，就不难得到这样一种结论，马克思的本意是：国家、法和意识形态根源于现实的社会生活（首先是经济生活），因此它们的变革也只能从生产力和生产关系之间的现实冲突中去理解。换言之，社会变革的历史任务只有在解决他们的物质条件具备了的时候才会被提出来。然而应当注意，任务的提出决不等于任务的解决，历史发展的基础决不等于历史的创造本身。任务以什么方式解决，解决了之后会出现怎样的新问题，这在很大程度上取决于参与历史活动的人们的自由选择和自主策划；用逻辑的术语来说，生产力发展与历史任务的形成是社会变革的必要条件，但绝非充分条件。其实，自由意志论者从不否认人的行为要受到各种历史和现实条件的制约，自由从来不会是绝对的和无条件的。自由理论要强调的是，在历史条件给定的情形下，人们在如何选择、设计和创造自己的未来方面将显现出巨大的自由度或主观性。换句话说，必然与自由、传统与创新、环境制约与自我超越等是互为因果、相互促进的，这就是历史的真蕴所在。只有在这样的历史中，人的卓越智慧和超群才能、创造灵感和理性运思、生命冲动和能量释放，才会得到一种淋漓尽致的展现。相反，如果把历史看作不过是一些必然性的铺陈和展列，它的魅力和风韵就会消失殆尽。我们很难把富有浪漫激情的马克思同一个刻板的决定论者相联系，因此，把马克思描绘成为一位温和而具有弹性的自由意志论者并不是毫无根据的，他自己就说过与这种形象颇为吻合的话："人们自己创造自己的历史，但他们并不是随心所欲地创造，并不是在他们自己选定的条件下创造，而是在直接碰到的、既定的、从过去承继下来的条件下创造。"[①] 恩格斯在晚年时，也曾经针对社会上有人把历史唯物论错当成庸俗的经济决定论的偏向进行了激烈的批评：如果有人在这里加以歪曲，说经济因素是唯一决定性的因素，那么他就是把这个命题变成毫无内容的、抽象的、荒诞无稽的空话。

难道马克思历史学说中就没有一点决定论和黑格尔思辨哲学的痕迹吗？既然大多数思想家在创建自己的理论时都很难避免体系内部的抵牾之处，那么，我们为什么要苛求崇奉自由的马克思必须一以贯之呢？马克思在《资本论》中详尽地分析了资本主义经济运动的规律，他指出，这一经济模式蕴涵着一个不可克服的矛盾，即生产资料的资本家私人占有制和生产的高度社会化之间的矛盾。这一矛盾导致的后果是：资本家在企业内部能够严格地组织

---

① 中共中央马克思恩格斯列宁斯大林著作编译局编译《马克思恩格斯选集》第1卷，人民出版社，1995，第603页。

和管理生产，但他们却不能够事先准确地知道市场的需要；资本家在追逐剩余价值的冲动和竞争的压力下盲目扩大生产规模，于是，生产无限扩大的趋势与购买力市场的相对缩小之间的矛盾日益激化，从而导致了整个社会生产的无政府状态。正是这种无政府状态造成的周期性经济危机的爆发，在危机中，工厂、商店和银行纷纷破产倒闭，大批工人失业，生活困苦不堪，生产力遭到严重破坏，社会经济陷入瘫痪和混乱之中。在这样的情形下，无产阶级终于再也无法忍受下去，社会革命便不可避免地爆发了。马克思在《资本论》中提道："当生产资料的集中和劳动的社会化达到了同它们的资本主义外壳不能相容的地步的时候，这个外壳就要炸毁了。资本主义私有制的丧钟就要敲响了。剥夺者就要被剥夺了。"于是，资产阶级的灭亡和无产阶级的胜利同样成为不可避免的事情。不仅如此，马克思还公开承认自己是黑格尔这位大思想家的学生，并且在《资本论》中关于价值理论的一章里，甚至"卖弄"起黑格尔特有的表达方式起来。当我们阅读到马克思的这些话语时不禁感到困惑，似乎真的有两个马克思出现在我们面前：一个是热切推崇人的主体性和自由的哲学家，而另一个则是执拗的坚持严格的历史决定论的政治经济学家。从马克思的一贯思想来看，我们认为，显然是前一个马克思更为可信；从后期历史发展的事实来看，我们也宁肯接受前一个马克思。20世纪以来，特别是第二次世界大战以后，资本主义世界普遍采取了政府干预经济和实施广泛的社会福利等政策，使体制自身的良性调节能力大大增强，经济危机的破坏性大为降低，劳资关系趋于缓和。资本主义不仅没有灭亡，反而还表现出旺盛的生命力，这就证明了：那种不可抗拒的历史必然性是并不存在的，因而人在决定自己的命运时是拥有充分自由的。

那么，马克思理论内部的相互抵触现象又做何解释呢？从客观上说，脱胎于黑格尔哲学的马克思理论并未斩断与黑格尔哲学之间千丝万缕的联系。虽然马克思十分明智地提醒世人"不要把历史人格化"，然而他自己还是在不经意中陷入了历史决定论的窠臼；此外，马克思学说里还带有明显而浓重的黑格尔式"整体主义"的色彩。在他那里，人类的自由劳动创造了整个社会历史；自由是人的“类本质”。我们想问的是：在人类宏大而浩荡的历史活动中，个人将处于什么样的位置？他是必须把自己汇入这个巨大的历史洪流中去才能实现价值呢，还是必须拥有在一定程度上保持自身独立性的自由才体现出价值来？虽然马克思在憧憬未来的时候一再强调：“每个人的自由发展是一切人的自由发展的条件”，并告诫人们不要把社会当作抽象的东西来与个人相对立，但是，集体性活动，哪怕是正义的集体性活动与个人之间可能发生的冲突还是没有能引起马克思的足够重视。在他的唯美主义情怀中，集体与个人在本质上应该是和谐的；应然理想就是（或必须是）已然事实。从马克思的主观意愿来说，仅仅对资本主义制度进行一种道德批判是不够的，因为这种批判对于大众的感召力不大；但如果把社会主义理想变成一种“科学”，即它揭示的是关于社会发展的不可移易的“客观规律”，就像伽利略和牛顿所揭示出来的物理世界运行规律不可移易一样，那么，它对于唤起无产阶级的阶级意识，使之投身于变革历史的伟大革命斗争就无疑有着巨大而不可抗拒的力量。马克思要达到的近期目标毕竟是“剥夺剥夺者”，用社会主义来取代资本主义，使无产阶级获得解放，为此，策略上的考虑是必不可少的。的确，马克思只是在进行经济学研究和批判资本主义的时候，他的决定论主张才变得如此突出。当然，这只是我们的一种解读，或者不如说是一种猜想。伟人早已作古，他的学说只能由后人不断地加以阐释与评说。

如果说历史决定论在马克思那里还是某种不自觉的或策略性的考虑的话，那么，这种决定论却在以苏俄为代表的东方人那里被定格和夸大了。虽然东方的革命实践恰恰是对决定论的否定——因为它全然不是先进生产力的发展与落后生产关系的桎梏之间冲突的某种“必然产物”，相反却是经济贫困的后果，但是东方人从来也没有怀疑社会主义在本国的胜利以及将要在全世界的胜利是历史发展的一种必然趋势。尤其是东方人本然地认同那种对社会进行总体性改变的黑格尔式主张，他们不仅进行了声势浩大的社会主义实验，而且切切实实地创建了一个又一个以苏俄为蓝本的社会主义国家。如今人们已经看得很清楚了，这些国家与马克思当初关于社会主义的构想和描绘是相去甚远的，其中最大的距离就是：在这些国家中，革命的滚滚洪流常常淹没了个人的独立和自由。

一谈起马克思历史理论的出发点是人，并且“自由劳动”是人的本质特征这一规定，就有试图用抽象的人性和“人类之爱”去取代人的阶级性，从而抹杀既存的阶级斗争的嫌疑。我们认为，强调新历史观的出发点是人，与肯定现实的人具有阶级性，这两者之间并不矛盾。实际上，我们在前面业已指出，马克思之所以把新历史观的核心范畴确定为“人”和人的自由劳动，就是为了以此为基础，去抨击资本主义的罪恶现实。在马克思看来，资本主义作为一种社会制度必须予以否定，因为它虽然创造了经济的高速发展，却也使无产阶级完全丧失了作为人的地位和本性。马克思深刻地揭示了人的本质与人的存在之间的对立与冲突。他指出，现实的人（即人的“本质”）必然是自然、社会和历史的有机统一，而当下的现实（即人的“存在”）却是人们被迅速地分化为两大阶级，这两大阶级之间的冲突日趋尖锐，因此，当下的个人就不可能摆脱阶级的特性，社会就不可能脱离阶级斗争。既然无产阶级被剥夺了一切生产资料，不得不靠出卖劳动力谋生，既然“它是一个若不从其他一切社会领域解放出来并同时解放其他一切社会领域，就不能解放自己的领域，它本身表现得人的完全丧失，而只有通过人的完全恢复才能恢复自己”[①]，那么，资本主义的掘墓人就只能是无产阶级，未来理想社会的实现途径就只能是开展无产阶级的斗争和无产阶级专政。这是我们再熟悉不过的理论，并且这一理论也肯定归属于马克思。只不过我们觉得，除此之外，在解读马克思历史学说的时候，我们还需注意到以下两个问题：其一，当今的我们时隔马克思历史哲学问世已经一个多世纪了，这一时间间距对于我们解读马克思学说具有至关重要的意义。就是说，我们的诠释必须带有现代性。二战之后的西方世界，其阶级结构已经发生了很大的变化，无产阶级的工作和生活状况已远非马克思所描述的那样不堪了。如果我们对此置若罔闻，漠然视之，

---

① 中共中央马克思恩格斯列宁斯大林著作编译局编译《马克思恩格斯全集》第1卷，人民出版社，1956，第466页。

就像我们今天的许多教科书所做的那样——这当然是十分简单易做的事情，因为它既可以免除艰辛的精神劳作，更无须尝受思考未果的痛苦折磨。那么，我们许多自称是马克思信徒的人实际上早已远离和背弃了马克思——马克思本人从不承认有任何终极性的东西，因而他的理论永远是开放的，甚至我们不必做一个严肃的具有历史感和使命感的人文学者。其二，在马克思那里，阶级斗争，尤其是无产阶级的革命斗争固然十分重要，因为它是唯一能够达致未来理想社会的通道和手段。然而，通道和手段并非理想社会本身。马克思非常清楚，阶级斗争不过是人类无限延伸的历史中的一个特殊阶段而已，它既不是从来就有的，也不会永久存在下去。特别重要的是，阶级斗争虽然客观存在，但它绝不是马克思所追求和向往的事情，恰恰相反，马克思希望通过无产阶级的斗争，来最终达致无阶级社会，从而使全人类得到解放。马克思宣称，共产主义是人和自然界、人和人之间矛盾的真正解决。可见马克思绝不是一个好战分子，他爱好和平，热切地渴望人类最终达到和解与和谐。

二、异化劳动与现代文明

作为一位伟大的批判哲学家，马克思对纯粹的形而上学思辨从来兴趣不大；相反，他总是把研究的焦点投射于社会现实，深情地关切着人的生存处境，执着地追寻着人的生命的终极意义。马克思即便在探讨人的一般本性时，也并不把这种探讨当作目的，而是想借此设定一个价值参照系，来观照和揭示人的异化，使人的本质和人的存在、应然和实然之间的张力充分裸露，从而找到批判和否定资本主义制度的目的。这一研究方法在《资本论》中有明确的表述。他说："首先要研究人的一般本性，然后研究在每个时代历史地发生了变化的人的本性。"[①] 从《1844年经济学—哲学手稿》到《资本论》，我们可以捕捉到一条清晰的思想轨迹，那就是马克思承继了人道主义传统，对资本主义社会中工人受奴役受剥削的非人状况发起了猛烈的抨击，他憧憬、呼

① 中共中央马克思恩格斯列宁斯大林著作编译局编译《马克思恩格斯全集》第23卷，人民出版社，1972，第669页。

唤自由和平等理想的普遍实现，憧憬和呼唤人性的彻底复归。既然人的一切才能和特性都直接或间接地与劳动相关联，那么，人便是劳动的产物，劳动乃是人的本质活动的彰显，是人的自由的尽情敞扬。然而在资本主义条件下，所有与劳动有关的东西，如劳动对象、劳动产品及劳动行为本身都变形了、扭曲了，异化成人的对立物。马克思以同情和悲愤的笔触深刻地描述了这一现实。他指出，劳动产品作为依人的预期目的而改变了的自然物，凝聚着人的劳动，是人的劳动的物化形态。它同劳动者的关系应当是前者依赖后者、前者肯定后者、后者支配前者的关系。但是，在现实中情况却是如此地反常，以至于劳动者生产的财富愈多，他的产品的价值愈高，他自己却愈贫穷，愈没有价值；劳动者创造的商品愈丰富，他就愈变成廉价的商品。于是，与物的世界的增值成反比例的，是人的世界的贬值。劳动者同自己的劳动产品的关系，就像同一个异己的对象的关系一样，劳动者把自己的生命贯注到对象里去，却因此使这个生命不再属于他自己，而是属于对象了。自然界是劳动者用来实现他的劳动，即借助它来进行生产的材料。然而，在现代私有制社会中，劳动者被剥夺了他赖以生活和生产的物质资料，以至于他不得不在两个方面成为自己对象的奴隶：第一，他接受劳动的对象，亦即接受工作；第二，他接受生活资料。这就是说，接受劳动对象是劳动者获取生活资料的不可或缺的前提，他只有更多地作为劳动者才能维持作为肉体主体的生存，只有更多地作为肉体主体才能是劳动者。马克思说："按照国民经济学的规律，劳动者在他的对象中的异化表现如下：劳动者生产得越多，他能够消费的就越少；他越是创造价值，他自己越是贬低价值、失去价值。他的产品越是完美，他自己就越是畸形；他所创造的物品越是文明，他自己就越是野蛮；劳动越是有力，劳动者越是无力；劳动越是机智，劳动者越是愚钝，并且越是成为自然界的奴隶。"[①] 其实，劳动对象的异化不过是劳动活动本身异化的结果。劳动行为是劳动的对象化的中心环节，它确证了人的内在本质，在人与

① 马克思：《1844年经济学—哲学手稿》，刘丕坤译，人民出版社，1979，第48页。

动物的根本区别上肯定了人自身。然而在资本主义社会，劳动对于劳动者来说却成了一种异己的活动。劳动者在自己的劳动中不是肯定自己，而是否定自己，不是感到幸福，而是感到不幸，他们并没有自由地发挥自己的肉体力量和精神力量，而是使自己的肉体受到损伤、精神遭到摧残。因此，劳动者在不劳动时感到自由自在、如释重负，而在劳动中却觉得爽然若失、如坐针毡。可见，劳动不是自愿的，而是被迫的和强制性的；劳动不是需要的满足，而只是满足劳动以外的其他各种需要的手段。只要对劳动的肉体强制或其他强制予以消除，人们就会像逃避鼠疫一样地逃避劳动。

我们认为，不能简单地断言“异化劳动”的思想是马克思早期的“不成熟的”“未摆脱唯心主义影响的”思想，更不能断言，早期马克思思想与晚年马克思学说之间有一个极限分明的断裂。实际上，“异化”概念在马克思晚期代表作《资本论》中也同样占据着中心位置。在《资本论》中马克思写道：在资本主义体系内部，一切提高社会劳动生产力的方法都是靠牺牲工人个人来实现的；一切发展生产力的手段都变成统治和剥削生产者的手段，都使工人畸形发展，成为局部的人，把工人贬低为机器的附属品，使工人受劳动的折磨，从而使劳动失去内容，并随着科学作为独立的力量被并入劳动过程而使劳动过程的智力与工人相异化。不承认异化劳动，就不可能深刻地理解马克思关于无产阶级和全人类的自由解放的理想。不仅如此，马克思还认为，在现代私有制条件下，异化并不独属于无产阶级。异化变得如此地普遍，以至于有产阶级也不能幸免，只不过与无产阶级不同的是，有产阶级的自我异化对于现存制度来说是一个肯定的因素。马克思说，如果说中世纪的人们把上帝作为顶礼膜拜的对象，那么现代人不过是把膜拜的对象由上帝变成了商品和金钱。早在《论犹太人问题》一文中，马克思就十分敏锐地指出：近代社会把人从虚幻的上帝那儿解放出来，成为感性的和世俗世界中的存在物，然而，近代人的命运依然是悲惨的，由于利己主义信念的驱使，他们再次造出了一个高于一切彼岸神的此岸的神灵，这便是金钱。如同凝聚着人的本质的上帝反过来统治了人一样，钱也不过是从人那里异化出来的人的劳动和人的本质，现在这个外在本质却统治了人。人们把它作为唯一的价值目标，不择手段和不惜一切地追逐它，向它膜拜。在《资本论》中，马克思痛斥了充斥于资本主义世界的“商品拜物教”和“货币拜物教”。据此，马克思宣称，人的自由解放就是人从一切物对人的奴役形式中解放出来；只有在这时，人才真正获得了独立和自由的地位。他极有远见地提出，犹太人的世俗上帝是金钱，因而犹太人是典型的现代人，犹太人的解放便是现代人的解放。即“犹太人的解放，就其终极意义而言，就是人类从犹太人中获得解放”[①]。马克思不是先知，他关于资本主义最终结局的许多预言到目前为止还远未实现，也就是说，资本主义的丧钟并未敲响；同时，他对于后来社会主义现实运动中存在的许多问题也未能预料得到。然而，马克思的异化理论却无可争议地成为留给我们的一份极其珍贵的精神遗产。当历史的脚步已经迈进21世纪的门槛时，所有已经处于后现代社会和正艰难地迈向现代社会的人们都已经或正在清晰地感受到：为实现现代化，人类已付出或正在付出沉重的代价，这种代价的最大表现正是人的异化。

现代人之所以青睐于马克思的异化理论，就是因为这一理论仍然是对现代人基本生存境遇的真实写照。一个半世纪过去了，西方社会中工人阶级的生产条件和生活状况已经有了极大的甚至根本性的改善，然而这一切并不意味着异化劳动已经被彻底根除了。虽然劳动者和生产资料的分离状况已经得到了重大的缓解，虽然工人在劳动过程中的受奴役地位已经有了实质性的改变，但是，另一种异化现象，即另一种物对人的统治形式，却普遍蔓延开来，严重毒化了整个社会。现代社会的物质繁荣是靠无限膨胀的过剩生产和层出不穷的各式商品来支撑和维系的，它必须不断刺激人的需要才能继续存在下去。现代人大多是一些购物狂，他们如饥似渴、不知疲倦地购买商品；其实，他们并不是真正需要这些东西，只不过是变化莫测、光怪陆离和无孔不入的广告激发起了他们的购物欲。为了满足自己的“需要”，他们必须永无止境地

① 中共中央马克思恩格斯列宁斯大林著作编译局编译《马克思恩格斯全集》第1卷，人民出版社，1956，第446页。

赚钱，把自我的成就感完全投放到金钱和商品上，因而他们对商品和金钱的崇拜是不可避免的。人类向着自由之巅跋涉原来是如此艰辛，不仅看不到云雾缭绕的山顶，看不到希望；相反，还注定要被自己不断新造出来的神灵所统治，并因此失去自由。自由也许真的是一个永远不可企及的理想，人类注定要在禁锢与挣扎、沉沦与拯救之间徘徊。看来，宿命论之所以具有广阔的市场，正是因为人类遭遇到的失败与挫折实在是太多了。现代人在物质方面永不知足的追求，使自己无暇和无力顾及其精神需求，于是精神世界的苍白与贫乏就成了现代人难以克服的通病。亨德里克·威廉·房龙在《人类的故事》一书中写道，古希腊人为了使自己保持精神上的自由、洒脱和愉悦，使自己在博学多才、能言善辩和体格强健方面尽显优势，他们比较推崇节俭的生活，哪怕是有钱人也鄙视穷奢极欲。古希腊人的这种生活态度很有启发意义：人应该是健全的，其发展应该是全面的；然而人的经历和生命又是有限的。如果片面发展，就势必导致病态、扭曲和畸形，个人和社会都是如此。这正是马克思极力反对和力图避免的，也是他批判现实社会的动力所在。如果物质单向度发展到了极端，势必要以精神的倒退和崩塌为代价。因此我们认为，人类减少一点贪婪，抑制一下已经过度膨胀的占有欲，适度地和良性地发展社会经济，以便使自己的精神价值得到实现，应该是我们最佳的选择。

当今中国社会有一句最流行的口号：在改革开放的时代背景下必须大力加强精神文明建设，决不能对物质文明建设和精神文明建设搞一手硬、一手软。然而平心而论，事实上我们在短期内是不可能摆脱“一手软”的状况的，因为精神文明的深层次问题，即重塑中华民族的人文精神的问题，并没有得到根本性的解决。近代以来，中国传统文化不断遭到强势文明的冲击，中国人饱尝了文化上无根的痛楚。我们有过五千年的文明史，然而现在，普遍的苦闷、彷徨和孤独在吞噬着我们的灵魂。现代中国人的精神禀性是什么呢？很难予以回答。一个没有文化的民族是可悲的，他们是没有凝聚力的一盘散沙，是没有家园的一群漂泊者。老实说，目前中国人面临的处境要比西方人严峻得多。我们既要清除封建主义的残余影响，又要拒斥资本主义的毒害与浸染；既要实现现代化，又要避免现代化的负效应。因此，像所有后发现代化国家一样，似乎所有的矛盾和困难都集中到一起来了，使人们穷于应付，真有些“剪不断、理还乱”的味道。自20世纪90年代以后，中国学界显露出一种越来越强烈的倾向，那就是在一些人眼里，所谓“人文精神”仅仅是中国传统文化特有的含义；因而恢复中国的人文精神只有一条路可走，那就是回归传统文化。我们认为，这些人的主张至少有两个缺陷：其一，他们全然不顾大多数中国人对实现现代化的迫切要求，认识不到中国社会诸多问题的症结并非由于现代化太甚，而是正相反，是现代化严重不足。他们一味要求正在与贫困做斗争的中国人拒斥和反对西方的消费主义，但他们忘了，当代中国人刚刚才从禁欲主义的年代中走出来，刚开始在市场竞争中蹒跚学步，对于消费主义实际上还无力效仿。他们相信，连基本的生存需要都有待于满足的许多中国人，在经过他们的道德教化之后，就完全可以拥有一颗高尚纯洁的心灵了。他们在批判和否定“经济决定论”的时候振振有词，在赞赏和肯定“文化决定论”的时候也振振有词。其二，在他们眼里，近代西方文化沾满了铜臭味，当代西方人不过是一些挣钱的机器。他们无视西方文化同中国文化一样具有丰富的人文意蕴，即便是与现代化同步发展的近代理性主义西方文化，也不乏深厚高远的价值理想。西方人对自由和平等的理念进行了长期的、系统的和深入的分析与研究，并且把这些理念贯彻和渗透到了他们社会的经济、政治和文化教育当中，从而对整个西方世界产生了不可估量的影响。基督教对人的生命意义的终极性眷注绝不亚于中国传统文化，同时，新教伦理在资本主义发展的早期也起到了不可替代的精神动力的作用。

虽然东西方人都痛感自己在人文精神和价值理念方面的匮缺，但是只要我们仔细分析便可发现，两者的病因各有不同。中国人是在苦涩和屈辱中被动地接受现代化的，民众内心中涌动着的那种危险的民族主义情绪，使得他们本能地拒斥来自西方列强的“工具性文明”。当马克思主义经过俄国人的理论解读和实践运作而登临中国大陆之后，中国人欣喜地发现，它与自己的文化有着众多的相似之处。既然马克思主义来自发达的西方，同时又与中国传统文化如此投缘，那么中国人便很自然地把它视为救世的良方。然而几经波折，人们终于意识到商品、市场和竞争才是中国迈向现代化的必经之路。也许自近代以来，中国人的心灵深处有太多的创伤、太多的迷茫，以至于他们在令人眼花缭乱的多元化时代，仍然表现得是那样的犹豫不决、充满顾虑。其实正如许多学者指出的那样，对于现代化进程中出现的负面效应，我们当然要警惕。然而，我们更应该认识到的是：这种负效应远不是中国现阶段的主要弊端。如果我们对此过度敏感和恐慌，不啻是无病呻吟，并因此阻碍中国现代化的步伐。

三、消除贫富对立是可能的吗？

马克思在他的一系列经济学著作中揭示了资本主义剥削的秘密，批判了这一不平等的制度，全面系统地阐释了自己的平等观。长期以来，人们存在着这样一种误解：资本主义制度应该被解构，因为它存在着严重的不平等，即资本家通过压榨工人的血汗而过着天堂般的富裕生活，工人竭尽全力去劳动，换来的却是只能勉强维持其生计的收入。因此，马克思主义旨在号召工人起来反抗，夺取自己应当获得的那部分社会财富，以便使自己生活得像他们的雇主那样好。这一误解在中国这样一个具有“均贫富，等贵贱”的历史文化氛围的古老大国中，是特别能够引起共鸣的，因此这种理解演变成了一种带有中国特色的平均主义色彩的社会主义信仰，在中国大地上家喻户晓、人尽皆知。“平等”是古今中外追求自由解放的人们共同扬起的一面旗帜，然而他们对平等的理解却存在着巨大的差异。人们通常是在两种意义上来阐释自己的平等观的：一是结果的平等，即无论社会成员在进入社会分工和实际工作时其主客观条件如何不同，他们都应当获得完全相同的收入回报。在持有这一平等观的人看来，如果社会中的一部分人锦衣玉食、荣华富贵，另一部分人却朝不保夕、穷困潦倒，那么不论造成这种情况的原因是什么，这个社会都必须被否弃。一个公正的社会不仅不能存在贫富悬殊，甚至不该有贫富差异。二是起点和规则的平等，即“人生而平等”，不应以出身、性别、民族、居住地、信仰等的差别，来作为财富和收入上公正或差别的根据。起点的平等来自社会的均等，这就是说，任何人在追求自身幸福和实现自身价值的过程中，都会拥有同样多的机会。规则的平等是指在相关方面（如贡献大小）相同的人应受到相同的对待；在相关方面不相同的人应按他们之间的差别（如贡献上的差别）予以不同的对待。毫无疑问，我们在前面提到的那种带着平均主义色彩的所谓“社会主义平等观”，是在倡导一种结果的平等。这种平等观在反对剥削制度、揭露资本家榨取工人剩余劳动的斗争中曾经起过进步的、积极的作用。然而，它把马克思的平等理想仅仅理解为旨在提升工人阶级的生活水准，使其在物质待遇上与资本家拉平，因此它严重地曲解了马克思的原意。这一平等观与中国的平均主义文化传统得到了很好的匹配，或者说，中国人根据自己固有的信念对马克思学说做了一番新的诠释，从而使其成为中国近现代史上的主流文化。这一平等观的最大弊端就是淘汰精英、践踏优秀，使社会生活死水一潭、毫无生气。中国人历来“不患寡而患不均”，我们的先辈不怕贫穷，怕的是一方面有人腰缠万贯，另一方面却有人家无隔宿之粮。一旦出现这种情况，不平衡的心理和怨恨之情就会油然而生。中国人在这方面有过许多名言俗语，如“人怕出名猪怕壮”“枪打出头鸟”等。如果一个人财运亨通、富甲一方，他很可能成为别人打家劫舍的主攻目标；如果一个人在仕途上少年得志、官运通达，他也许很快就会背上道德的恶名，遭到政治上、经济上、品行上的诬陷；如果一个人在学术上超过了他的前辈，那么他必须断然否认这一点，立志夹着尾巴做人，否则马上就会受到“骄傲”“狂妄”“不知天高地厚”等各种指责。虽然中国实施改革开放已有多年，但平均主义思想仍远未根除，并且越是落后的地方，就愈是根深蒂固。在许多中国人的眼里，弱者就是善人，强者就是恶人，至少是道德上的可疑之人；无条件地同情弱者、推崇平庸、不容忍杰出人才，这仍然是中国社会发展的最大障碍之一。其实，由于每一个人在智力和体力上的天赋条件不同，他们工作的主观努力程度不同，因而他们工作的成效是注定不同的。如果为了求得平均结果而强制性地剥夺一些人的贡献，把它们无条件地分配给没有贡献和贡献较少的人，那么，就等于否认了优秀者多做的贡献，甚至掠夺了优秀者应得的回报，从而造成了新的不平等。在一个社会中，倘若优秀者长期被压抑、打击和剥夺，而懒惰者和平庸者则受到同情、鼓励和提倡，那么这个社会注定是没有活力和朝气的，而这正是最大的不公平。平均主义主张把分配结果强制性拉平，要做到这一点，就必须依靠强有力的行政权力来实施。因此，平均主义势必导致权力的集中和膨胀；平均主义往往是专制政治的最合适的土壤。

有人说，如果完全不考虑结果的平等，那么，那些在竞争中失败的人是不是就活该被淘汰出局、失业流浪？甚至生活无着落、饿死或冻死于街头呢？不能否认，贫富悬殊过大的社会总是残酷的和不美好的。美国政治哲学家罗尔斯指出，社会的不平等必须人为地加以限制，即控制在这样一个限度内：社会和经济的不平等必须是能最大限度地有利于社会的弱势阶层。绝对的平均和由自由放任导致的贫富悬殊都是不可取的。由于私有财产的不断积累，起点的真正平等是不可能的。在社会交往和经济活动中，强势阶层总能利用他们既有的优势去制定对自己更为有利的合作和交易条件，并且这种“交易优势”还会随时间的推移而扩大。因此，遏制过大的贫富悬殊是必须的。然而我们同时应该清醒地认识到，追求绝对的结果平等无论如何是十分有害的；不平均的分配能导致生产的进一步发展，使“整个馅饼”的尺寸越来越大，从而使每一个人所分得的份额也越来越多。因此罗尔斯在《作为公平的正义》中提道：除非有理由相信不平等将对每个人有利，否则任何不平等都是任意专断的。实际上，任何现代社会都是靠两套机制得以运作的。一套是竞争的机制。这一机制的唯一法则就是“机会均等，公平竞争”。它承认人的天赋条件的不同，对社会的贡献不同，因而只要参与竞争的人都没有被赋予特权，也没有遭到歧视即可，也即意味着他们进入竞争领域的机会是平等的。因此，竞争结果的不同是正常的，而且是社会应当予以保护和维持的，因为它是人的进取心的源泉和社会发展的动力。另一套是社会保障机制。这就是政府向高收入的人征税（往往是累进所得税），并用它去补贴那些在竞争中暂时失利的人或低收入的人，使其能满足最基本的生活需求。运用这套机制，可以把贫富差别缩小到一个合适的范围之内。

在马克思心目中，作为共产主义初级阶段的社会主义社会，旨在实现的也是一种权利和地位的平等，而绝非结果的均等。恩格斯在谈到马克思的剩余价值学说时曾十分明确地指出，马克思的目的并不是简单地确认一种经济事实，也不是想指出这种事实与公平的道德之间的冲突，而是打算阐明资本主义积累史的基本特征和历史趋势。马克思自己也认为，即使把工人所处的那种和雇佣劳动制度相连的一般奴役地位完全撇开不谈，工人阶级也不应夸大这一日常斗争的最终结果。它不应当忘记：它在这种日常斗争中只是在反对结果，而不是在反对产生这种结果的原因。显然，马克思创立剩余价值学说，并不仅仅想要提高工人阶级的生活水平。他痛恨和斥责雇佣劳动制度，那是因为这个制度使工人同自己的劳动对象、劳动产品以及劳动本身相分离和相对立，使工人处于非人的奴役地位。由于劳动力这一商品具有特殊的使用价值，使资本家可以借此掩盖其剥削的秘密，而这一事实更深刻地表明了工人阶级的悲惨处境。可见，剥削现象是私有制和异化劳动的一个结果，因而只反对结果而不反对原因的理论和实际斗争，都是浅薄和无用的。资本主义在理论上也提倡多劳多得、等价交换的原则，然而在现实中，由于剥削的存在，这一原则与事实是相背离的。社会主义的任务就在于实现原则与事实之间的统一。在《哥达纲领批判》中，马克思鲜明地表达了自己的立场：至于消费资料在各个生产者中间的分配，那么这里通行的是商品等价物的交换中也通行的同一原则，即一种形式的一定量的劳动可以和另一种形式的同量劳动相交换，原则和实践在这里已不再互相矛盾。这就是说，按劳分配所体现的恰恰是起点和规则的平等，它默认个人天赋，首肯不同等的工作能力。我们有理由认为，马克思内心非常明白：按劳分配这个游戏规则意义上的平等，在现实生活中将起着十分重要的和不可替代的作用。因为，未来共产主义社会必须建立在物质财富极大丰富的基础上，而财富的积累，又只能凭借按劳分配这个杠杆来激发劳动者的进取精神和创造激情。也许，这正是马克思之所以要在实现共产主义的漫漫征途中设定一个相当长的社会主义过渡时期的原因所在，也是他坚持在社会主义社会必须实行按劳分配原则的缘由之所在。不管怎么说，马克思对平均主义历来是反感的，而把这种产生于农业社会中的经济要求同马克思学说拉扯到一起，实在是对这位才智超群的历史伟人的贬低。马克思在《共产党宣言》中曾猛烈抨击了带有浓重平均色彩的“粗陋的共产主义”。他指出，由财产占有激发的平均的欲望是如此强烈，以至于凡是不能被所有人作为私有财产来加以占有的对象，都可能被列为被消灭的对象；凡是不能为所有人均衡赋有的才能，便可能成为不容许其存在的才能。为了消除只属于个人的财产，为了舍弃独属于个人的特殊才能，甚至不惜诉诸社会的强制。平均主义到处否定人的个性，却认可某种划一的共同性，它摒弃整个人类的文明而主张一种倒退，即把经历过文明熏陶的人重新退化成贫穷而没有需求的人。

尤其值得关注的是，在马克思的理想图式中，追求“平等”所占据的分量远不像人们原本想象的那么重。马克思以他那独有的深邃目光洞察到：一切权利，就其本质来讲都是以承认某种事实上的不平等为前提的；权利的特点在于，它只能使用同一种尺度去计量不同的对象，因而它所造成的只能是不平等。按劳分配也不例外。就它把一切人都当作平等的劳动者，而不承认任何阶级差别这一点来说，它无疑是合理的、进步的。然而它却默认了人在天赋和工作才能上的区别；它把人只当作劳动者，而不考虑其他方面的因素。因此，按劳分配也不是尽善尽美的东西。更加重要的是，按劳分配的机制隐含着一个基本的假定：人类依然在其自身用物欲编织起来的樊篱中挣扎，物欲永远是驱使人类行动的主人。这正是马克思所厌弃的，因为这与他关于人的自由解放的最终祈向大相径庭。在马克思看来，人们之所以要把按劳分配当作公平的分配规则来加以追求，就是因为它体现了等量劳动领取等量报酬的权利。人们付出了同样的劳动，就应该获得同样的报酬，进一步说，人们付出劳动，就是为了索取报酬。显然，在这里，劳动仍然是谋生的手段，而只要人把劳动视为谋生手段而非其本质——即人的生存的第一需求的体现，那么人就不可能是自由的。相反，各尽所能、按需分配，却标志着人类最终超越了自己的物质欲望，真正成为主宰自己命运的主人。因此在马克思心中，按劳分配绝不是平均主义，而是对一切平等权利的超越，它使人类完全彻底地迈上自由的坦途。马克思指出："在共产主义社会高级阶段上，在迫使人们奴隶般地服从分工的情形已经消失，从而脑力劳动和体力劳动的对立也随之消失之后；在劳动已不仅仅是谋生的手段，而且本身成了生活的第一需要之后，在随着个人的全面发展生产力也增强起来，而集体财富的一切源泉都充分涌流之后，只有在那个时候，才能完全超出资产阶级权利的狭隘眼界，社会才能在自己的旗帜上写上：各尽所能，按需分配。"①

当今世界，在市场魔力的作用下，经济突飞猛进，物的奇迹随处可见，然而人却愈益沦为商品和金钱的崇拜者，被物所惑所累。当人们饱尝了异化之苦后，再次重温马克思的这些名言，将不能不感佩他的惊人的远见卓识。马克思向来不认同市场竞争，虽然他深知其对人的潜能的神奇呼唤力，但他却更懂得这一切都服从于一个原则，这就是"利益驱动"。因此，市场竞争导致人的私欲膨胀和精神匮乏是在所难免的。马克思是一个理想主义者，他的理想不允许他对以上状况有丝毫的宽容。然而坦率地讲，人们在选择自己的社会发展道路和模式时，常常会陷入无法自拔的二律背反：市场竞争的确会导致人的异化，可是如果弃绝市场竞争又将造成平庸和僵化。为了保持生机与活力，康德和黑格尔都曾一再强调：社会的发展是以"恶"的形式实现的；为了避免异化与价值沦丧，马克思一再倡言，在未来的理想社会中，不能为市场竞争留下一席之地。当然，同时他又从未认为共产主义即共同贫穷。不知他是否考虑过，一旦失去了市场竞争和利益驱动，经济和社会的活力将从何而来？尽管如此，马克思毕竟为后工业社会的出路提供了一种总的思路：消除异化从而达致最高境界的自由解放，是未来社会的主要任务，为此，人类必须放弃无节制的过剩生产和过度消费。

---

① 中共中央马克思恩格斯列宁斯大林著作编译局编译《马克思恩格斯选集》第3卷，人民出版社，1972，第12页。

四、理想社会：人本主义与自然主义的统一

对美好社会的设计和对生命意义的求索，使马克思倾注了毕生的心力和才智。他以一个理想主义者的高远，理性主义者的见识和浪漫主义者的激情，为我们描绘了一幅人的自由和人性解放的途径。在这一图景中，人与自然和谐共处，人与人亲善友爱；个体摆脱了一切奴役和羁绊，个性得到了尽情的自由敞扬；畸形化的分工被扬弃，人获得了空前的全面发展；人们不再把劳动看作不得已而为之的谋生手段，而将其视为人之为人的最后依据。由此可以看出，马克思早已超越了启蒙思想家的人道主义传统，在那个时代，他就已经敏锐地洞察到了人类为现代文明付出的灾难性代价。他以强烈而深沉的忧思关怀着人类的命运，以幽远而缜密的运思构建起价值理想的远景。于是一个崇高的马克思，一个充满睿智的马克思，一个对人类倾注了所有爱心和关切的马克思呼之欲出。曾被遮蔽的马克思历史哲学的现代意义终于显现，并重新发出耀眼的光芒。

马克思说："共产主义是私有财产即人的自我异化的积极扬弃，……这种共产主义，作为完成了的自然主义，等于人本主义，而作为完成了的人本主义，等于自然主义；它是人和自然界之间、人和人之间的矛盾的真正解决，是存在和本质、对象化和自我确立、自由和必然、个体和类之间的抗争的真正解决。它是历史之谜的解答，而且它知道它就是这种解答。"[①] 我们认为，这段话应该是马克思关于共产主义社会的基本特征的最完整和最明确的界定。在马克思眼中，生产资料的私人占有制业已使人变得既狭隘又愚钝：人们以为，对于任何一个外在对象来说，只有当它被人拥有时，即它要么作为资本而投入生产过程，要么直接被人消费时，它才是属人的。因此，在私有制条件下，人们理所当然地把自然界当成自己征服和掠夺的对象，任意施以践踏与蹂躏，从而致使人和自然严重疏离和对峙起来。马克思指出，在未来

① 马克思：《1844年经济学—哲学手稿》，刘丕坤译，人民出版社，1979，第73页。

社会中，由于摒弃了私有制，人们对其创造物和自然物的占有，就不再会被仅仅理解为直接的、片面的享受。人与世界的关系变得是那样的融洽，充满了亲和力；面对自然，人调动起自己的所有官能——视觉、听觉、嗅觉、味觉、触觉、思维、直观、感情等，充分而全面地享受对象。当我们聆听静谧的晚上夜莺的鸣叫、清晨露珠落叶的声音的时候；当我们领略浪涛咆哮的大海，飞流直下的瀑布，莽莽无边的森林的磅礴气势和神秘韵味的时候；当我们观赏起伏的山峦，潺潺的流水，五彩的鲜花，葱郁的草木的秀丽景色的时候，其实就已经在享受着大自然赐予人类的恩惠了，已经体味到大自然生命的律动了。同时，自然由于人类的参与和鉴赏而成为“人化了的自然”。马克思说，人不仅在思维中，而且以全部感觉在对象世界中肯定自己；人的感觉、感觉的人类性都只是由于相应的对象的存在，由于“人化了的自然”的存在才产生出来。人与自然的共生互渗关系是一种全新的关系，在这种关系中，人和自然不再有疏离感和敌对感，有的只是亲切感和依存感。

自文艺复兴，尤其是启蒙运动以来，西方人对自己产生了前所未有的自信心，上帝要么根本不存在，要么是一个无法验证的可疑存在，因而人们不再是上帝的赎罪羔羊，不再是没有独特价值的渺小附属物；人类有自己的尊严和价值，人有充分的理由为自己感到骄傲，因为只有人类才是万物的灵长。这种人道主义精神传统浸润了几代西方人的心灵，它像是一把钥匙，开启了科技进步和工业文明的大门，西方现有的一切可视可感的物质奇迹，都直接或间接地与之相关。我们可以毫不夸张地说，没有人道主义传统，没有人的主体性的弘扬，就没有西方的现代化。而人道主义的主旨是“人类中心论”，它强调万物只是为了人而存在的，是因为有了人，他们的存在才有了意义。然而，在“一切为了人”的口号的倡导下，人类开始肆无忌惮地掠夺资源，破坏生产，毒化空气，捕杀动物。随着人类的自我扩张，我们再也看不到以往如诗如画般的自然景色，取而代之的是高耸入云的烟囱、噪声轰鸣的喇叭和烟雾蒙蒙的天空。自然所遭受到的这种空前大破坏，不仅反过来威胁到人的肉体生命，而且严重地损害了人的心灵世界：人原本敏锐的感觉变得迟钝和退化了，人的生命激情、生活感悟和艺术灵感日益枯萎和销蚀了，人们变成了一个征服欲和占有欲恶性膨胀的酒囊饭袋。正是针对这一现状，马克思早在多年前就指出：解放了的人，是人道主义品格和自然主义品格的结合。人把自己的对象性活动与自然界关联，在与自然界的关系中创设和实现自己的价值或意义；同时，人的实践把自然作为第一对象，因而它必须尊重自然，遂顺自然的规则。人在使外部自然人化的同时，也使自身的自然（即人的肉体感官）人化——人逐渐培养起具有音乐感的耳朵、能感受形式美的眼睛，人成为具有深刻感受力的、丰富的和全面发展的存在。

马克思在《共产党宣言》中指出，未来共产主义社会是一种“自由联合体”，在这个联合体中，“每个人的自由发展是一切人自由发展的条件”。众所周知，西方工业文明深深地植根于自由主义和个人主义的文化土壤之中，由于它倡导人的自由意志和个性解放，为人类营造了一种宽容、宽松的生存氛围，从而使人的创造性潜能得到了空前的释放，整个社会因此而生机勃勃。科技的发展和工业的进步离不开创新精神，而创新就是有勇气、有能力去想他人从未想到的东西，去说他人从未说过的话，去做他人从未做过的事。人的思想观念、情感意志、性格心态等是丰富多彩的，在无碍大局和无伤大雅的情况下，应该让其自由发展。只有多元化的社会才是创新性人才辈出的社会。欧洲文艺复兴时期的学者，在多才多艺方面都是无与伦比的；中国的春秋战国时期也是思想文化空前繁荣的时期。仔细推敲，它们都有一个共同的特点：社会对人的不同个性和不同思想持一种宽容的态度，不会去横加指责，更不会加以干涉和压制。相反，如果过于强调整体性、齐一性，提倡在思想观念和行为方式上的高度统一，那就势必会压抑人的多样化的个性，社会就可能利用抽象的“神”和“国家”的意志去控制和操纵人。在这种情形下，谁还敢越雷池一步呢？即便真的有人敢“冒天下之大不韪”，他的思想也受到了严重的禁锢，因而根本无力跨越雷池。这样的社会也许纪律性强、秩序井然，但却过于呆板、僵化、没有生气。李光耀曾讲，东亚人的带有更强群体意识的价值观和实践，在超越进程中是明显宝贵的东西。马来西亚总理马哈蒂尔也认为，日本人和韩国人的工作伦理，包括守纪律、忠诚和勤勉等，成了他们各自国家经济和社会发展的动力。这种工作伦理产生于集体和国家比个人更重要的哲学理念。李光耀、马哈蒂尔的话不能说完全没有道理，毕竟他们的国家曾经创造的经济奇迹与东亚价值观有着密不可分的联系。然而我们还应该注意到这个事实：东亚经济奇迹从根本上说是借鉴和移植了西方市场模式的产物，而东方价值观只是辅助性的东西。不仅如此，近年来的事实已经证明：所谓的东亚奇迹，在极大程度上是建立在一堆泡沫之上的。真正成熟的经济必定建立在市场法则和科技进步的基础上，然而这两样东西皆非东方文化本身所能产生。难怪有人说，日本至多算是一个技术大国，但怎么也算不上是一个科学大国。近年来东亚国家出现的一系列伤筋动骨的经济危机，无论如何都与其信奉的价值观有关。具体来说，在这些国家中，经济危机在很大程度上与社会的腐败相关，而腐败又和某种家族式经济及整体价值观有着千丝万缕的联系。

西方近代文化强调自由意志和自我决定，重视个人的独立人格和自主意识。启蒙思想家们向传统的“神权”和“神意”发起了猛烈的攻击，他们针锋相对地指出：“要相信你的理智，不要相信权威。”伊曼努尔·康德和让·保罗·萨特都认为，只有一个充分自由和完全独立的人，才可能承担起道德的责任，因为这时他所做的一切事情都是他自愿做的，即出自他的自我选择和自主决定，故他不能不担负起这样做的一切后果。这就是说，再也没有上帝来引导和惩罚，也没有上帝来呵护和庇佑，一切都得靠自己，所有的埋怨或感恩都失去了意义，所有的依赖都变得无用；人的伟大与渺小、富有与贫穷、显赫与卑微、强盛与虚弱等，都是自己造就的。这样一种把人逼得走投无路的规定，显然在竞争激烈和商业氛围浓重的现代社会是必备的。近代工业文明推崇效率，效率就是一切，而效率靠竞争来推动。竞争的法则是优胜劣汰，它不相信眼泪，不理睬情绪化的悲天悯人；它要的是冷酷无情的律则和自立、自强的精神。因此，除非我们不想完成现代化的历史任务，否则我们就不能不认同这种精神禀赋，进而切实培养全体公民的独立意识、自主意识和竞争意识。

民主既是一种国家制度，更是一种文化精神。民主就是人民主权、人民真正当家做主、参政议政。然而参政议政的前提是公民的意志自由和独立思考的能力，否则一切民主都会泛化为一种纯形式，一种没有任何实际内容的装饰——一个从不要求独立和自由的人，一个根本不会运用自己的大脑去思想的人，只能以别人的见解作为自己的见解，他怎么能够成为一个名副其实的国家主人呢？歌德曾说过关于德国人国民性格的一段很具启发性的话：德意志这个民族十分奇特，他们每一个单个的人都很优秀，如纪律性强，工作勤勉等。然而当他们结合在一起的时候，就会造成一种可怕的危险，那就是，他们把国家利益看得至高无上，因为他们崇奉权威。因此，一个成功的恶魔很可能把整个民族引向灾难。历史后来证实了歌德的预言，那就是希特勒的暴政和第二次世界大战的劫难。要防止德国历史的重演，正如雅斯贝尔斯所指出的，唯一的办法就是建立真正的民主政治。

诚然，西方的自由主义和个人主义走过了头，自由变成了对颓废、堕落的放任和放纵，它造成了社会的涣散无序、精神扭曲，等等。以个人为本位的文化强调人们的思想、情感、性格和利益上的独特性，并倡言对其予以保护，它的极端化导致了人与人之间的陌生感、疏离感甚至敌对感，人们往日的那种亲情友情荡然无存。人是社会的和情感的动物，其离不开社会，需要他人的尊重和真诚的友谊。如果他处在一个和睦、温馨和友爱的集体中，他就会觉得心情舒畅、精神爽朗；倘若他生活在一个充满着敌意和火药味的环境里，他就会感到烦恼孤苦、精神压抑。虽然现代交通和通信空前发达，使人际间的交往大大便利了，然而这一切都没有能够阻止人们那与日俱增的孤独感。人与人的隔阂与敌对可以说是工业文明的孪生子，从工业文明产生的第一天起就出现了。托马斯·霍布斯曾说："人对人是狼"，让·保罗·萨特也感叹："他人就是地狱"，弗里德里希·威廉·尼采更是痛心疾首地指出：人即便是在人群中漫步，实际上也是走在新的荒野上；人哪怕是和邻人同桌吃饭，实际上他们之间也隔着一道厚厚的墙壁。人啊人，真是一些奇特的动物，当他在为自己的历史发展和人生道路做选择时，总会遇上令人困惑的二律背反：自由与责任、个体与集体、竞争与合作、独立与和谐，似乎永远难以调和，似乎是永远也解不开的谜！也许世界上原本就没有什么完善的事情，人类从来就是在权衡利弊中行进的？“没有最好，只有更好”，这是千真万确的。因此，要想用唯美主义的态度去对待生活，结果只能是更大的事与愿违。

卡尔·马克思也许是第一个敏锐地洞察到上述二律背反的思想家。作为德国哲学家，他像他的前辈们一样试图先行设计出一个框架或模型，在这一框架或模型中，那些自相矛盾的因素会奇迹般地最终和解。马克思因此而成为继黑格尔之后的又一位辩证法大师。首先，马克思十分珍惜个人的自由和个性的独立，为此他提出了“真正的集体”这一概念。他指出，在“真实的集体”，“个人是作为个人参加的。他是个人的这样一种联合，这种联合把个人的自由发展和运动的条件置于他们的控制之下”[①]。这就是说，“真正的集体”认可每一个参与者的个人主体性，因而它自身并不能具有独立性，除了成全有个性和独立性的个人以外，不再有任何借以自重的其他价值。因此，马克思特别提醒世人：“应当避免重新把‘社会’当作抽象的东西同个人对立起来。”[②]没有孤立存在的社会和社会生活；个人是社会的存在物，离开个人，就没有社会；个人的生活表现就是社会生活的表现和确证，离开了丰富多彩的个人生活，也就无所谓社会生活。因此，社会不是高悬和凌驾于个人之上的对立物或统治者，它的唯一功能就是对个人的自由发展创造条件，即它是“一个以各个人的自由发展作为一切人自由发展的条件的联合体”。在马克思看来，除了维护公共利益之外，社会如果对个人生活施以干涉，以及敦促个人服从自己的强制性要求，都是无理的和危险的，必须予以防范和消除。马克思坚决反对用社会的强制性手段去摧毁个人的特殊才能，去否定人的个性。显然在这里，马克思已经在一定程度上认同和汲取了西方自由主义的精髓。

---

① 中共中央马克思恩格斯列宁斯大林著作编译局编译《马克思恩格斯全集》第3卷，人民出版社，1960，第85页。

② 中共中央马克思恩格斯列宁斯大林著作编译局编译《马克思恩格斯全集》第42卷，人民出版社，1979，第122页。

他深知，以自我创造为基础的自由和独立，是人生的第一要义；个性自由和人格独立对于社会发展具有深远意义。他指出，只有立足于自身、自己创造自己生活的人，才是独立的人；而以这种或那种方式依靠别人的恩典为生的人，不过是可怜虫而已。

其次，马克思又强调，人是社会存在物，他的一切活动都与社会相关联；即便他不是直接从事集体活动，也是在从事社会的活动，因为这毕竟是为了社会而从事的活动。因此，“只有在集体中，个人才能获得全面发展其才能的手段，也就是说，只有在集体中才可能有个人自由”[①]。人只有在面对和服务于他人的时候，其创造性潜能才能得到充分的发挥。人也只有在他人及社会那里，才能汲取知识、培养才干，从而获得自我更新、自我超越的动力。马克思还指出，共产主义社会标志着人与人之间的矛盾的真正解决，标志着个体和类的抗争的真正解决。私有制导致了人的占有欲的恶性膨胀，因而人们彼此间的对立和冲突持续不断。马克思用男女之间的关系来说明人与人之间的关系，他认为，男女间的关系是人们之间最自然不过的关系，根据这种关系，就可以判断出人的整个文明程度。在私有制条件下，妇女被当作占有物和淫乐的对象来看待。废除了私有制以后，这种关系就会发生根本的变化，它将充分表明：人的“自然”行为在何等程度上成了“人的”行为，人的“需要”在何种程度上成了“人的”需要，也就是说，其他人作为人，在何种程度上对他来说成了需要，他在他个人的存在中在何种程度上同时又是社会的存在。只要我们不再把对象作为单纯的消费品而力图去占有它，那么，对物的需要和享受就会失去自己的利己主义性质，人与人之间的关系就会从疏离变为亲密，从敌对走向友善。当我把所有的感官都调动起来去感觉和享受对象时，别人的感觉和享受也就成了我自己的所有物；当我同别人一起活动时，这一活动也成了我的生命表现的器官和获得人的生活的一种方式。在这里，马克思的浪漫主义气质再次得到彰显。

---

① 中共中央马克思恩格斯列宁斯大林著作编译局编译《马克思恩格斯全集》第42卷，人民出版社，1979，第122页。

马克思向我们展示了一幅“应然世界”的图景，它是令人憧憬的。然而，如何把“应然”变为“已然”呢？如何把理想变为现实呢？马克思并没有细说。相反，他觉得只要消灭了私有制和私有观念，一切问题都可以迎刃而解了。但我们认为，事情远没有如此简单。马克思的全部立论似乎隐含着这样一个东方式的前提：人之初，性本善，性相近，习相远。人的天性原本是纯朴和善良的，只是由于财产私有制度的产生，人们美好的心灵才受到了玷污；私有制是万恶之源，根除了私有制，人类就会回归纯真的自我。可见，马克思的理论与作为英美政治经济制度之哲学基础的功利主义有着天壤之别，甚至与同为德国哲人的康德和黑格尔在这方面的见解也差之甚远。康德曾说过，人类的历史是由“恶”(即为了追求个人利益而违背普遍的道德准则）推动的。人追逐个人利益，使人克服懒惰，渴慕荣誉、权力和财富，这是从野蛮到文明的第一步。“没有这种产生对抗的不可爱的非社会性的本性——人在某种自私要求中便可发现这一特性——所有才能均将在一开始就被埋葬掉。……没有这种无情的名利争逐，没有这种渴望占有和对权力的贪婪欲望，人类的一切优秀的自然才能将永远沉睡而得不到发展。”[①] 马克思则不同，他认为人的私有观念和利己主义心态不仅应该从道义上加以否定，而且它们作为特定历史阶段的产物，也必将随着历史的进一步发展而自行消亡；如果它们曾经在社会历史中起到过积极的作用，那么对于未来而言，它们就变成了陈腐的东西。可是我们怀疑，人的利己心是能够挥之即去的吗？如果真能做到，那么人类大部分创造性才能的内驱力不也要随之逝去吗？私有制被公有制代替之后，就不会出现新的问题了吗？竞争还要保留吗？如果竞争也被一同废除的话，那么社会的活力能不枯竭吗？社会能不在顷刻间变得萎靡不振、刻板僵化吗？如果竞争被保存下来，那么促使人们竞争的，除了对利益的追求和占有之外，还能有什么别的东西呢？

我们还认为，个人与集体的矛盾实在难以在现实生活中被真正消除。倘

① 康德：《历史理性批判文集》，何兆武译，商务印书馆，1990，第6—8页。

若个人十分看重整体的和谐、他人的友谊，他就很可能为此而牺牲掉自己的个性和利益；倘若他把个性和利益视为神圣不可侵犯的东西，那么他又势必会陷入不能自拔的孤独之中。从社会哲学的层面去思考个人与集体之间的关系，无论你如何用心良苦，似乎都无法避免两者必择其一的尴尬局面：要么以个人为本位，要么以集体为本位。作为中国人，这后一种选择是再熟悉不过的了，它原本就是自己的本土文化特质，而后人们又把它与中国式的马克思主义相联系，这更使它平添了许多神圣的光环。一个群体声言为追求真理和实现理想而奋斗，这一目标是如此地崇高伟大，以至于这个群体中的每一个个人与之相比，显得是那样的渺小和微不足道。因此，个人如果要脱离渺小而成就伟大，就必须放弃自我而融入群体，甘当群体的一个部件、一个螺丝钉。在过去那些理想主义的年代，人们一提到国家、民族和人民利益，立马就会产生出一种神圣感和使命感，愿意为实现这些利益而贡献自己的一切，乃至于生命。但是事实上，真理、道德、国家、民族和人民都是一些抽象概念，如果它们成为现实的、可运作的对象，就必须成为某种实体，于是某一个人、某一个政治组织或某一位政治领袖就成了真理和道德的化身，成了国家、民族和人民利益的代表。再经过若干逻辑和历史的转换，“个人的工具化”就自然演变成了“政治驯服工具”和“对领袖的绝对崇拜与服从”。可见，个人一旦把自己交给某个群体，那么受这个群体的控制与统治，就是他的宿命。

从学理意义上看，以个人为本位并不是主张“自我中心”，因为个人主义认为，每一个“他者”都与自我一样，是平等的、不可再还原的、独一无二的个体，他们在思想观念、情感意志、性格特征和利益需求上是不同的，这些不同点应该受到同等的尊重。个人主义与民主、平等的理念有内在的一致性；然而在实际生活中我们却看到，人们在个性和利益上存在着冲突，如果一味固守自己的个性，追逐个人利益而不愿做一点牺牲，那么这些冲突就会扩大，人与人之间的疏离感和敌对感就会强化，灾难性事件就会发生。社会的功能就在于保护最大多数人的利益，它充当人们之间各种纠纷的调解员和仲裁者。然而当社会履行自己的这一职能的时候，使用某些强制性手段是在所难免的，于是它也就在一定程度上干涉和压制了个人的自由。马克思曾指出："从前各个个人所结成的那种虚构的集体，总是作为某种独立的东西而使自己与各个个人对立起来；由于这种集体是一个阶级反对另一个阶级的联合，因此对于被支配的阶级说来，它不仅是完全虚幻的集体，而且是新的桎梏。"[①]然而马克思没有看到，在真实的集体和虚幻的集体之间，其实并不存在截然分明的鸿沟；在很多情况下，它们的区别仅是一步之遥。

事实上，在马克思的学说中，我们能够看到他在个人和集体两端间的犹豫不决。一方面，马克思宣称共产主义社会是"自由人的联合体"，这一社会除了成全个人的自由之外，没有其他目的。另一方面，马克思又说"自由的、自觉的活动"是人的"类本质"。即人们在自由劳动中创造了人化自然、社会的典章制度以及人类自身的历史，同时也塑造了人的个性；人性是社会的、历史的产物。马克思说："人的本质并不是单个人所固有的抽象物。在其现实性上，它是一切社会关系的总和。"[②]当然，对这段话，我们可以做这样的理解：马克思在考察人的本性问题时，是把人的一般本性和历史的发生了变化的本性区分开来的。人的一般本性存在于"应然"的理想王国之中，可人的现实存在却乖离了他的"应然本性"，因此人们必须通过自己的历史活动去扬弃其现实存在，使之朝着理想本性复归。马克思之所以强调在现实性上人的本质是"一切社会关系的总和"，其目的就在于要把批判的锋芒指向现存的社会关系。然而马克思的这些话无论如何给人们造成了这样一种印象：社会、社会关系是先于和独立于个人而存在的，是它们建构了人性，而不是个人组成社会，并创建了各种各样的社会关系。我们承认，人们所处的社会关系和社会地位在极大程度上制约着人的个性的形成，但是如果把这一点推向极端，认为人的本质就是人的社会关系，除此之外别无其他制约因素，那么，个人

① 中共中央马克思恩格斯列宁斯大林著作编译局编译《马克思恩格斯全集》第3卷，人民出版社，1960，第84页。

② 同上书，第7页。

的自由就无从谈起，人的自我修养、自我超越和道德自律均失去了意义。一个罪犯可以把一切责任推卸给社会现实，从而逃避法律的惩罚、公众的谴责和良心的自责。自由历来与责任相联系。如果一个人的品行是被其社会关系预先决定的，即他自己没有任何选择的自由的话，那么从逻辑上讲，人们就不能以任何理由让他承担任何社会后果。失去了自由的人是没有责任能力的人，他的全部行为既无功德，也无罪过。

但是不管怎么说，马克思毕竟察觉到了个人主义和集体主义各自的弊端。他提出了问题，并且也提供了解决问题的总体思路，这本身就是他的伟大之处。马克思指出，社会是自由人的联合体，它绝不能成为凌驾于个人之上的压迫机构。这一思想在今天是极有价值的。人的自由始终是马克思诉求的理想目标。在他的心目中，未来的共产主义社会是人类从必然王国向自由王国的跨进。在这一过程中，个人逐渐并最终摆脱了一切奴役制的束缚——不仅是私有制度对劳动者的奴役，而且更是一切物对一切人的奴役。这就是说，共产主义社会不仅以消灭贫穷、使社会产品极大丰富为特征，而且还以人不再把消费看成人生的唯一目标，不再为谋生而殚精竭虑为特征。只有在这时，人才获得了空前的解放和自由：他不再为物欲所牵累，不再把劳动仅仅视为获取消费品的手段，而是把劳动当作目的本身；他在劳动中尽情地展示自己的才能和智慧，自由地表现着自我，劳动变成了他的享受。在《资本论》第3卷的末尾，马克思十分清晰地表达了自己的理想，他说："事实上，自由王国只是在必须和外在目的规定要做的劳动终止的地方才开始；因而按照事物的本性来说，它存在于真正物质生产领域的彼岸。"[①] 马克思还提出，自由人必须从奴隶般的分工中挣脱出来，成为一个全面发展的人，即他应当尽可能地把人类的知识和才能内化为自己的知识和才能，只有这样，他才能提高自己的生命质量，充分地享受生活。马克思指出，在以前的一切社会中，人的活动被限制在狭隘的范围里，终身从事一种职业，只要他不想失去生活资料，他

① 中共中央马克思恩格斯列宁斯大林著作编译局编译《马克思恩格斯全集》第25卷，人民出版社，1975，第926页。

就只能成为这样的人。然而，“在共产主义社会里，任何人都没有特定的活动范围，每个人都可以在任何部门发展，社会调节着整个生产，因而使我有可能随我自己的心愿今天干这事，明天干那事，上午打猎，下午捕鱼，傍晚从事畜牧，晚饭后从事批判，但并不因此就使我成为一个猎人、渔夫、牧人或者批判者”[①]。

分工产生效率。在人类历史的几次大分工中，社会生产力都无一例外地获得了极大的解放和发展。尤其自工业革命以后，社会分工越来越细化，由此创造的物质奇迹也越来越令人惊叹。然而随着分工的日趋精细化，人被终身囚禁在一种职业中，他的所有聪明才智都必须而且只能围绕着这一职业来发挥，他甚至变成了机器的附属物，成了随时可以替换的标准化的零配件。久而久之，这样的人就变得畸形化和片面化了，成为一个马克思所讲的“残废的怪物”：一旦离开了他熟悉的领域，他就百无一能。也就是说，他沦为了自己职业的奴隶，他丧失了自由。马克思关于消除分工的见解，与他的劳动成为生活的第一需要的思想是分不开的，甚至可以说，后者是前者的前提，那就是说，只有当劳动不再是谋生手段的时候，人们自由地、随心所欲地选择其劳动方式才是可能的。也许很多人会认为马克思的这些理想不过是一种浪漫主义的幻想，根本不可能成为现实。然而我们却觉得，他的整体构想的合理性是无法遮蔽的。今天，当工业文明的负效应充分显露，社会呼唤复合型人才出现的时候，我们重温马克思的这些真知灼见，会特别切身地领悟到其中的现代意义。

① 中共中央马克思恩格斯列宁斯大林著作编译局编译《马克思恩格斯全集》第3卷，人民出版社，1960，第37页。

第四章　自由的诱惑与困惑：解读马克思的自由观

“自由”，这是一个多么美好而诱人的字眼！自从人类步入文明社会以来，它就一直是人类热切希望的境界和执着追求的目标。“自由”，又是一个含糊而充满了歧义的字眼，由于人们对它的理解是那样的不同，以至于形成了各种迥然相异的价值观。西方人的自由观是外倾型的，在他们眼中，自由只有在个人与外部世界的关系中才能得到彰显，换言之，自由首先意味着以个人为本位的意志自由。它首肯社会中的每一个人都是独一无二的，世界上没有两个完全相同的人存在，因此，一个健全社会的标志之一就是尽力保护个人的信仰自由和言论自由；自由还意味着行动自由，它提倡在不妨碍他人自由的前提下，任何人都有权做他想做的一切事情；自由更意味着人在改造自然和改造社会中表现出来的那份自信，它确认：只有人，才是宇宙间一切事物的最后主宰。中国人的自由观则是内敛型的，在他们心中，自由存在于一个纯然的精神世界中，即便它体现为积极入世的态度，也不过是从事改造人心的事业。自由是对高尚人格的自觉追求，对社会伦理规范的自觉认同和恪守；自由还是因摆脱了功名诱惑和物欲牵累而进入的一种潇洒飘逸的“无为”境界，是一种毫无躁动与焦虑的安宁心态。西方人的自由观以个人主义为基石，它时刻警惕外部的自然或社会力量对个人基本权利的粗暴践踏。这种自由观还认为，人只有在与命运相抗争，冲破外在环境对人的种种限制的过程中，才能充分激发和调动起自己的聪明才智和创造性，才能获得自由。西方人也看重人的精神作用，然而他们更强调社会必须为这种精神的自由提供各种物质（包括制度和技术等方面）的保障，身的自由是心的自由的必不可少的前提。中国人的自由观以整体主义为依据，它崇尚人与自然和社会的和谐圆融——自由就是“与天地精神相往来”，就是亲情的自然流露，就是社会的和平安泰。这种自由观还认为，天命难测、天命难违，人只有在顺从或规避外部环境施予自身的种种限制时，才能超越这种限制而实现自由。这种自由观积极推崇人的精神价值，认为人在塑造自己的完美的品格的途中，是不分地位之尊贵或卑微的，愈是处在生存困境之中，愈能体现出人格的尊严与崇高。

身为欧洲人的卡尔·马克思自然接受了西方近代工业文明的浸润。在马克思看来，自由就是普罗米修斯精神——对外部自然的征服和对既定现实的改造，因而他毫不迟疑地把自己的学说定位于“改变世界”。他坚决主张，自由就是个人的意志自由和个人才能的尽情发展，社会绝不能把自己当作独立的东西来同个人相对立。然而马克思作为一位资本主义的批判者，对西方文明所包含的谬见和所导致的恶果有着特别深刻的洞识，因此，他的自由观是对这种文明的超越与革新。马克思抱着对人类生存处境的深切同情和对人类未来命运的终极关注向世人昭示：摆脱一切“物”对一切“人”的统治，才是人类最高的自由境界。在这一理想世界中，人与自然以及人与人之间的矛盾达到了最终的和解，奴隶般的劳动分工被彻底克服，作为谋生手段的劳动变成了人的本质需要，金钱拜物教失去了生存的土壤，摆脱了异化之苦的人类第一次获得全面的解放。

显然，马克思学说与东方自由观之间存在着天然的契合点。对于马克思的自由观，中国人有着一种出自本能的认同。因此，在20世纪初的那个动荡年代里，马克思主义以其独特的优势登临中国大地，并很快成为中国人心目中的救世良方。中国人按照自己的方式去诠释马克思主义，且重新把马克思自由观置于东西方文化的背景中加以考察，从中淘洗出它的精髓，其意义无论怎么估计都是不会过分的。

一、介于西方价值与东方理念之间的马克思

道德自律是自由人的最高精神境界，这是以儒学为代表的东方文化所蕴含的一个重要的价值判断。人之所以能够最终达致这一境界，是因为人的天性不仅自由，而且善良。性善是儒家全部学说的理论基石。在儒家看来，“仁”是源乎人的生命的内在要求，而非人为构造出来再强加于人的某种外部规范；亲情是人最天然最本真的感情，只要用它来推己及人、由人及物，理想的大同世界就能够实现。人性原本善良，只是因为受到了污世流俗的袭染才逐渐丢失了自己的真性情。就是要通过重塑自我，回归真我，来教化众生。孟子曰：“恻隐之心，人皆有之；羞恶之心，人皆有之；恭敬之心，人皆有之；是非之心，人皆有之。恻隐之心，仁也；羞恶之心，义也；恭敬之心，礼也；是非之心，智也。仁义礼智，非由外砾我也，我故有之也；弗思耳矣。”（《孟子·告子上》）他还说：“仁，人心也；义，人路也。舍其路而弗由，放其而不知求，哀哉！人有鸡犬放，则知求之，有放心而不知求。学问之到无他，求其放心而已矣。”（《孟子·告子上》）这就是说，仁义礼智是人心所固有的本性，如今人失去了自己的本性而全然不觉，这是很可悲的。求学的唯一目的就在于找回人的本真之我。儒家十分强调自我修养必须发乎本心，人格完善是人的自觉追求，这完全是超功利的，既不是为了求得大众的赞赏，更不是为了追名逐利。因此，儒士修身的第一要义就是：正心诚意，毋自欺。《礼记》中有这么一段话明确表征了儒家的这一立场：“小人闲居为不善，无所不至，见君子而后厌然擒其不善而著其善。人之视己，如见其肺肝，然则何益矣？此谓诚于中，形于外。故君子必慎其独也。”（《礼记·大学》）儒家倡导人格的凛然尊严和浩然气节，哪怕处在政治权势的重压之下，也绝不卖身求荣；即便贫困潦倒、生活无着，也要保全自己的名节。这种特立独行的人格气象如光照大地，与日月同辉，足以令那些择利者、求荣者、卖身者汗颜。孔子曰：“不义而富且贵，于我如浮云。”（《论语·述而》）“岁寒，然后知松柏之后凋也。”（《论语·子罕》）一个牢牢保持住自己的本心和

道德理性，而不为功名利禄所惑、不为一己得失所虑的人，就是一个超越了各种束缚，拥有最高自由的人。

儒学的理想人格是如此的高尚，它的道德理念是如此的完美，不由得“人居不至，心向往之”。然而，我们恰恰认为，儒学最大的缺憾就在于对人性作了过于乐观的估价。因此，它怎么也走不出这样的逻辑怪圈：如果每一个人都天性善良，那么后天的恶习从何而来？倘若人心如青天白日，又何来乌云蔽日？乌云蔽日既是事实，又怎么能指望将其彻底驱散？其实，人是极端矛盾的动物，他永远不能挣脱生命的有限性，因而生存焦虑会一生一世伴随着他；可正是这种焦虑使他渴望超越，去触及那深不可测的无限和永恒。人之为人，就是因为他有血有肉，有七情六欲，无论他行善还是作恶，这种情欲都是他行为的最大驱动力。有情欲就会生恶念，就会私欲膨胀，就会做出损人利己的行为。然而，人又是一个理性动物，处在社会教化之中，他也会厌恶自己的俗不可耐，向往那至纯至善的完美境界。人既然逃脱不了尘世的诸多诱惑，又消除不了自己对完美界域的憧憬，这本身就是人类无奈的宿命。的确，因为人有善的愿望，我们并不否定儒家道德教化的引导作用，也乐于承认在儒家理想人格感召下，中国历史上确有少数高洁卓越之士以其勇往直前的精神和独立挺拔的人格魅力为世人做出了表率。然而，少数圣贤的生命成长历程并不具有普遍的典范意义，就绝大部分普通人而言，世俗世界的诱惑太多，实在难以抵御。因此，人世间邪恶和伪善的行为必定远远多于高尚道德的行为，甚至圣贤的垂范对普通人也起不到多大作用。在这种情形下，儒学基于性善论的德治礼教的空疏无力就尽显出来。这就是说，儒家相信人天性善良，相信道德教化对于人心的向上和社会的安定具有根本的作用，因此，它对于社会的恶行缺少防范的考虑，更缺少防范的措施。有人反驳说，儒学对人的恶念和恶行也不乏冷峻理智的分析，它同样主张用法律等制度性措施对人的行为进行遏制和惩治。然而在这一方面，孔子对自己的学说亦有过明确的定位，他说：“道之以政，齐之以刑，民免而无耻；道之以德，齐之以礼，有耻且格。”（《论语·述而》）这就是说，用政法来诱导人民，用刑罚来整顿人民，他们只是暂时的免于罪过，却没有廉耻之心；如果用道德来诱导人民，用礼教来规范人民，那么他们就不但有廉耻之心，而且口服心服。可见在孔子眼中，德治才是最根本的手段。尤其重要的是，道德教化是要靠人来实行的，教化别人的人必是修成“正果”的人，他们的人品德行具有先验的确定性。因此，德治从来都和人治相关联。中国这个儒教社会并不是没有法律制度，然而它却从未形成过法律至上和依法治国的理念，君主和权臣总是凌驾于法律之上，所谓刑罚不过是用来对付草民百姓的。

儒学的这一重大缺陷，使其学理与现实之间出现了无法填补的沟壑。儒家认为，孝悌是人之本。忠君爱臣，父慈子孝，这就是构建理想社会的基本原则。然而君主们大多是依靠阴谋、暴力而登上王位的。为了达此目的，他们不惜血洗皇宫，杀戮亲族。嫡长子为了保证自己能够登上王位，往往采取极端的手法压制其他兄弟，而庶子们为了实现自己的野心，又千方百计地置嫡长子于死地。王位之争还直接牵涉到后宫的斗争。许多受宠的妃子为了使自己的儿子能够接传大宝，常常采取极其阴毒的手段，害死皇后或太子，有的太子甚至在襁褓之中或母腹里就遭到了毒手。就连唐太宗李世民这样的“贤明君主”，也同样是靠双手沾满亲兄弟的鲜血而登上王位的。在这里，除了贪恋帝王之尊之外，哪里还有什么骨肉亲情。儒家极力推崇“富贵不能淫，威武不能屈，贫贱不能移”的人格气节，但实际上，几千年的中国历史，荒淫之君、暴戾之臣比比皆是。皇帝为大贪大淫，官吏们为小贪小淫。而且小贪小淫的官吏，只是相对于皇帝稍有逊色罢了，而在他们的权限之内，则同样是穷奢极欲的。最为可恨的是，皇帝和官吏们一个个私下里贪得无厌，但表面上却一个比一个道貌岸然。这种厚颜无耻、虚伪做作，堪称世界之最！但凡还有一点良知的儒生，面对这种状况，除了遁迹山泽，或归隐禅林以保全自己的气节外，至多是以死相谏；他们决然拿不出一个可以付诸操作的手段去制止或防范此类恶行的滋生和蔓延。这就足以证明儒家道德理想主义的虚妄和用之于现实生活中的苍白无力。

西方人对自由的酷爱丝毫不比中国人差，只是在他们看来，必须在法治

（即他律）保障之下，人的自由才会真正得以实现。与儒家文化不同，近代西方文明是以性恶论为根基的，即认定人的天性是不完美的、有缺陷的，因而人是靠不住的，必须拯救人的灵魂或采取措施来避免人的恶念和恶行所可能造成的灾难。其实，性恶论源自基督教。奥古斯丁发现，并不是生活穷困窘迫等社会环境因素催逼人去作恶；相反，人的本性中就有一种对乐于冒险或作恶的倾向。因此，如果儒教的超越感是一种内在的超越的话，那么基督教的超越感则必须借助于外在权威方能获得。基督教认为，人的肉体生命是有限的，同时人是生来渺小、卑微和有“原罪”的，他自己根本不可能超越这些与生俱来的缺陷，正如人不能自己扯着自己的头发离开地面一样；只有凭借上帝的外在力量，才能把我们引向光明和永恒，引向那个至善至美的天国。上帝和彼岸世界的观念是超越精神的最终源头。在我们看来，基督教的超越感与儒教相比，有两个优势：第一，它可以避免我们在前面论及的那个儒教的“性善论”必须面对的逻辑怪圈；第二，自政教分离以后，基督教不再干预世俗事务，于是，基督教的超越感更能保持其纯洁性。既然尘世中的邪恶难以杜绝，那么世间就应该有世间的法则，因此把生活道德化和审美化是荒谬的。然而恰好在这两个方面，儒教做的都远不能尽如人意。托马斯·霍布斯指出：人天生就具有一种自利、自保的倾向，但人与人之间的利益又是相互冲突的。因此人类最初的“自然状态”是一种“一切人对一切人的战争”状态，这又不符合人的自我保全的要求。于是为了生存，人们便相互订立契约，把自己的无限权利让渡出来。这样，国家就出现了。此后，英国功利主义哲学家杰里米·边沁和约翰·斯图尔特·密尔等人沿着这一思路提出了法律至上的理念。他们说，既然追名逐利是人的天性，而追逐名利既会刺激社会生产、增加人的幸福，又可能导致人的私欲膨胀、恶行遍布；那么社会的职能就在于找到一种制约性手段来规范人的行为，以便满足最大多数人的最大利益，这一手段就是法律。要使国家的法律真正起到稳定社会和维护和平的作用，就必须使法律起到稳定社会和维护和平的作用，使其处于至高无上的地位，任何人都不能凌驾于它之上。法国思想家查理·路易·孟德斯鸠在建构其三权分立的思想时，正是基于对不完满的人性的透彻分析之上的。他在《论法的精神》中说："一切有权力的人都容易滥用权力，这是万古不易的一条经验。有权力的人们使用权力，一直到遇到界限的地方才会休止。"为了防止有权者滥用职权、压制民主，必须使国家的各种权力相互分离、彼此制约。人性是有缺陷的，人是不可信和不可靠的，只有法律制度才真正靠得住。孟德斯鸠画龙点睛式的话语表达了大多数西方哲学家在这方面的共识，即在各种名词中间，歧义丛生、以多种方式打动人心的，无过于自由一词。自由就是做一切法律许可的事情的权利，如果一个公民能够做法律禁止的事，那他就不再拥有自由，因为别人也同样可以有这种权利。

我们认为，西方人这种对人性的冷峻透视是十分明智的，虽然它远不像儒学人性论那样高洁纯净，但它却具有明显的可操作性。在对待自由的问题上，西方人的思维理络常常偏重于这样一个方向，即在实现自由的途中，人类应当排除哪些阻力和障碍，避免怎样的可悲后果？近年来，英美自由主义和欧陆自由主义之间的差异愈发受到学界的关注。人们指出，前者主张一种消极的自由，即认为自由是"免于……的自由"，而后者则主张积极的自由，即"去做……的自由"。前者表明了自己反对任何形式的暴政的鲜明立场，表明了对个人的自由被剥夺的种种可能的高度警觉；后者则给人造成了这样一种印象，即自由似乎是一种无限制的行动。法国大革命是对卢梭自由思想的践履，这场革命高扬着"自由、平等、博爱"的旗帜，高呼着"不自由毋宁死"的战斗口号，然而其后果却使许多无辜者的生命遭到了最残暴的践踏。卢梭有一句名言叫"逼着你自由"，他的这句话在大革命中为"多数人的暴政"提供了理论依据和口实。法国大革命的血腥揭示了这样一个真理：无论多么可怕的暴行，都可以假自由之名来进行；即便是民众的行为，在不受任何约束的情况下也会导致空前的灾难。其实，在"多数人的暴政"与专制独裁之间，距离只有一步之遥。密尔曾警醒世人：民主政治的最大危险是多数人实行暴政。既然民主制的核心理念是所有人的权力都必须受到同等的尊重，那么少数人的意愿和利益就应当受到保护。总之，只有把制度创建得尽可能完备，把可以设想到的每一个漏洞都设法补上，才能为个人的自由留下广阔的空间。

西方人并不像儒生那样，把追逐名利一味地看成是恶。他们认为，追名逐利固然会破坏社会的和谐与稳定，但同时也会成为推进社会文明的动力。伊曼努尔·康德曾说，人就像树木一样，只有在茂密的森林里各自为争取阳光而竞相生长，才会长得高大挺拔。如果孤单单地生长在一块空旷的土地上，没有竞争，即便阳光充足、土地肥沃，也只能长得低矮弯曲。人类社会亦复如此，也必须凭借竞争才能赢得整体的活力和生机。康德还指出，人的自私本能推动着他去克服自己的怠惰倾向。正是人的这种虚荣心、权力欲和贪婪心激发起了他的进取精神和全部才智，从而在客观上促使社会向前发展。这是由野蛮到文明的第一步。如若人没有这种不可爱的、非社会性的、自私的本性，人类的全部潜能将在一种和睦、安逸和悠闲自得的生活之中逐渐被埋没殆尽。人希望自己的才干能够得到更好的展现，希望自我的价值能得到实现，这本身无所谓善恶，是无可非议的。当然，人在追逐这些功利时会产生一种排他性，即我必须比他人的地位更高、生活更富有、才能更卓越。在一个没有法度和强制性规范的社会里，人为了实现上述目的，势必要不择手段、把自己的幸福建立在别人的痛苦之上，这就是人们所说的“恶”。解决这一社会性问题的办法可以有两种：一是通过道德教化，让人压抑自己的欲望，做一个谦谦君子，懂得忍耐和礼让。正如我们在前面指出的那样，这种办法实际上行不通——如果贪婪心和权力欲是人与生俱来的禀性，那么要想彻底根除它们就怎么也不可能。相反，如果首肯这种人类本能的某种正当性和合理性，并在一个适度的限度内保持人与人之间的差别，并利用这种差别来激励竞争，反而会促发每一个人的进步。因此，第二种办法就是通过法制他律，从外部来强制性地规范人的行为。这就是说，社会为人的追名逐利划定一个界限，在此界限内，人们尽可以在公平的起点和公正的规则之下一争高低、优胜劣汰；同时，社会又对人的越界妄念和恶行保持警惕，一旦有人铤而走险，剥夺他人同样神圣不可侵犯的追求幸福的权利，法律将予以毫不容情的惩罚。这种办法不需要培养一批道德警察，去时时窥视人的内心、去谴责人的欲望，它甚至会在一定程度上鼓励人们追逐自己的利益，因为它知道，人的欲望是经济繁荣和社会进步的最强大的内驱力。毋庸讳言，我们是赞同第二种办法的。儒学虽然强调经世致用，利生厚民，然而它把人的道德良知抬到至高无上的位置，对人的功利心抱以极端的蔑视，致使它根本不具有刺激经济发展的功能。

卡尔·马克思的思想的确与儒家学说有着许多天然的契合点，因为在他看来，精神自由和道德自律同样是人的最高境界。对于马克思那个时代的西方人来说，精神上独立自由的最大障碍就是神权统治，所以，跟很多启蒙思想家一样，马克思也把张扬人的自我意识、反对上帝观念作为自己早期思想的一面旗帜。他在博士论文中指出，人的自我意识的觉醒是古希腊哲学的最后成就，同时又是近代思想之萌生的酵素，伊壁鸠鲁因此而成为伟大的希望启蒙思想家。马克思对叛逆者的典型普罗米修斯也极为推崇。他认为普罗米修斯的性格与耶稣精神是全然不同的：耶稣劝导人要秉承上帝的旨意，去赎清自己的罪孽，以求得灵魂的净化；普罗米修斯却为人类盗取天火，从而为人类树立了一个敢于与神灵抗衡的典范。马克思还明确指出，道德的基础是人类精神的自律，而宗教的基础则是人类精神的他律。道德自律无疑是人类精神的最高境界。制度性的法律会随阶级的消亡而消亡，而作为人类行为基本规范的道德则是永存的。未来理想社会中的人，是全面发展和彻底解放了的人，是摆脱了低级趣味和物欲牵累的人，是真正实现了道德自觉的人。

与儒学一样，在马克思看来，要获得精神上的独立和道德上的自律，就必须能够抵御和超越外在的功名利禄的诱惑。他在《献给父亲的诗册·人的自豪》中写道：

金碧辉煌的彩画厅堂，

笨重高傲的古老楼房，

终年川流不息的人群，

他们疯狂地劳碌奔忙；

看到这些我就充满彷徨，
我要问一声，因为我心慌：
难道你也被卷入这股浪潮？
感到亲切吗——对这种生活？

对那青云直上的一班人，
难道我也应当叫好奉承？
对这浮华加贪婪的生活，
难道我也应当俯首屈服？

巨人们，侏儒们，你们算什么？
还不是一堆堆没有生命的石料！
我心灵之火不会献给你们，
我不屑用眼光朝你们一瞟。[①]

马克思历来反对抽象人性论，而主张人性是历史文化的产物，因而是可变的。不仅如此，马克思、恩格斯在评价历史上的性善论与性恶论之争时，还反复强调：如果一定要讨论人性问题的话，那么至少在私有制条件下，性恶论要比性善论深刻。由此看来，在人性问题上，马克思的主张同儒学见解之间毫无相似之处，这似乎已成为无可争议的论断。然而我们对此仍心存疑惑，总觉得这里面还有一些值得进一步透视和挖掘的东西。我们发现，凡钟情于道德自律的思想家，都或多或少、或显或隐地偏爱性善论。道理其实非常简单：无论任何时候，只要对道德自律的普适性深信不疑，就难以回避这

① 中共中央马克思恩格斯列宁斯大林著作编译局编译《马克思恩格斯全集》第40卷，人民出版社，1982，第665页。

样一个预设前提——每个人的天性都是善良的，人人都可以成为尧舜，只是由于种种原因，善良的人性被现实生活可悲地污染了；一旦这些原因在某一天被永久性地消除，那么人性的纯洁善良就会再一次得到彰显。从这个意义上讲，马克思又何尝没有对人性做出过乐观的评估呢？当然，马克思深知，在生产力低下、物质财富贫乏的条件下，不能对人性有过高的期许。就社会的大多数人而言，生存是第一位的。在生死境遇中挣扎的人们所遵守的唯一法则，与动物界中的生存法则并没有实质性的区别。在这种情形下，一切文化教养和道德陶冶的作用都会变得微乎其微。因此马克思警醒世人："在极端贫困的情况下，就必须重新开始争取必需品的斗争，也就是说，全部陈腐的东西又要死灰复燃。"[①] 马克思还认为，私有制使人变得如此的自私狭隘，以至于任何一个对象，只有当拥有它——把它作为资本或直接消费它、吃它、喝它、穿戴它、住它的时候，人们才认为它是真正属于自己的。因此，对私有制度中的人性也不能作过高的评价。然而这一切都不足以使我们断言，马克思是一个人性悲观主义者；相反，马克思对未来的所有憧憬都是建立在性善论的基础上的，只不过他的这种性善论是有条件的。这就是说，在他看来，当物质财富极大丰富的时候，在社会财产被人人所共有的状况下，人的自私心理就会被消解、根除，至善至美的人间天国就能够实现。在那种情形下，物质丰裕不仅不会使人堕落，反而会使人摆脱对物的仰赖和屈从，使人不再为生计而殚精竭虑，不再把劳动当作不得已而为之的谋生手段。于是，劳动成为令人感到身心愉悦的、能使人的自我价值得到实现的最佳方式。马克思认为，私有观念是私有制的必然产物。一旦生产资料被全体社会成员所共同占有，人的主人翁意识、高度责任感和创造性才能就会焕发出来，同时，人也就会逐渐与传统的私有观念和自私心理实现决裂，人与人之间的一切对立和冲突都会实现真正的和解。因此马克思认为，单纯追求财富不是人类的最终命运；社会的瓦解即将成为以财富为唯一的最终目的的那个历程的终结。

---

① 中共中央马克思恩格斯列宁斯大林著作编译局编译《马克思恩格斯选集》第1卷，人民出版社，1995，第39页。

我们看到，正是在这个时候，马克思学说与儒学人性论开始结缘了。

当然，与儒学相比，马克思学说无论如何都具有更多的现实主义色彩。然而由于马克思预言在未来理想社会中，人人都会一心向善，道德自律会普遍地发挥作用，这就使他的理论陷入了和儒学同样的命运，即道德理想主义的命运，它因缺乏操作意义而走向了乌托邦。作为德国哲学家，马克思承继了这个民族的先验理性主义传统，他信奉人仅凭自己的理性去勾画一个理想社会的蓝图，就可以成功地改变世界，而这一理想不必拥有经验的依据。他断言，正因为人性并不是天然的，所以它可以在特定的历史文化氛围中被重塑。如果说儒学立论的理路是通过改变人的心性来改造社会的话，那么马克思历史哲学理论的理路则是通过改造社会来改变人的心性。但是，历史告诉我们，人性中的某些最原初最本然的因素，在任何情况下都是不可移易的。当然，如果在一个社会中人人都能自觉向善，都能服从自己的“良知”和“绝对命令”的调遣，那么这个社会当然是非常美好的；如果一个人不需任何外部的约束与管制就能做到自律和慎独，做到“随心所欲不逾矩”，这当然是自由的最高境界。但是，我们毕竟生活在现实社会中，在这样的生态环境下，虽不能说那崇高的自由境界是任何人都达不到的，但要想使之成为具有普遍性的、可操作的范型，却只能是一种美好的愿望。马克思把这个希望寄托在物质的丰裕和公有制的实现上，然而这应当是无济于事的。我们需要知道，人的需要不是一个常数而是一个变数，人在吃得饱、穿得暖之后，又想吃得好、穿得漂亮一些。以前的人觉得，哪怕是红米饭、南瓜汤，只要填饱肚子就行，后来又觉得，土豆烧牛肉才是最理想的食物，再后来，人们又追求大鱼大肉、山珍海味，并且追求最稀缺的美味珍馐。可见，人的感官欲念是没有止境的。文明在进步，社会在发展，人的欲望也在不断膨胀；在人的眼里，物质财富永远不可能达到取之不竭、用之不尽的程度。中国历史上由于生产力不发达而总是处于物质财富缺乏的状况之中，这种状况从反面促成了财产公有、平均主义等观念的产生。在20世纪50—70年代的那场空前绝后的公有制实验中，我们已经体会到：这种经济体制不仅没有克服人们的私有观念，反而使其在压抑中畸形发展起来，所导致的结果是加倍的贫穷和对财富的加倍渴望。在当年，人们普遍的心理是：财产公有，也就不属于我一个人所用，财产的增长与否不是我一个人的事情；而我真正期望的倒是尽可能少地付出，尽可能多地索取。如此看来，追逐功名与财富是人的天性，要想用各种方式去遏制它，甚至根除它，是反自然的；虽然道德自律是自由人的最高境界，但如若试图使每一个人都达致这一境界，则不仅是一种不切实际的幻想，而且必将阻滞文明的进步。

二、自由的中国模式：和谐、尚群、齐一

在传统中国文人的心目中，和谐即自由。换言之，自由就是与天道相契合，同天地精神相往来。虽然儒学重视自我修养（即“修身”），然而它却认为修身的目标是超越本己之我，与天地万物相融合。因此，儒家所理解的自我，并不是通常所说的一己之“小我”，而是推己及人，推人及天的宇宙“大我”；这个我涵盖了天地万物，天地万物与我同在；我与万物一体相通，故天人合一。孟子说：“尽其心者，知其性也；知其性，则知天矣。”（《孟子·尽心》）人的心性与天地万物同体，如果一个人能够把令人无限敬畏的外在“天道”内化为自己内心中可亲可感的“律令”，并以此作为立身行事的准则，那么他就必定是自由的。的确，一个人行为的最大自由莫过于此。阳明心学对天人合一的表述更为精致。王阳明曰：“天地万物本吾一体，”（《答聂文蔚》）“充天塞地中间，只有这个灵明。人只为形体自间隔了。我的灵明，便是天、地、鬼、神的主宰。天没有我的灵明，谁去仰他高；地没有我的灵朋，谁去俯他深？鬼、神没有我的灵朋，谁去吉、凶、灾、祥？天、地、鬼、神、万物离去我的灵明，便没有天、地、鬼、神、万物了；我的灵明，离去天、地、鬼、神、万物，亦没有我的灵明。如此，便是一气流通的，如何与他间隔得？”（《传习录》）可见，这是一种彻底中国式的“心物一元论”——“我”不是哲学意义上的“多”，而是绝对完满的“一”。长期以来，中国哲学界习惯于用一种划分唯物主义和唯心主义的西方思维模式去解读它，结果完

全曲解了它的本意，使其变得面目全非。主张天人合一，消弭经验常识之自我，是中国传统文化的共性，不仅儒家，而且释、道两家在这方面，是一样的。如果说儒家的“天”还具有强烈的伦理意味，即人必须受制于外在的社会礼仪规范的话，那么道家的“天”则毫无道德内涵可言，因而它对自由的关注就更具特色。庄子曰：“天地与我并生，而万物与我同一”；“若夫乘天地之正，而御六气之辩，从游无穷者，彼且恶乎待哉。”（《庄子·逍遥游》）

这是一种崇尚和谐的文化，与西方式的二元思维模式极不相同。它不擅长以科学家的眼光去看世界，即把世界作为一个异己之物去刻画、描述、分析和解说，而是习惯于以艺术家的心态去爱自然，爱其生生不已的流动，爱其变幻无穷的神秘，以便从中领悟与自己融为一体的整个自然生命的律动。它相信，万物与人类一样具有某种灵性，因而它不忍去破坏自然的宁静，去践踏自然的身躯。王阳明指出：“大人者，以天地万物为一体者；其视天下犹一家，中国犹一人焉。”（《大学问》）所以，人见孩童落井便生恻隐之心，听鸟兽哀鸣便生不忍之心，见草木摧折便有悯恤之心，见瓦石毁坏便有顾惜之心。可见，在中国自身的文化土壤上，不可能出现工业文明所特有的副产品：环境污染、生态失衡和资源匮乏。尤为重要的是，人所达到的最高境界是“天人合一”，即物我交融，神人不分。只有在这时，人方能获得“外生死、别功利”的大自由。人最大的恐惧莫过于生死大限，人最难以抵挡的诱惑是功名利禄，如果人都能够超越其上，那么还有什么东西能够再制约人呢？正如庄子所言：“至人神矣！大泽焚而不能热，河汉冱而不能寒，疾雷破山而不能伤，飘风振海而不能惊。若然者，乘云气，骑日月，而游乎四海之外，生死无变于已，而况利害之端乎！”（《庄子·齐物论》）

的确，人与自然的交融与交流，使人胸襟开阔，心性旷达。当人们面对生生不已、无穷无尽、无始无终的自然时，最能领悟变化乃是世界之本。正是由于包括人在内的无数生命的毁灭与新生，才构成了无限宇宙之壮美画面。这样，人们才会获得一种终极性的解脱，对死亡泰然处之。当人们面对广袤无垠的草原，神秘蛮荒的森林，气势磅礴的江河大川和巍峨连绵的山峦叠嶂的时候，还有什么尘世的烦恼不能忘怀，还有什么生活的焦虑不能抛掉呢？相比起来，个体是那么的渺小，人世间的利害纷争是那么的微不足道，人真正体验到了“忘我”和“无我”的境界，经历了一场灵魂的洗礼。这就是超然物外的神畅和自由，摆脱了物欲之累而获得的一种仙风道骨。怪不得中国的道士和僧人都把自己的居处选在人迹罕至的大山深处。即便是最具“入世”精神、最看重人们之间现实的伦理关系的儒家，其实也是想把这种伦理关系建立在一种与生俱来的自然亲情的基础上，以实现自然与政治、人的天然本性与社会伦理规范的统一。孟子说：“存其心，养其性，所以事天也。”（《孟子·尽心上》）这种既重视社会之他律又不忽视人性之自律，“外在之礼”与“内在之乐”深深默契的特征，使得儒生们自认为能做到“随心所欲不逾矩”以及“礼义之悦我心，犹刍豢之悦我口”。在中国文化史上，儒道两家从来就是相互补充、相得益彰的。宋明以后，出现了儒、释、道三家合流的局面，它们之间的区分更是微乎其微。因此，禅宗所倡言的“凡圣不二”——既要做世间人，行世间事，循世间法，不拒绝荣华富贵的世俗生活，又要有超越名利之心，“与天地精神相往来”，得到了中国传统知识分子的广泛认同。对于儒生而言，同样是要坚持一种灵与肉、超俗与世俗的统一，奉行既生活在世俗之中又保持其心灵自由的所谓“城市的隐者”的人生哲学。在我们看来，这实在是一种难以掌握的生活艺术，所谓“身在局中，心在局外”“座中有妓，心中无妓”“虽在庙堂之上，然其心无异于山林之中”等这些名句箴言正是对这一独特的生活艺术的贴切表述。

这还是一种尚群的文化。在中国儒生的眼里，“人”就是人群，个人几乎不在其视野之内。他们相信，个人与群体的关系犹如水滴与大海的关系，水滴离开了大海就会干涸而不复存在，个人脱离了群体就会失去其存在意义，就会因为孤独而丢失其安全感、愉悦感和自由感。孔门弟子们设想，国家乃至普天下，都不过是家庭的扩大形式罢了。如果把家庭成员间的那种自然亲情推而广之，用以作为治国平天下的普遍准则，从而为人类营造一种充满了家庭般的和谐与温馨的氛围，岂不美哉！在他们看来，这是非常符合人的自然本性的治理形式，人生活在这样的社会环境中，其行为既受到约束和框范，同时其心境又因这样的氛围而感到惬意和舒坦。因此他们认为，“修身”与“齐家治国平天下”是连成一体的。所谓修身，在正其心者；所谓齐家，在修其身者；所谓治国，必先齐其家者；所谓平天下，在治其国者。当代新儒家杜维明先生也指出：“儒家独特的自我是需要他人参与的，自我的这种需要以及和他人不可避免的共生，其原因就在于，儒家的自我是精神发展的动态过程。”[①] 人生在世，就是处在一个巨大的人际关系网之中，他有着多重身份，需要扮演多种角色，他通过这些角色来确定和履行自己的社会职责，实现自我的价值。可见儒家的自我是向着他人开放的，离开了他人就没有自我；人只有在把自我的需要对象化为他人的需要时才能确认自我的地位，“己欲立而立人，己欲达而达人”这种自我与他人的相互认同关系，不仅是社会所需要的，而且也是自我的健康发展所必需的。在儒者的眼中，人不是一个自我封闭式的自私和自恋的存在，他不必也不该竭力表现自己的与众不同；相反，他是一个社会性动物，只有把自己放入大众之中，才能获得自由——轻松舒心而绝无紧张感。通过“移情”或换位思考，人们之间情感与思想的交流不仅是可能的，而且是十分自然的。因此，中国人尤其看重人际关系，假如一个人能在各种复杂微妙的人际关系中游刃有余，获得各方面的好评，他也就达到了自由状态。中国人最大的能事就是为自己创造一个和谐的人文环境或人际关系网，他们认为这种环境或关系网能帮助自己取得事业上的成功和心态上的平衡。中国人最大的乐事就是一生家庭和睦温馨，年老时能享受家人团聚、儿孙绕膝的天伦之乐。所以中国人对西方人那种难以忍受的孤独感，那种与他人之间的疏离感和敌对感很不熟悉，感到不可理喻，感到厌恶。

崇奉“天人合一”的中国传统文化，培育了人对自然的敬畏感；既然自然与人同为一体、无所分别，人连见到草木摧折、瓦石毁坏都会生出怜悯之心，就更不可能有人为破坏环境的事情发生了。近年来，国内学界有不少人

① 杜维明：《儒教思想新论——创造性转换的自我》，江苏人民出版社，1995，第113页。

认为，传统文化中蕴藏着十分丰富的关于保护生态环境的思想资源，因此传统文化对于工业文明的负效应能起到极大的遏制作用。我们认为，这是用现代人的心理和见识去附会古代的文明，故而有不少牵强之处。天与人的和谐圆融、合流一体，指的是一种自然与人的原始和谐状态。古人根本就不曾把自然视为异己之物来加以改造和征服，使之为己所用，又何谈有意识、有目的地自觉保护呢？工业文明以前所未有的速度去索取自然资源，于是人类生存环境的恶化第一次成为一场严峻的问题；再进一步追根溯源，科学技术的哲学源头正是与“天人合一”截然相反的独属于西方人的“主客二分”理念。因而由于科学技术在现代社会日益成为第一生产力，人们对大自然的征服心和占有欲势必变得更为强烈。试想，如果没有工业文明和科学技术，人们与自然之间的原始和谐状态就不会被打破，人们将永远过一种田园牧歌般的诗意生活。可是这种生活是现代人能够忍受的吗？没有舒适富足、丰富多彩的现代生活，没有琳琅满目、花样翻新的商品世界，没有便利快捷的交通与通讯，没有自动化生产去替代繁重的体力劳动，这样的日子真是现代人所渴望的吗？许多主张回归传统文化的人就是抱着这种浓重的怀旧情绪来拒斥现代文明的。我们认为，所谓环境问题是人类社会在发展进步中出现的问题，解决这些问题的根本措施，也只能在进一步地发展中去找寻。事实上，人们已经在尝试利用科学技术的手段去保护生态环境，发明替代性资源和缓解环境的污染；当今发达国家的环境状况要大大好于发展中国家，就很能说明问题。因此，想要用“天人合一”的古代文明来解决现代环境问题，是可笑的，也是徒劳的。

中国传统文化是内省性的文化，它关注的是人的内心世界与内在感受，而对外在的自然则兴趣不大；它把自由看作是人精神上的轻松和愉悦，而从不把自由视为外在行为的无羁绊和无约束，更不把其理解为人要通过自己的活动使外部世界为自己服务。即便儒学提倡积极入世和建功立业，其实也不过是想把人的视线和活动引向与人相关的生活世界，正所谓“道不远人”。因此，我们在这样一个内省性文明中，怎么也发掘不到科学精神的源头。这就很容易理解，在工业化浪潮席卷而来之际，这种文明为什么总是处于弱势地位了。建立在主客二分基础上的西方近代文明，则是一种外倾性的文化，它认为自由只有在个人与外部世界的关系中才能得以彰显。人的自由就是对外部世界的征服，对生存环境的改变，与不幸命运的抗争。在它眼里，自由人的形象应该是这样的：生机盎然，野心勃勃，充满焦虑和躁动，积极进取，乐观自信，斗志昂扬，仿佛拥有永不衰竭的精力和创造激情。它赞颂人在世界面前所显示出来的伟大和强盛，坚信只要人勤奋努力，就可以成功地应对一切外部挑战，它主张人之所以与自然界中的其他动物相区别，就在于人不仅能够适应其生存环境，而且还可以自主选择自己的行为，使环境发生符合自己意愿的改变。人类文明的每一次进步，都充分表明了人相对于自然界的自由和自强。正是在这一文化精神的指引和感召下，自近代以来，西方经济率先发展，并且一路凯歌；科学技术也是狂飙突进，成绩斐然。诚然，任何一种文明都不是尽善尽美的，西方自由观的最大缺陷就是过于狂妄，容易造成滥用自由，结果遭受了大自然的无情报复。因此对工业文明的反省无论如何是必要的。但是，对它所导致的恶果的克服，一定要通过拒斥和消灭它来达到吗？拒斥和消解现代文明之后，人类又将面临怎样的境况呢？这种境况比之现代文明是更好还是更糟呢？

坦率地说，我们承认人与自然的贴近，容易使人胸襟开阔、心性旷达，中国传统文化的那份超然悠闲的生活态度得益于此。禅宗的“凡圣不二”，儒家的“城市隐者”，对当代人永远具有极大的吸引力。中国传统的理想人格在日常生活方面与常人并无二致，他也要参与历史文化活动，也要吃饭穿衣住房，也不拒斥显赫的地位和富裕的生活；所不同的只是：他必须对外在功利保持一份警惕，一种洒脱，一点随遇而安的心境。现代人为了满足自己的无限欲望，就像一只上了发条的钟表一样，一刻不停地忙碌；为了在竞争中获取成功，他必须装扮自己，千方百计地讨好上司，排斥和挤对对手，结果弄得自己心力交瘁，神形皆惫。中国式的生活艺术对现代人紧张的神经起到了一种不可忽视的缓释作用，它的确是中国人独特的智慧，它那种含而不露的幽默，游刃有余的灵活和外圆内方的超越，其价值在任何时代都不会减损。我们感叹的只是：要做到这一点恐怕实在是太难了。以“出世”之精神，做“入世”之事业，既生活在世俗之中，行世间事、循世间法，又能出淤泥而不染，这简直是神之所为了。既不拒绝功名权力、荣华富贵，而心又不为之所动，不迷恋和执着追求这些“身外之物”，这实在不是一般人所能做到的事情。世俗间的诱惑太多太大，既然身处于世俗世界，就难保不受其诱惑，不去追名逐利。人在花花世界中是否真的能时刻保持内心的平和宁静，只有他自己知道。当然，当人回归大自然的时候，尤其当他去领略自然界无限的神秘美妙的时候，他会感受到个人的渺小，觉得自己的烦恼和焦虑实在是微不足道，似乎达到了大彻大悟的境界。然而，这样一种审美体验只是短暂的和不牢靠的，他不会在人的身上停留太久。当人回到自己所处的现实生活环境里面，一切的一切又都恢复常态，照旧进行了。因此，虽然许多人十分欣赏传统文化所主张的那种灵与肉、超俗与世俗的统一（仅从学理的意义上考究，这种欣赏是有理由的），然而从现实的层面看，把现象界与超越界压缩成一个平面，反而容易使人更加扭曲——一方面迷恋财富和功名，另一方面却又做得含而不露、老谋深算、虚伪狡诈。马克斯·韦伯指出，儒家的道德规范缺少的是介于自然与上帝，道德命令与人的缺陷，犯罪意念与拯救要求，现实行为与来世报应，宗教义务与社会政治现实之间的任何张力。应当说，韦伯的这一评价是十分中肯的。在西方文化中，理想与现实从来就不在一个层面上。正因为在二者之间保持着这样一种必要的张力，西方人才会运用理想去比照现实、批判现实、超越现实、改变现实。把理想与现实拉开，才能维护理想的纯洁性，使其免受尘世的污染；才能发现现实的缺失与丑陋，才会不认同“凡是现实的都是合理的”；才会萌发出改造现实、使之趋近理想的动力。人创造社会典章制度，又在制度中存在；既受这种制度的制约，同时又能根据自己的理想去尝试着对这一制度加以改进。在这一过程中，人的创造性才能得到尽情的发挥，人的自信心得到空前的增强，人的自由得到充分的展现。中国人太注重自己内心感情，而忽略了外在的物事功用，他们对于自然和社会现实，无论喜欢还是不喜欢，都要么顺从，要么规避，很少考虑去改变现实。儒家虽然坚持积极入世、改造社会人生，实际上它是致力于改造人的心性的工作。然而人性是不可改变的，只有现实的自然和社会制度才是可以改变的。

中国儒家文化是一种以群体为本位的文化。在这一文化范式中，人与人之间的独特性和差异性被忽视和抹杀了，相反，它提倡个人要向大众看齐，他不仅在行为上要与大众步调一致，而且在思想上也必须与大众整齐划一；他必须以大众所认同的标准来规范自己，要忧大众之所忧，乐大众之所乐，想大众之所想。在这里，任何独出心裁都会遭到唾弃。一个典型的儒生注定是一个循规蹈矩的人，因为他太看重人际关系和社会角色，认为自己的荣辱成败、幸福与不幸、希望与失望、欢乐与忧愁，总之一切的一切都与这种人际关系休戚相关。因此他当然要小心翼翼地维护这种人际关系的和谐，关注他人对自己的评价，时刻以公共的道德规范来调节自己的行为。在这样的文化土壤中，人的个性得不到舒展，人的创新精神得不到张扬。直至今天，传统的惯性依然是如此强大，以至于许多陈腐的东西还是根深蒂固地烙在人们的心灵之中。虽然社会一再呼唤创新精神，虽然我们懂得改革就意味着创新，虽然我们深知没有马克思的标新立异，便没有社会主义的运动和现实；没有毛泽东的标新立异，便没有中国民主革命的成功；没有邓小平的标新立异，便没有改革开放的所有成就。可是，在大众的心目中，仍然不能宽容那些思想和行为上的“乖僻者”。在社会生活里，我们常常会看到这样一些人，他们精力旺盛、雄心勃勃、才华横溢、乐于自我炫耀、厌恶常规；他们的大脑总是处在兴奋点上，似乎有层出不穷的想法在涌流，他们老在期待时机，盼望能够在适宜的舞台上崭露头角。然而，这种人的结局常常是不幸的——成功者少，失败者多，而失败的原因只有一个：大众不接纳他们！公众厌恶他们的理由既简单明了又如出一辙：他们太狂妄、太独特、太与我们大家不同了。无怪乎有人说，中国传统文化的一大弊病就是它鼓励和培植平庸，而使真正的社会精英受到冷遇和压抑。

在中国这样的人文环境中，一个在思想和行为上逸出常规的人，在公众的眼里，即便不是一个坏人，也肯定是一个怪人。传统的中国文人，顺从现实的社会关系，认同既存的普遍意志，他忠于君主，孝顺父母，服从长上。这就是说，他是现实社会关系的维护者而绝非其破坏者。一句话，传统文人缺乏独立人格。对此结论，新儒学人士曾做出过激烈的反驳，他们认为，儒学规范是从人的自然亲情中生发而来的，因此它发乎人的内心，符合人的本性，绝不是从外部强加于人的；“仁者必有勇气”，孔门弟子既要积极入世，实现理想，影响世道人心，改造社会人生，何能无勇？真正的儒生最反对好人主义，把“乡愿”视为“德之贼”；儒生坚持“达则兼济天下，穷则独善其身”的教诲，在乱世中宁愿遁迹山林也不与恶行同流合污。甚至历史上有不少儒士为了维护自己的道德理想而冒死犯颜，批评帝王，针砭时弊。这些都体现了儒生的独立人格和自由精神。对于这些反驳，我们不能苟同。凡人皆有亲情，这诚然是人最本质的情感，但儒学在自然亲情之上附加了其他的社会因素，就使它变得不自然和人为化了。亲人之间有的是无私的温情和关爱，而绝无高低贵贱的等级差别；忠孝与服从和亲情毫不相干，恰恰相反，它是宗法等级制条件下必然滋生的道德观念，无论新儒家们对之进行怎样的装饰和美化，都不能掩盖其蕴含的实质性内容。不错，儒家历来鄙视邀宠献媚和卖身求荣行为，强调“不义而富且贵，于我如浮云”；在中国历史上，的确也有儒生劝谏和指责君王的实例发生。然而这一切都不能抹杀儒学所要极力维护的伦理规范和行为准则，无外乎就是“忠君爱臣”“父慈子孝”“兄友弟恭”那一套。相反，如果“君不君，臣不臣”“父不父，子不子”，社会就将处于“礼崩乐坏”的乱世，因而儒生当然要奋起反抗、愤怒指控。既然儒家视忠孝为最高道德准则，那么个人又如何谈得上独立人格呢？

儒学把群体看得至高无上，而群体又是一个十分模糊的抽象概念，它究竟指的是群体中所有个体的集合呢，还是在所有个体之外的另一个实体？这本身就是值得推敲的问题。我们认为，儒学所崇尚的群体显然不是前者，否则这就与西方个人主义无异了。儒生心目中的群体是凌驾于一切个人之上的，这才是关键。无论儒家把这种群体至上的理念描画得怎样的美妙诱人，它都无法避免落入这样一个陷阱：在现实中，这一实体化了的“群体”只会变异为国家、民族、政党，甚至以国家、民族和政党的代言人自居的某种权威。因此，凡推崇整体主义的民族，最终都会陷入权威主义和专制主义，似乎成了一种宿命。一个只知道效法祖先、热衷于“注、释、点、校”的民族，一个从来不习惯也不会用自己的头脑去思考的民族，一个只知从众媚俗、以公共的见解为见解的民族，怎么可能在其自身的文化土壤上建立起民主政治来呢？全社会只有一种声音，这是相当可怕的。以德国为例。德意志民族以高度理性和思辨著称，但与其他欧洲民族不同的是，他们崇奉普遍意志，并把普遍意志定位为国家意志。虽然德国人的整体精神和强有力的纪律性使他们一再创造出奇迹来，可是高悬于他们之上的普遍意识却把他们推向了深渊。当“国家至上”的意志与普鲁士的尚武传统相匹配的时候，法西斯主义就找到了它得以顺利托生的文化母体。因此，卡尔·西奥多·雅斯贝尔斯在第二次世界大战结束后不久就提出，德意志民族要自我拯救和重新振兴，只有一条路可走，那就是重建自己的精神家园。德国人对法西斯主义和战争做了十分深刻的反省，他们在各种场合警醒国人：不要忘记战争，不要忘记奥斯威辛。这种反省实际上成为德国重新崛起并一跃而成为经济强国的巨大精神动力。中国人也有自己刻骨铭心的历史教训。如果在“文化大革命”的时候有更多的人能坚持怀疑和批判的精神，敢于发出不同的声音，善于运用自己的理智对权威的思想观念做出独立的价值判断，那么这场长达十年的灾难就有可能避免，或至少减轻其灾难性的程度。回想起这段历史，至今仍有切肤之痛。我们认为，只要中国人学会了反省自我，并由此重新树立起自己更高形态的人文精神，那么，中国不仅在经济上而且在文化上距离真正的强势也就为期不远了。

西方个人主义是现代平等思想、宪政民主和自由市场经济的人格基石。它主张，个人的尊严、自由、权利不容侵犯，在不妨碍他人的前提下，人可以做自己想做的任何事情；国家的权力基于多数个人的同意：他们为调整、规范社会中人与人之间的关系而出让了自己的部分权利。长期以来，我们总是把个人主义与“自我中心论”以及利己主义混为一谈，这是极大的误解。个人主义倡言的个人并不是某一个特殊的“自我”，而是社会中每一个个人。它首肯这些个人在观念、性格、利益和行为方式上的唯一性和独特性，认为这些特性只要不对他人构成损害，就应当受到同等的尊重与保护，换言之，社会不应对其进行强制性干涉。个人主义有两个鲜明的特点：一是坚持人生来平等，提倡“己所不欲，勿施于人”，主张以一视同仁的态度来对待社会上的其他成员；二是承认人们有权坚持自己在宗教和政治等方面的信念，同时强调对异己之见持宽容的态度，反对一切形式的思想强制。个人是具体的和不可再还原的，因而他不易被扭曲。即是说，个人完全能够为自己说话，而集体则只能通过代表去说话，多少独裁者正是通过盗用人民的名义来向个人发号施令的。正如一位学者所指出的那样，个人主义是对抗专制的最佳方式。个人从独裁者那里赢回的每一个权利都削弱了独裁者对权利的垄断。每个个人的自我意识的发展都是对犯有自大狂的独裁者的纠正。当然，个人主义强调并维护人与人之间的差异性的结果，实际上为自我与他人划定了一条截然分明的界限，从而使社会中每一个人心中都滋生出一种对他人的陌生感和疏离感。这种陌生感和疏离感随着工业文明的推进而愈发变得泛化和深化，由于现代竞争的日益加剧，它甚至衍变为一种强烈的排他感和敌对感。在这样的情形下，个人便陷入了孤独无助的另一种不自由状态之中。

三、“真实的集体”：马克思对自由的构想

马克思不愧为一位伟大的思想家，他思想的深刻性和前瞻性至今令人钦佩。他在当时就已经准确地把握到了西方近代文明所遭遇的危机的症结所在，不仅如此，他还尝试着为解决这种危机去寻觅途径。当他这样做时，实际上已经在不自觉地向东方文化靠近了。因此，马克思在历史哲学方面所从事的事业实际上是一次深刻的文化综合与重组。

在马克思看来，人的最大自由莫过于通过劳动，把自己的目的和意志对

象化为外在之物。在这方面，马克思是一个典型的西方哲学家，他毫不迟疑地主张“主客分离”，认为历史中的一切对人类而言，都不过是对象，即人的改造物，人自己也是对象，通过有目的的实践活动而得到提升。马克思说，以往的哲学家只是以不同的方式解释世界，而问题则在于改变世界。一切旧唯物主义对事物只是从客体的或者是直观的形式去理解。这就锁定了自己的哲学立场：人只有在改造外部世界的活动中，才能尽情地彰显其自由状态。自由体现在人与自然的关系上，不仅表现为人征服和改造自然的能力及生产力，而且还表现为这种能力随历史活动的延续而不断增强。人从利用最原始、最简陋的生产工具进行刀耕火种开始，一直到使用自动化和高科技手段从事社会化大生产，其智慧、才能、尊严和自信也在不断得到提升。在《共产党宣言》中，马克思热忱地赞颂了自工业革命以来欧洲所发生的一切物质奇迹。马克思指出：“一当人们自己开始生产他们所必需的生活资料的时候（这一步是由他们的肉体组织所决定的），他们就开始把自己和动物区别开来。”“他们是什么样的，这同他们的生产是一致的，既和他们生产什么一致，又和他们怎样生产一致。”[①] 因此，“劳动是整个人类生活的第一个基本条件”[②]，是理解全部人类社会发展史的钥匙。同时，马克思还卓有远见地洞察到，在工业文明条件下，人与自然的矛盾将愈益尖锐。马克思告诉人们，人和自然之间不仅存在认知关系、改造关系，而且还存在超功利的审美关系。人不应当只把自然界当作征服的对象去占有，视为为自己服务的食物和资源去直接、片面地享用。人身处于自然之中，每时每刻都可以调动起自己的整个官能——视觉、听觉、嗅觉、触觉、思维、直观、感情、愿望、活动、爱等，充分而全面地享受资源。马克思说，人们不仅在思维中，而且以全部感觉在对象世界中肯定自己，离开了人，外部世界就失去了意义；然而，若没有对象世界，人的感官和感觉就根本不可能产生。人和动物一样，依靠无机自然界生活，但人

① 中共中央马克思恩格斯列宁斯大林著作编译局编译《马克思恩格斯选集》第3卷，人民出版社，1972，第24页。

② 同上书，第508页。

较之动物越是万能，人赖以生活的那个无机自然界的范围也就越广阔。人的肉体生活和精神生活同自然界不可分离，人是自然界的一部分。虽然在马克思所处的那个时代，资源、环境和生态问题还远没有像现在这样对人类生存造成全面威胁，但马克思已经洞见到了问题的严重性。他认为在未来的共产主义社会，作为完成了的自然主义，等于人本主义，而作为完成了的人本主义，等于自然主义；它是人和自然界之间矛盾的真正解决，是对象化和自我确立、自由和必然之间抗争的真正解决。

于是，至少从表面上看，马克思的某些见解与东方文化便有了一定的相似之处，因为他关注人与自然的和谐与不可分离，希望主客之间能重新实现融合，相信人与自然之间还有一层超功利的审美关系，而这样一种审美情趣又只有在人被融入自然怀抱中的时候才能获得。不少新儒学家和主张回归中国传统文化的人们对这一发现感到十分欣慰，他们认为业已窥见了新世纪世界文化发展的走势，这一走势就是儒家文化或中国传统文化必将在21世纪文化格局中占据主导地位，只有它才能拯救饱受异化之苦的西方人。我们认为，他们其实是把对工业文明弊端的批判，当成了对自己的历史伤感心理的一种慰藉，因而他们有意无意地回避了一个至关重要的问题，即马克思是一个坚定的历史进化论者，他对人类文明的未来充满了乐观主义精神。马克思主张的不是人和自然的原始和谐，而是更高形态上人与自然间矛盾的真正解决；他从不因为工业文明面临严峻的挑战而轻易地否定它的价值，否定人的“自由和自觉地改造外部世界”的劳动的意义，而只是想把人本主义和自然主义统一起来；生态环境问题也许确实是人过于狂妄，以至于滥用自由所造成的恶果，然而人应该有信心通过调整自己的行为方式来有意识地采取各种措施保护生态环境。人的这种自我调节手段又何尝不是人与动物的一大区别，何尝不是人“自由和自觉地改造世界”的活动的一个组成部分呢？

马克思还坚持认为，自由体现在人与历史的关系上，表现为人能够凭借一切现有的、既定的生存环境，创造出一种崭新的生存格局。这种现有条件的制约与生存格局的创新，就构成了一幅幅气势恢宏的历史画卷。具体地说，一切既定的生产条件都是人的实践活动的产物；人在自己的自由创造物中生存，受其制约，同时又根据这些既存条件，对自己的未来做出各种不同的选择。其实，人在选择上的自由度是很大的，面对相同的现实条件，人可以有多种选择，将来的一切既不是不可避免的，也不是自然而然的；一切既存之物都不过是历史中的匆匆过客，它们既然是人们自由活动的产物，那么它们也将随着实践活动的发展成为历史的陈迹。如果在历史中真的有什么东西是必然要发生的话，那就是变化本身，以及变化方向的不确定性。马克思认为，在社会历史领域内进行活动的，全是具有意识的、经过思虑或凭借激情行动的、追求某种目的的人；任何事情的发生都不是没有自觉的意图，没有预期目的的。“历史”并不是把人当作达到自己的目的的工具来利用的某种特殊的人格。历史不过是追求着自己的目的的人的活动而已。正是基于这样的立场，马克思把人间所有的罪恶都归咎为罪恶的人间，他告诉人们，改造现存的社会制度，是解决一切社会问题的必由之路。因此，他倾注自己毕生的心力和才智，致力于批判和推翻资本主义制度的事业；为了使这一事业有望成功，他把无产阶级作为一种伟大解放力量。他明确提出，哲学把无产阶级当作自己的物质武器，同样地，无产阶级也把哲学当作自己的精神武器；哲学不消灭无产阶级，就不能成为现实；无产阶级不把哲学变成现实，就不可能消灭自己。可见，马克思是深受启蒙运动和法国大革命的思想影响的，他的自由观有着浓重的“欧陆色彩”，即他相信，人的自由将充分体现在一项伟大的追求集体目的的事业之中。

人们总是把马克思笔下的共产主义道德概括为集体主义，我们怀疑，这样笼而统之的定义是否适当？是否表达了马克思的原意？的确，马克思曾反复谈论过，未来社会是一个联合体，一种真实的集体。然而马克思同样再三说明，这个集体乃是自由人的联合体，在这个集体中，个人是作为个人参加的。换言之，集体是个人自由发展的条件，它除了成全每个独立自主的个人之外，不再有任何借以自重的其他价值。马克思说：“应当避免重新把‘社会'当作抽象的东西同个人对立起来。"[①] 这就是说，真实的集体绝不是高悬于个人之上的独立实体，使个人无条件地服从和效命；相反，集体是由个人自愿组合起来的，因而只要一个人没有无视他人的自由和侵犯他人的利益，那么集体就必须尊重和维护这个人的独立性和个体性。马克思是一个典型的理想主义者，一个不乏浪漫气质的诗人，他本然地拒斥权威主义，厌恶单色调的生活，而憧憬自由宽松和多姿多彩的社会氛围。他曾以一种鄙夷和嘲讽的口吻在批评普鲁士政府新的书报检查令中说道：我是一个幽默家，可是法律却命令我用严肃的笔调。我是一个激情的人，可是法律却指定我谦逊的风格。没有色彩就是这种自由唯一许可的色彩。每一滴露水在太阳的照耀下都闪耀着无穷无尽的色彩。但是精神的太阳，无论它照耀着多少个个体，无论它照耀着什么事物，都只准产生一种色彩，就是官方的色彩。寥寥数语，已经把马克思力主张扬个性的精神禀性鲜明地表现了出来。然而马克思毕竟对资本主义条件下的拜金主义和利己主义深恶痛绝，人与人之间的尔虞我诈、阶级剥削和阶级压迫深恶痛绝，把消除这类极端丑恶的现象作为自己毕生奋斗的事业。因此他提出，共产主义社会是人和人之间的矛盾的真正解决，是存在和本质、个体和类之间的抗争的真正解决，是全人类的自由解放。其实，人类常常陷于两难选择之中：推崇和谐为美，势必导致整体性观念的滋生；信奉差异与冲突为真，势必造成个体化倾向的蔓延。马克思要弘扬人的个性，又想弥合人与人之间的矛盾，于是他提出了"真实的集体"这一概念。他认为，在真实的集体中阶级的对立和冲突将不复存在，利己主义将成为历史的垃圾；在真实的集体中，个人才有可能站在社会生产力的总和之上来全面发展其才能，也就是说，这时个人才有可能拥有真正充分的自由。马克思说，从前各个个人所结成的那种虚构的集体，总是作为某种独立的东西而使自己与各个个人对立起来。某阶级的个人由于受他们所反对另一阶级的那种共同利益所制约，他们不是作为个人而是作为阶级的成员处于这种社会关系中的。

① 中共中央马克思恩格斯列宁斯大林著作编译局编译《马克思恩格斯全集》第 42 卷，人民出版社，1979，第 122 页。

真实的集体将消灭阶级，因而个人是作为个人参加的。个人之所以还需要参与一个自由人的联合体，只是因为在这样一个联合体中，人既是一个特殊的个体，正是他的特殊性使他成为一个个体；人同时又是总体，他作为社会而存在，享受着社会提供的全部财富、智慧和才能。于是，他作为人的生命表现的总体而存在。

从学理的层面上说，马克思的设计是合理而完美的，他关于“真实集体”的构想不能不使人们为之充满向往——如果人类真的能够做到这一点，那世界就太美好了。然而从现实的角度看，也许正因为这种设计过于完美，才根本无法操作。现实总是有缺陷的。如果提倡个人在思想、情感、才能和利益上的差异性，那么就只能容忍在人与人之间天然存在着的那种离心力；倘若强调集体的和谐与统一的至关重要性，那么人就几乎难以抵御外在群体的压抑。因此，政治学的建构只能植根于现实生活，要想以唯美主义的态度来对待生活，只会使生活变得更不完美和更加扭曲。坦率地说，马克思并未向我们指明把理论构想转化成现实的门径，他仍然滞留在理想的王国中，忘记了从“应然”的价值判断中是怎么也推导不出“实然”的事实判断来的。同时，马克思指出，通往“真实集体”的路是艰难而漫长的，其间必须经过无产阶级的革命，推翻资本主义制度，消灭剥削和压迫，最终达致阶级的消灭才能完成。这样，他就把实现个人自由解放的希望寄托在一场空前浩大的集体性目的的活动之上了。

在说明马克思的自由观时，不能不提到他关于人的本质的阐释。他的那句人所共知的名言：“人的本质并不是单个人所固有的抽象物。在其现实性上，它是一切社会关系的总和。”早已被公认为可以用来表明马克思在人性问题上的基本立场，即人的本质是由其现实的社会关系所赋予的，一切离开社会性来讨论人的本质的见解，都是荒谬的“抽象人性论”。关于这句话，我们的看法是：第一，它不能全面反映马克思的人性论。就是说，它仅仅阐述了现实的人性要受到现实的社会关系的制约。这当然是马克思的观点，但它却并没有表现马克思的另一个一贯立场，即人还有超越和改变这种现实社会关系的自由。如果人归根结底不过只是社会关系的产物的话，那么又何以解释人还能超越其上，去解构现有的社会关系、去创建新的社会关系呢？我们认为，至少从字面上看，马克思的这句话由于过于强调既存社会关系对人的决定作用，而给机械决定论者留下了可资利用的口实。第二，马克思之所以提出人是社会关系的总和，其目的旨在把批判的锋芒指向现实的社会关系和既存的社会制度，这就更加印证了马克思要求变革现实的强烈愿望。在马克思看来，集体性革命是社会变革的巨大推动力。然而他应当想到，当革命变得崇高而神圣，成为压倒一切的集体使命的时候，个人就只能作为阶级的成员去参加战斗，因而必须服从这个阶级的普遍意志和共同利益。他自己的独立判断和特殊利益与排山倒海般的革命相比，便显得微不足道了。实际上，这一点已经被在他之前和之后的所有大规模革命运动所证实。在 20 世纪的无数次革命运动中，由众多的个人所组成的大众的自由解放，竟是以许许多多的个人自由的牺牲为代价换来的，这是多么令人遗憾的事情啊！

四、身的自由、心的自由和人的全面自由

“儒释道”三家都极为看重人的心灵的作用。他们认为，倘若一个人无论处在治世或乱世、高贵或卑微、富裕或穷困的境地，都能保持自己内心的安宁，守护住自己的精神家园的话，这个人就获得了大自由。当个体不再受世俗的诱惑，不再被功名利禄等物质欲望所牵累时，他的心灵便不再受任何外物的作用和限制，从而也不再痛苦、恐惧、焦虑和烦躁，并且拥有了一种超凡脱俗的仙风道骨，一种悟透生命终极意义的大智慧。儒学是心性之学，强调“仁远乎哉？我欲仁，斯人至矣”以及“为仁由己”，儒学认定道德价值的根源在于人的生命之中，强调儒士修身之根本是“正心诚意”。佛、道两家更是认为，所谓人的自由就是一种超然物外的境界，当人不再为一点蝇头小利而焦躁不安的时候，他的心灵就获得了宁静；当一个人向内观照，找回了自己的心性，并努力把持住它，他从此就得到了自由。庄子认为，超然洒脱、逍遥自得是人追求的终极状态，而逍遥的根本功夫就在于“虚静恬淡、寂寞

无为”，把贫富、贵贱和得失置之度外。他说：“以富为是者，不能让禄；以显为是者，不能让名；亲权者，不能与人柄。操之则栗，舍之则悲，而一无所鉴，以窥其所不休者，是天之戮民也！”（《庄子·天运》）在人世生活中，争利、争名、争权，拿不起、放不下，终生不得自在，岂不是活受罪吗？人要活得轻松自在，无牵无挂，就必须绝圣弃智，抛弃世俗的情感欲望，做到“身若槁木之枝，而心若死灰矣”。

争权夺利是现代人的基本存在方式，也是西方功利主义文化大行其道的产物。荣华富贵、功名利禄是现代人追求的主要目标，人们以为自己只有拥有了这一切，才能获得幸福。为了追逐这些“身外之物”，人必须粉饰自己，投机钻营，以求得上司的褒奖、公众的好评。久而久之，便丢失了自己的真实身份；为了追逐这些身外之物，人们必须不择手段，使尽浑身解数，击败竞争对手，并时时提防被对方所击败；为了追逐这些身外之物，人们必须殚精竭虑、辛勤劳作，不敢有片刻的安宁和闲适，甚至不敢奢望拥有属于自己的时间和空间。更可怕的是，人的贪婪是无止境的。一个欲望被满足之后，人还来不及欢悦，又会有新的欲望接踵而来。于是，人生成了一只逆水航行在一条追名逐利之河上的小舟，人将在这条漫无目标的河上耗尽一生，哪里有什么自由可言！即便自己竭尽全力取得了成功，甚至有了显赫地位、富裕的生活和可以光宗耀祖的权柄，此时的人却往往没有幸福感和自由心，有的只是一种鹤立鸡群的不安全感和孤独感。此外，一个人的生命是有限的，他为追逐物欲已经倾其心力和才智，因此他的精神世界当然会由于疏于耕耘而变得荒芜。毋庸讳言，这的确是西方发达国家业已面临的病症，它表征了工业文明在这些国家已经出现了极端化的倾向。在这种情形下，中国传统文化对这种异化病症能够起到某种诊疗的作用。无论是新儒学家，还是当代的佛学大师，对工业文明负效应的批判都是发人深省的。在新儒家唐君毅等人看来，现代文明使人成为“街上人”。这种“街上人”不是具体的真实的人，而是“以某一抽象任务而出现的人”，因此任何人都可以代替。唐君毅认为西方文明之所以走到这可悲的一步，是唯科学主义的罪过。这种唯科学主义在西方泛滥成灾，以至于社会习惯于将人进行概念化的处理。其实，科学根本不可能解决人生问题，因此人们必须从“科学万能”的迷梦中清醒，还道德宗教以主导地位，使之起到规范科学、保护人的生命精神的作用，这就是所谓“仁心以主之”和“摄智归仁”。日本著名佛学家铃木大拙指出，西方的宗教即基督教所谈论的是逻各斯、道、肉身和道成肉身，以及风雨飘摇的世事；东方的宗教则力求肉身成道、静默、一心不乱和永恒的安宁。西方人强调个性化及自我的结果，就是总意识到他人，以至于为他人所支配。在强调个人主义的地方，相互制约的紧张感也就盛行。在这里没有自由和自由状态可言，人们头上笼罩着沉闷的乌云，结果导致形形色色的人的心理失调。藏传佛学大师索甲仁波历说，现代工业文明虽然声称尊重生命，实际上是让生命贫瘠得毫无意义；它虽然一直不停地喊着让人们“幸福”，但实际上却是阻碍通往真正喜悦的重要因素。这种现代的轮回，滋生了焦虑和压抑，进而更加把我们套牢在“消费者的机器”里，让我们贪婪地一直往前冒进。如果我们像目前这样继续下去，埋头苦干、追求物欲，就会失去人生的目标，变得六神无主。的确，如果人的物欲膨胀、贪婪无度，那么他就成了一个没有灵魂的躯壳而与禽兽无异了，这便是人的异化。因此我们承认，在反对人的异化，反对人变成金钱和商品的奴隶这方面，东方传统文化是极有价值的。

然而我们还认为，“心”的自由是以“身”的自由作为前提和保障的。过度的贪婪使人失去自由，但一个连基本的生存需要都得不到满足的人，又谈何自由呢？对于为养家糊口终日操劳的人来说，他首先面对的问题就是：生存，还是毁灭？他的内心世界会是丰富而无羁绊的吗？我们在前面已经谈到，传统文化的弊端之一就是不能为社会增添足够的财富。儒释道三家都太注重人的心性，而对外部世界过于漠然。儒学是一种伦理型文化，它认为一切学问都是用来劝导人如何做人的，因而修身养性、自我完善等，是人生的第一要义。虽然它也主张“内圣外王”，但是在它那里，内圣与外王之间并不存在一个可以相互连接的纽带，也就是说，儒学本身并不蕴含着裕国富民之术。佛、道两家更是教人超凡脱俗，去掉世俗间的一切欲望杂念，甚至于工具性知识。即使是经过了一番改装后的禅宗，虽然倡言人人皆有佛性、不必出家修行、不必拘泥形式，只要反璞归真、守住本性，就可以得道成佛。然而禅宗对人的要求依旧是不要沉溺和迷恋功名利禄，一切都要在无意识中得来，顺其自然，随遇而安。只有这样，人方能永葆内心的安详与平和。可见，宗教之精神就在于出世之风范。这对于个人而言，不失为一剂抚慰焦虑和伤痛之心的良药，但对于社会而言，它却绝不能作为济世的良方。道理很简单：如果人人都出世，都不去追求物事功用的话，现代文明和科技成果会从天而降吗？当今许多推崇传统文化的人，尤其是信奉佛教和道教的人们，一再为自己辩解说，他们绝非怪异之人，从不拒绝现代文明的一切成就。这倒是一点不假，今日之教徒身带手机的人比比皆是，他们在物质生活方面常常优于（至少是等于）社会的平均水平。有时我们很想问一问这些人，你们为什么不拒绝这种生活，至少从内心来说你们还是承认这种生活更舒适、更有益于健康，更有助于为自由的心灵增添一点滋养。既然如此，为什么你们还要对推动社会生产力发展的唯一动力——人欲，报以强烈的反感呢？你们自己衣食无忧，甚至锦衣玉食，为什么却要劝导那些还在为生计发愁的人少一份欲望、多一份“自由”呢？你们不是慈悲为怀，要“救斯民于水火”吗？为什么对人基本的生存自由，即“身”的自由却如此地无动于衷呢？

崇奉传统文化的人们口口声声地宣称，要建立一个更加符合人性的社会。的确，就目前来看，工业社会的非人性化特征是存在的，因为这一社会在消费主义的一再刺激下变得物欲横流、价值失范、心理失衡。然而，他们却忘了，他们所渴慕的前工业社会由于自身存在的种种问题（其中特别包括贫困），也不见得是合乎人性的；甚至在我们眼里它是更加非人性的。衣食住行、七情六欲是人的天然属性和基本需求，无视和压抑这些属性和需求的社会早就被公认为是不人道的和非人性的。其实人生在世，很少没有烦恼；烦恼当然和欲望有关，但不同的人有不同的欲望。常言道，幸福的家庭都是一样的，不幸的家庭各有各的不幸，各有各的烦恼。富贵之人的烦恼起自贪欲，他们不知克制，不知自己在追逐物质享受的同时，正在丢失和舍弃许多更加值得珍爱的东西。于是富人总是嫌自己的钱还不够多，有权势的人总觉得自己的权利还不够大，事业有成的人总是埋怨自己命运还不够好，否则自己的社会地位会更高。对于他们来说，宗教教义是有益的。无论如何，抑制自己的欲望，是从烦恼中解脱、重获自由和新生的重要途径。然而我们任何时候都不能忘了那些处于社会底层的人们，那些在温饱线上挣扎的人们。他们的烦恼当然也出自一种欲望，然而这种欲望是一个人最起码最基本的生存欲望。面对这样一些人，难道我们能摇头晃脑地说："抛弃你们现有的欲望，你们会得到自由"吗？

卡尔·马克思的学说与东方自由观之间有一种天然的默契，这就是：两者都对人的精神价值抱以热切的眷注，都执着地认为，人只有在超越物欲之后才能拥抱心灵的自由。因此之故，马克思成为西方现代文明的反叛者，成为最具批判精神和远见卓识的思想家。他在资本主义的早期就已经洞察到，西方人对外部世界的征服热情业已变成了一种魔力，它把人的潜能和智慧从地底下呼唤出来，使其创造出那么多令人惊异和赞叹的科技成果和物质财富。按照西方观念，人处于这样一个时代，理应获得空前的自由与幸福，然而实际情况却远非如此。在私有制条件下，人愈是卖力地劳动，就愈加受到压迫和奴役，愈是创造出丰裕的产品，就愈加不能使自己成为这些产品的主人；这一制度使人变得如此狭隘自私，以至于任何一个对象只有当人把其作为资本或直接消费品时，人们才认为其是属于自己的。贪婪使人们之间的竞争日益残酷，使人们之间的冲突更加激化，使人成为物欲的奴隶而丧失了最珍贵的心灵自由。马克思指出："钱是从人异化出来的人的劳动和存在的本质；这个外在本质却统治了人，人却向他膜拜。"[1]"犹太人的世俗基础是什么？实际需要，自私自利。犹太人的世俗偶像是什么呢？做生意。他们的世俗上帝是什么呢？金钱。"因此，"犹太人的解放，就其终极意义来说，就是人类从犹

---

① 中共中央马克思恩格斯列宁斯大林著作编译局编译《马克思恩格斯全集》第1卷，人民出版社，1956，第448页。

太中获得解放”[①]。

然而马克思的学说与东方自由观的最大区别就在于它是对西方工业文明的一种扬弃和超越，因而它是前瞻的而不是怀旧的。马克思不是一个禁欲主义者，绝不主张通过压抑人的基本需求来获得自由，他只是希望能够在欲望满足和精神自由之间保持必要的张力，以求得二者的协调发展。马克思十分清楚，人的自由绝不能建立在物质匮乏的基础上。他指出：“共产主义是私有财产即人的自我异化的积极的扬弃，因而是通过人并且为了人而对人的本质的真正占有；因此，它是人向自身、向社会的（即人的）人的复归，这种复归是完全的、自觉的而且保存了以往发展的全部财富的。”[②]生产力的高度发展“之所以是绝对必需的实际前提，是因为如果没有这种发展，那就只会有贫困的变化；而在极端贫困的情况下，就必须重新开始争取必需品的斗争，也就是说，全部陈腐的东西又要死灰复燃。”[③]根据马克思的观点，只有当社会有了剩余产品之后，人类才告别了野蛮，进入文明；倘若社会处于极贫状态，人与人之间为争夺必需品开始展开生存竞争、弱肉强食，人类社会将重新回到丛林世界。在马克思看来，共产主义之所以标志着人的复归，标志着人类迈进自由王国，就是因为到那时，人将最终摆脱一切形式的人对物的依赖和屈从，劳动不再成为谋生的手段，而是人之为人的最后依据，是人的本质对象化所必需的生命活动。然而这一切需要有一个前提，即人的生存与发展不再是一个困扰人的问题。成天为生计殚精竭虑，这是典型的物对人的统治，人的自由成为泡影。所谓“仓廪实而知礼节，衣食足而知荣辱”，对于那些衣不蔽体、食不果腹的人来说，所有的道德良知都会在巨大的生存压力面前变得不堪一击，所谓的自由意志和自我选择，均毫无意义。人类的一切奋斗都是

① 中共中央马克思恩格斯列宁斯大林著作编译局编译《马克思恩格斯全集》第1卷，人民出版社，1956，第446页。

② 中共中央马克思恩格斯列宁斯大林著作编译局编译《马克思恩格斯全集》第42卷，人民出版社，1979，第121页。

③ 中共中央马克思恩格斯列宁斯大林著作编译局编译《马克思恩格斯全集》第3卷，人民出版社，1960，第39页。

以追求美好的生活为归属的，美好当然包括物质和精神两方面的含义。如果获得心灵自由必然要以牺牲物质富足为代价，那么无论如何，这个美好都会大打折扣。当然，马克思同样深知，工业文明创造财富，也刺激物欲，当人一味追逐财富而变为拜金主义的奴隶时，他也就不再珍惜心灵的自由，这是另一种畸形。因此马克思主张，人应做自己欲望的主人，不要放纵它，任它来控制和摆布自己，否则人就没有自由。还是那句话：要在物欲和自由之间维持一定的张力。马克思指出，单纯追求财富不是人类的最终命运。“自由王国只是在由必需和外在目的规定要做的劳动终止的地方才开始；因而按照事物的本性来说，它存在于真正物质生产领域的彼岸。”[①] 这是马克思的梦想，不管这个梦想实现起来有多么困难，它都为人类健康发展和美好未来指明了方向。

孔孟所处的时代，是一个“礼崩乐坏”“人心不古”的乱世，两位先哲以宣扬人生义理为己任，教导世人在恶劣环境里以不变应万变，不浮不躁、护住心性、不乱方寸、不为流俗所左右，进而生发道德良心，“为生民立命”。从此，历代孔门弟子传承道统，自觉肩荷道德责任，立志用儒家文化去改造社会。在现代社会，金钱和荣誉对人生的诱惑比以往任何时候都大，现代人更像是一只无头苍蝇，毫无方向地乱飞，结果四处碰壁，搞得头破血流。因此，安顿本心，守住生命精神之根底，对于现代人的意义就更为重要。正是在这种情形下，新儒学人士更认为有必要大力彰显心的自由。不错，有了身的自由，未必有心的自由。所以要劝导和警醒世人，不要忘记在精神世界中的耕耘是对已有的精神家园的维护。然而，没有身的自由就一定没有心的自由。当然，对于心的自由的理解，东西方人各有不同。在中国人眼中，心性的清净安宁就是自由。佛道两家倡导出世之精神，即超凡脱俗、不问世事，心自然会宁静，静如止水。这就是说，教徒们是通过规避现实、放弃现实责任来达致心灵自由的。儒家强调积极入世，强调修齐治平的道德责任。认为

① 中共中央马克思恩格斯列宁斯大林著作编译局编译《马克思恩格斯全集》第23卷，人民出版社，1972，第927页。

“仁义礼智根于心”，儒生必须正心诚意，从内心深处笃信仁的核心内涵，无论遭遇到任何恶劣处境都不做丝毫有违仁心的事情。这种自律精神，这种“仁智勇”的自觉结合，就是自由。可见，儒士是通过顺从现实、认同和维护既存的道德规范来实现其“自由”的。

西方人心目中的自由则是基于“个人至上”的原则，即是说，它肯定每一个人在每一方面都是独一无二的，因此心的自由当然包括个人的意志自由、信仰自由和言论自由等现代民主理念。毫无疑问，这种心灵自由是需要实实在在的制度性框架来加以保护的。在中世纪基督教神权的统治下，西方人的人身自由受到严格限制。罗马教廷是整个欧洲世界的统治者，他们代表上帝管理俗事和教民，就像牧羊人管理他的羊群一样；教民对教廷必须绝对服从和绝对忠诚。正因为没有身的自由，所以人们心灵的自由也就没有保障。任何超出教廷规定的思想范围的思想，都被视为异端邪说而遭到残酷的迫害。我们清晰地记得：哥白尼生前不敢发表自己富有创见的思想；布鲁诺为捍卫日心说被烧死在罗马鲜花广场；伽利略被迫屈辱认错才免于制裁。宗教裁判所的职能，既可视为对人们身的自由的拘禁，亦可视为对心的自由的拘禁。一直到宗教改革把人从教会的专制之下解放出来，文艺复兴运动以歌颂人的尊严和人性的伟大，以热爱世俗生活来取代神权思想和宗教禁欲主义，启蒙运动则公开反对一切外在权威和封建迷信，确立自由、平等及其天赋人权的原则。于是，经过一系列摧枯拉朽般的清除障碍，西方人的心的自由才得以显扬，尽管还远远不够。我们在前面已经提及，儒学虽一再声称其建立在亲情之上的价值规范是人性使然，是真正发乎人的本心的东西，没有一点强加的意味。然而我们却认为，亲情决不包括等级尊卑、忠孝与服从。可见儒家精心构设的道德伦理，说到底不过是为了适应和维护封建宗法等级制的需要，它根本就是一种普遍意志和公共规范。儒生遵从这一规范完全是社会教化的结果，哪里有什么带有个性的心灵自由。纵然儒生们有时也会“犯颜直谏”（当君王的行为违背了“礼”的规范时），或“针砭时弊”（当社会生活“礼崩乐坏”时），但是他们从事价值判断所依据的标准是什么呢？不外乎是

"君君，臣臣，父父，子子"那一套。一个习惯用普遍意志来代替独立判断和自主选择的人，其内心世界究竟有几分自由？何况，即使是这种无碍大局的批评，封建专制君主也不是都能够宽容的，一旦触怒龙颜，则即刻命在旦夕；君要臣死，臣不得不死。在封建专制统治下，士大夫们的独立人格得不到认可，人身自由无法保障，一言不慎，便会招来杀身之祸；他们除了谨小慎微、不敢越雷池一步以外，还能怎么样呢？他们的思想能不受到严重禁锢吗？新儒学家极力辩解说，儒学并不反对民主政治，相反，儒学中包含了民本思想，这种思想在现代条件下完全可以开出民主政治的果实来。他们反复引证孟子的话："得天下有道，得其民，斯得天下矣；得其民有道，得其心，斯得民矣。得其心有道，所欲与之聚之，所恶勿施。"（《孟子·梁惠王下》）"民为贵，社稷次之，君为轻。"（《孟子·尽心上》）其实，民本思想与现代民主不仅毫不相干，而且在本质上还是反民主的。"以民为本"是对专制君主的一种劝诫和乞求，希望他们能顺应民心、体察民情、有利民生，不要置百姓的死活于不顾。这仍然是做价值判断，即"你应该如何"。价值判断属道德范畴，它完全依赖人的道德自觉，并无制度的强制性措施加以保证——"你必须如何"，甚至"你不得不如何"。换言之，君主可以不这样做，不听劝诫，不理睬乞求。正如一位学者所说的那样：民主的基本要求是人格的平等，而民本思想却丝毫没有这样的要求。民本思想从根本上说是反民主的，因为它所强调的是君王的救世主角色和至上权威，而不是百姓们自由平等的权利。儒家的民本主张有可能训导出明君与清官，但绝对不可能衍生出现代意义的民主政治。这就更加说明，没有民主政治的理念和民主政治制度，没有人格的尊严和人身的自由，心灵的自由和思想的自由就无从谈起。

坚持以"改变世界"为己任的马克思认为宗教只不过是幻想的太阳，"现实的智慧即哲学更有权关心这个世界的王国"。因此，"不应该把国家建立在宗教的基础上，而应当建立在自由理性的基础上"。马克思坚信，要获得真正的而不是虚幻的心灵自由，就必须先从改造现实的政治经济制度入手，以取得身的自由。马克思认为国家必须是符合人性的，且在国家机构中，必须实现法律的、伦理的和政治的自由。他早年为捍卫言论自由和出版自由而撰写了一系列富有激情而又不减睿智的论文。他认为自由的出版物是人民精神的慧眼，是人民自我信任的体现，是个人同国家和整个世界联系起来的有声的纽带。自由的出版物不可能没有它的短处，但自由的出版物即使长出坏的果实，也仍然是好的，一如受检查的出版物，即使长出好的果实也仍然是坏的一样。没有出版自由，其他一切自由都是泡影。马克思还指出，封建制度就其最广泛的意义来说，是精神的动物世界。在这个世界里，人一如动物，因血缘而天然地被分为不同的等级。动物只有“种”的平等，没有“属”的平等；封建制度下的人是按等级分类的，人的平等的被认可至多只是“等内”的事情。现代民主国家是人的自由的产物，是人民的自我规定。在民主制中，政治国家不再具有规定和管辖一切特殊物（诸如财产、契约、婚姻、市民社会等）的普遍物的意义，它不再作为其他领域的普遍理性以及彼岸之物而存在。同时，在民主制条件下，动物式的等级已不在市民社会里残存，现实的人将作为真正的人而平等地存在。马克思以很高的热情肯定了政教分离所导致的政治解放。他说，政治解放就是政治国家从宗教限制中获得的解放，这种解放的一个重要结果是世俗国家的独立，即国家只按自己的规范用合乎自己本质的方式规定自己，不再以国家的名义干涉任何宗教，也不受任何宗教对它的任何制约。就个人和宗教的关系而言，政治解放意味着人在政治上从宗教中得到的解放，亦即宗教从公法领域转到私法领域，从国家领域转到市民社会的领域，成为纯粹的私人事物。这就是宗教信仰自由。

在马克思看来，资本主义确立的个人自由原则是必要的，但却不是彻底的。受资本主义制度的特征和其运动方式的影响，在市民社会中，利己主义泛滥成灾，金钱成了一切事物的普遍价值，它购买了整个世界，统治了整个世界；人在抛弃了长期禁锢自己的彼岸神之后，又为自己创造了一个此岸神，金钱这个世俗神灵在迷惑和统治人的心性方面，丝毫也不比上帝逊色。马克思认为钱是从人异化出来的人的劳动和存在的本质，但是这个外在本质却统治了人，人还向他膜拜，犹太人的解放就其终极意义来说，就是人类从犹太中获得解放。资本主义的最大弊端之一就是，人被自己无穷无尽的贪欲所控制。因此，马克思郑重地宣告：人的彻底解放和真正自由就是全面摆脱一切物对人的奴役。既然利己主义和拜金主义是私有制社会肌体中必然滋生出的毒瘤，那么铲除私有制度就是割掉癌肿的首要条件；既然奴隶般的分工使人成为畸形化的工具，那么人类最终告别劳动分工，就成为自己获得全面自由的必要前提。可见在马克思看来，如果没有制度性的改造，如果没有身的自由，那么超越物对人的奴役就是虚妄的，心的自由便无从谈起。我们认为，马克思的这个思想，既是区别于东方自由观的关键所在，也是优越于东方自由观的原因所在。因此，马克思的名字不仅在全世界人民的心目中唤起了对美好事物的憧憬和向往，而且还切实地召唤着人们去从事世界性的社会解放运动。无论这场运动的最终成败如何，马克思的思想都将成为东西方社会进行政治经济改革的健康有效的精神驱动力。

第五章　平等之梦：虚幻的终点与真切的起点

如果说中国人对自由的渴望主要表现在精神层面的话，那么，他们对平等的要求则体现于物质和现实的层面。这种平等主义理想曾经唤起世代中国人的奋斗激情，使他们甘愿为之付出血的代价。这种平等主义理想既反映在中国传统主流文化的经典著述中，又散落于具有广泛民众基础的民间文化里，它既是下层百姓反抗掠夺与暴政的纲领性口号，又是统治者用来平息和缓解群众怨愤的调节器。因此，20 世纪初，当马克思主义乘着俄国十月革命的风暴登临中国大地时，它的那种反剥削、反奴役，要求政治平等和社会平权的学说便立即得到了中国人发自内心的呼应。从此，马克思主义一直引导着中国文化发展的走向，同时与中国传统文化精神交汇互动，对中国社会产生了极其深刻的影响。中国人以其特有的方式去解说马克思主义，用自己深厚的历史文化积淀去同化、框范和吸纳马克思主义。在他们眼中，共产主义社会与“大同”理想之间并无实质性的区别，按需分配就是“均贫富”，消除两极分化，实现同步富裕，就是“四海之内皆兄弟”的美好社会；地位平等就是“等贵贱”，“官无常贵，民无终贱”遵循的正是唯才是举的原则。在内忧外患的 20 世纪，为了实现这一伟大理想，中国人倾注了极大的激情和才智，他们的精神可谓感天动地、空前绝后。一个世纪过去了，我们回顾历史，心情是复杂的，其中不乏欣慰与自豪，却更有痛惜和反思。然而对于后人来说，所有这一切无论如何是一份极其珍贵的财富，它将在中国历史上留下重重的一笔。

一、结果的平等：徒劳的追求

何谓“平等”？应该承认，这一概念与“自由”一样模糊不清。虽然有史以来，人类对平等的追求从未中断，但对这一理想的界定只是到了近代之后才逐渐明晰起来的。即使这样，人们对平等的理解与阐释仍然存在着巨大的差异：有人视平等为一种起点和规则上的公平。具体而言，就是一切人在人格上都必须相等，都应受到同样的待遇，都有同等的权利和机会参加所有的政治、经济及社会活动。换言之，社会不首肯人与人之间除了贡献不同之外的其他区别，如种族、肤色、信仰和出身等方面的区别。有人视平等为一种结果的公平。他们认为，由于财产在私人手中的积累和继承，人们受教育和参与竞争的机会不可能是均等的，因此，所谓起点的平等不过是幻想。社会需要关注和改变的是贫富的悬殊及雇佣者和受雇者之间在地位上的实质性差异。他们主张所有人无论其在天赋才能、努力程度和实际做出的贡献方面有怎样的不同，他们都应受到相同的对待。

现代平等观主要源自18世纪法国启蒙思想家让·雅克·卢梭的学说。在《论人类不平等的起源和基础》和《社会契约论》中，卢梭详尽地论述了天赋人权的思想。他认为，“自然状态”是人类的黄金时代。在自然状态下，人人都是自由、独立和平等的，除了因年龄、健康和体力等差异所造成的生理不平等外，人们之间没有任何财产上和政治上的不平等；没有“我的”“你的”等观念，没有天生的奴隶和主人，没有服从和被服从、奴役和被奴役的不合理现象，没有一部分人享有损害另一部分人的特权。然而，当人类跨入文明社会以后，原始的安乐、自由和幸福便一去不复返了。平等消失了，私有制出现了，劳动成了被迫的，贫困与奴役一同滋长。卢梭的天赋人权论先后在美国《独立宣言》和法国《人权宣言》中得以体现，从此，以启蒙运动为先导，通过蓬勃的革命斗争，最终确立了持续至今的西方资本主义制度。毫无疑问，现代平等观是直接针对封建等级制提出来的。在封建制度下，社会成员被严格地分成了不同等级，每一个等级都拥有世袭的和固定的地位，有不可替代的权利与义务。因此，仅仅由于血缘关系，这些成员中的一部分生来就比别人高贵和富有，哪怕他智力低下，体质羸弱，而另一部分则先天就比别人卑贱和贫困，即便他才能卓越，工作勤勉。在欧洲中世纪，一些人只是因为宗教信仰与他人不同就遭到歧视和迫害，乃至成为刀下冤魂；教皇和神职人员则凭精神上的优越地位，便可以骄奢淫逸，对人颐指气使，发号施令。在200多年前的美洲大陆，人们仅仅因肤色的不同而被划分成不同的等级：白人先天就是主人，黑人则生来就是奴隶。革命狂飙裹挟着启蒙思想，席卷了所有这些横亘在人们面前的人为屏障，一句“自由、平等、博爱”的口号，带着历史的厚重感和穿透力为整个世界带来了希冀。现代平等观是对“人生而平等”的庄严宣告，是对封建特权的强力破除，是对人们权利和机会均等的热情讴歌。时至今日，当我们读到伊曼努尔·康德的“人是目的”“不要把人当工具”的思想时，读到他的那段名言——“有一时期，我骄倨地想着，以为知识构成人性的尊贵，我蔑视愚昧无知的人群。卢梭却使我双目重光，这虚妄的优越性消失了，我已知道尊视人类”的时候，从心底唤起的共鸣和震撼依然是那么强烈。

卡尔·马克思深受启蒙思想和法国大革命的影响，他对资产阶级革命和现代平等观在历史上的进步作用给予了极高的评价。他指出，资产阶级在凡是它已达到统治的地方，就都把所有封建的和宗法的关系一一破坏，它无情地斩断了那些把人们系缠于“天然尊长”的封建羁绊，使人们终于获得了法律和政治上的平等。然而，马克思以其非凡的洞察力揭示：在资本主义制度下，起点的平等不过是理想的原则，是政治天国中的饰物。因为私有制神圣不可侵犯，社会财富在私人手里像滚雪球一样，越滚越大，于是，人们的起跑线根本不可能相同；一个富家子弟在接受教育和参与竞争的机会方面要远大于穷苦人家的孩子。这正如一场接力赛，最先跑向终点的人未必是跑得最快和付出最多的人。马克思还发现，虽然资产阶级反对封建等级特权，声言“人生而平等”，可是，人们在地位上的平等却不是一纸法律就能够涵盖得了的。在私有制条件下，企业的所有权、经营权和管理权是普通工人不敢奢望的，企业主与工人的关系实质上仍然是主人和奴隶、雇佣者和受雇者之间的关系；在收入分配上，由于资本所起的作用也绝不可能完全按个人贡献的大小来进行“按劳取酬”。因此，马克思指出：“只有法国革命才完成了从政治等级到社会等级的转变过程，或者说，使市民社会的等级差别完全变成社会差别，即没有政治意义的私人生活的差别。这样就完成了政治生活同市民社会的分离过程。”[①] 马克思认为，既然任何一种解放都是把人的世界和人的关系还给人自己，既然在政治等级被破除之后，现实中还存在着社会等级之间的差别，那么，就必须将资产阶级的政治解放扩展和引申至人类的解放。马克思还提出，受经济基础所决定，国家是阶级压迫的工具，它的职能在于为统治阶级的利益服务。资产阶级的政府官僚是骑在人民头上作威作福的老爷，他们只关心自己的表现在上司眼里造成的印象，而全然不会向普通民众负责。

在马克思心目中，社会主义革命就是要完成资产阶级没有彻底完成的解放事业，消灭一切社会等级，以实现真正的起点平等。在《法兰西内战》中，马克思对共产主义初级阶段的政治、经济和社会制度的特征做了一个粗略的勾勒，从中我们可以大致把握马克思平等观的理论进路。首先，人民是国家的真正主权者，绝不能让政府官僚窃取主人的地位。马克思指出，普选权在资产阶级那里一直被滥用，它不过是统治者手中的玩物：让人民每隔三年或六年行使一次所谓“权利”，选择和批准究竟由统治阶级中的什么人在议会里“代表”和压迫人民。巴黎公社则与此根本不同，公社在行政、司法和国民教育方面的一切职位由普选产生，这些经巴黎各区选出的城市代表对选民负责，随时可以撤换，并经常处于公众的监督之下。他们中的大多数都是工人，或者是公认的工人代表。其次，剥夺剥夺者，铲除迄今为止用来奴役和剥削劳动的生产资料私有制。至于财产继承权，其本身并不是一种原因，而是私有制的一种结果。因而继承权的消亡，将是废除私有制的社会变革的自然结果。在马克思看来，只有当生产资料为全体社会成员共同占有的时候，才能真正

① 中共中央马克思恩格斯列宁斯大林著作编译局编译《马克思恩格斯全集》第1卷，人民出版社，1956，第334页。

实现在分配制度上的起点和规则的平等，即按照人们的贡献大小领取相应的报酬。再次，实行免费教育，使人人都享有受教育的机会。为了维护人们在宗教信仰上的自由和平等（即不因信仰不同而受到歧视），必须从一切公立学校中取消宗教教育，国家也不应干涉学校的运作。这样，对人民实行精神压迫的力量就被摧毁了，科学也摆脱了阶级的成见和政府权力的桎梏。

长久以来，在东西方人的心目中存在着一个共同的误解，就是把社会主义视为追求结果平等，尤其是经济收入上的平等的制度。人们以为，马克思之所以要反对剥削制度，只是因为这一制度导致了贫富悬殊；工人阶级及其政党之所以要浴血奋战、前赴后继，不过是为了使自己及后代的生活与资本家一样好。如果真是这样的话，共产党与欧洲的社会党，甚至英国的工党和美国的民主党之间，就没有什么实质性的区别了。其实，马克思的诉求要高远得多，运思也要深邃得多。他在批判蒲鲁东的"工资平等"和拉萨尔的"不折不扣"的劳动所得时明确提出，蒲鲁东所要求的工资平等只能使今天的劳动者同他的劳动的关系变成一切人同劳动的关系，在这种情况下，社会就成为抽象的资本家。雇佣劳动制是奴隶制度，生产力愈发展，这种奴隶制就愈残酷，不管工人所得的报酬是好还是坏。显然，马克思立志摧毁资本主义制度，其目的旨在解放劳动，使劳动者从奴隶提升为名副其实的社会主人。在马克思眼里，一个任人驱使、被迫工作的奴隶即使生活得再富有，他的奴隶地位也没有丝毫的改变。当然，从马克思的立场来看，结果上的绝对平均无疑是不能提倡的，但结果上的巨大差距则更不是一个健全社会的标志，尤其是私有制使起点的公平化为乌有，从而导致结果的差距愈拉愈大。卢梭曾指出，生命和自由是人人都应当拥有的权利，换言之，生存权是基本人权的一个构成要素。因此，社会有义务尽可能满足其所有成员的最基本生活需要，特别是提供尽可能充分的劳动就业的机会。如果社会中的一部分人享尽荣华，另一部分人却朝不保夕，连做人的基本尊严都没有，这种情形是无论如何不能令人满意的。这就是所有工业化和正在实现工业化的国家都致力于建立和健全社会保障体系的初始依据。

其实，从学理的层面上看，一个社会只要实现了起点的平等，并且在经济和社会运作的程序上又能保持其公正性，那么，社会成员的贫富差距就不可能过于悬殊。然而，问题的难点就在于，起点的平等往往只是一个理论上的假设前提。特别是在后现代化国家中，几乎不可能实现真正的起点平等。这些国家大都经历了一个漫长的封建历史，等级制和等级观念在社会现实里作为潜流根深蒂固地存在着；这些国家迈上现代化的路径都不是一个自然和自下而上的过程，而是在政府的决策、干预和指挥下，自上而下地通过改革来实现的。因此，真正意义上的自由贸易在这些国家比较罕见，相反，到处是政府权力和经济实体的相互渗透，权力与金钱的交融和兑换。有学者曾把欧洲与美国加以比较，以此来说明，欧洲资本主义脱胎于中世纪，因而历史的遗产不会在革命风暴中被一扫而光；美国则不同，它犹如一张纯净的白纸，完全可以按照启蒙思想家的构想去绘制这张图画。因此，欧洲各国由于并未彻底实现起点的平等，国民中对社会主义的向往和要求结果平等的呼声具有较为广泛的基础；美国则由于基本实现了起点平等，社会主义运动反而在那里难成气候，即便在美国的工人中都有一个普遍的倾向：反资本家而不反资本主义。既然绝大多数国家都不能实现起点的平等，因此，把贫富差别缩小至适度的范围，就成为这些国家的政府不得不认真面对的问题。事实上，西方现代平等观也在演变，连自由主义思想家也并非全然拒斥社会主义。甚至《人权宣言》中也强调，在权利方面，人生来是自由平等的。社会差别只能建立在最大多数人的最大幸福之上。英国哲学家里奥纳德·特里劳尼·霍布豪斯也指出："就契约而言，真正的自由要求缔约双方之间大体上平等。如果一方处于优越地位，他就能够强制规定条件。如果另一方处于软弱地位，他就只好接受不利的条件。这就产生了华尔克的一句至理名言，即经济上的损害倾向于使损害本身永存。一个阶级的地位越是被压得低，它在没有援助的情况下再度崛起的困难也越大。"[①] 诚然，作为自由主义者，霍布豪斯认为，国

① 里奥纳德·特里劳尼·霍布豪斯：《自由主义》，朱曾汶译，商务印书馆，1996，第41页。

家的义务不是为公民提供食物，给他们房子住或衣服穿。国家的义务是创造这样一些经济条件：使身心没有缺陷的正常人能通过有用的劳动让他自己和他的家庭有食物吃、有房子住和有衣服穿。他认为不应当救济穷人，而应当力求避免贫穷的方法人人都能做到，尽管在这样做的时候，我们还应该要求个人方面也要相应地努力。我们认为，霍布豪斯的见解是十分正确和明智的，它甚至对中国的现代化进程和经济改革都具有非常重要的借鉴意义。在此前提下，霍布豪斯指出，自由主义和社会主义并不抵触，“贯彻始终的个人主义能与社会主义协调一致地工作”[①]。“个人主义在解决现实问题时，与社会主义相差无几。”[②]可见，马克思对资产阶级平等观的批判和实际的社会主义运动，已经正在成为西方社会改革的重要依据。这些改革是成功和值得称道的，它毕竟增强了平等的分量，兼顾到了穷人的利益。

马克思的平等观与资产阶级的平等观都强调起点的公平，然而，二者之间的界限却是泾渭分明的，彼此的立场也是截然对立的。在马克思那里，“平等”绝不仅仅意味着政治地位上的平等待遇以及法律面前的人人平等，它还必须表现为社会地位上的平等。在社会主义社会，人们可以在贫富上有一定差别，但绝不能有资本家和工人、主人和奴隶间的区分。西方现代平等观则认为，人们在社会地位上的不平等并不可怕，真正重要的是，人们的地位不是世袭和固定的，而是处于流动之中的。这就是说，不应该把平等理解为一种静止的、僵硬的和一成不变的状况，而应把它视为一个动态的过程。只要地位升迁的机会对于每一个人都是公平的，只要追求升迁的竞争规则是公正的，那么，只要一个人勤奋上进且天赋不错，其地位的提升就大有希望。可见，社会地位是人们活动的结果，结果是不能拉平的；相反，保持人们在社会地位上的不同，恰好是鼓励和激发人们的进取精神，是使社会生活充满活力的秘密所在。其间的道理就如同维持一定的贫富差异，反而能激励人奋发向上一样。总之，平等原则必须受到不压制和扼杀人的工作热情和自主意识

① 里奥纳德•特里劳尼•霍布豪斯：《自由主义》，朱曾汶译，商务印书馆，1996，第48页。

② 同上书，第49页。

这一要素的制约，即平等以相信、自主为前提。霍布豪斯说："在一个良好的社会制度里，在实际待遇、收入、社会地位、职位、报酬等方面无论存在着什么样的不平等，这种不平等的依据不是受到优待的个人的利益，而是共同利益。如果一方面存在着百万富翁，另一方面存在着乞丐是公正的，这必然是因为这种悬殊差别是一种经济制度的结果，这种经济制度总体上为共同利益服务，百万富翁的利益和乞丐的利益都包括在内；也就是说，当我们把一切有关方面的幸和不幸都认真考虑之后，再也找不到一个能更好地为一切人的利益服务的方法。"[①] 如果说西方现代平等观把社会地位的差别当作人们竞争的结果的话，那么，马克思则坚持认为，这一差别是人们活动的起点。在马克思看来，私有制和人们在社会地位上的不平等是一对相伴而生的孪生子，人们在这样的条件下进行活动显然是不公平的，因为它们不能避免社会中一部分人利用自己的优势地位，制定出有利于自己的条件，并迫使另一部分人接受。只有在公有制条件下，人们才能在贡献与报酬之间取得平衡，从而使起点的平等得以实现。我们在前面业已谈到，马克思对西方现代平等观的批判是合理的，对资本主义私有制弊端的揭露是深刻的。然而，对弊端的克服可以有两种办法，一种是改良的措施，即前面我们提到的那种措施：在保持私有制不变的前提下，考虑适度缩小贫富悬殊。这就是说，既然起点的公平不能够完全实现，那么就应当对结果的不均等做适当的调整。另一种是革命的手段，即马克思倡导的手段：以公有制取代私有制，来实现彻底的起点平等。马克思坚信，只要人们运用自己的理性，把未来社会设计得足够周密和完美，理想就一定会变成现实。然而事实却要复杂得多。从操作意义上讲，如果生产资料归全民所有，那么，由谁来代表全体人民行使这一所有权呢？这个代理人只能是国家。因此，与西方社会不同，我国国有企业的董事长和总经理是代表国家来行使其所有权与经营权的，他们只是代表而不是真正的所有者；无论他们是由国家任命的，还是由企业职工推选出来的，都没有太

① 里奥纳德·特里劳尼·霍布豪斯：《自由主义》，朱曾汶译，商务印书馆，1996，第66页。

大的区别，因为职工也仅仅是名义上的所有人，在实质上，凡是属于大家的东西，也就不属于哪一个特定的人。马克思的初衷是，一旦工人占有了生产资料，他们就会焕发出主人翁精神，进而把自己的全部潜能调动出来。然而，实际情况却不全然这样，国有企业在实际运作中，也存在一定的弊端。

现代民主反对精英主义，反对那种借口人民缺乏管理国家的知识和才能，而主张把主权委托给少数精英分子的政治倾向。约翰·斯图尔特·密尔指出，君主制政体造成了这样一种情形：一个具有超人的精力的人管理着精神上消极被动的人民的全部事务。整个民族，以及组成民族的每个人，对他们自己的命运都没有任何潜在的发言权。然而，倘若一个人不能为他的国家做任何事情，他也就不关心他的国家。古来有一句谚语说，在专制国家最多只有一个爱国者，就是专制君主自己。当代美国政治学家罗伯特·达尔也谈及，人类经验以它巨大的分量告诉我们，没有哪个成人团体会放心地把统治自己的权力授予别人，即专家有资格做你的代理人，并不意味着他们有资格做你的主人；如果我们把统治权力托付给统治精英，无论他们一开始多么睿智、值得信赖，过几年或者几十年之后，他们就会滥用权力。因此，他们坚决主张，人民是国家的主权者，人民主权不可剥夺。人民主权在政治制度中应当体现为：人民或人民推选的代表是国家的立法者；这些代表和政府官员必须由人民普选出来，人民经由有效、通畅和制度化的渠道对之进行监督，并具有罢免或撤换他们的权力。理想的民主制是人民直接行使自己的权力，共同参与国家的一切重大事务的决策。然而，他们也意识到，从技术性和操作性层面看，这一理想在人口众多、居住分散的国家根本行不通。因此，最好的政府形式是代议制政府。在代议制条件下，公民常常要授权给某些人，使他们在一些重要问题的决策上拥有自由裁量权。这些人，不仅包括由他们选举产生的代表，还包括行政官员等。于是，政治和官僚精英握有巨大权力的状况就不可避免。然而，这些精英毕竟不是专制君主，因为他们由公民选举产生，并且，公民还可以在以后的选举中把他们撤换掉。这样，他们就不得不时刻留意人民的意见。同时，政治和官僚精英在达成决议的过程中，彼此存在一个相互影响和相互制约的关系，这一关系也使他们不能任意妄为，滥用权力。既然社会实际需要一批精英，那么，如同在经济领域中一样、在政治领域中也应建立一套选拔精英的竞争机制。这就是说，民主精神与民主制度、机会均等和个人自由之间必须保持其内在的一致性，否则，社会的蓬勃生机就会被普遍的怠惰所取代，人民的进取心就会被泛滥的平庸和麻木所取代，国家的制度化管理体制就会被混乱不堪、争斗不断的暴民专政所取代。

马克思在《法兰西内战》中盛赞巴黎工人的首创精神和管理才能：从前有一种错觉，以为行政和政治管理是神秘的事情，是高不可攀的职务，只能委托给一个受过训练的特殊阶层，即国家寄生虫、高俸厚禄的阿谀之徒、闲职大员等高位权贵们，这个阶层从群众中筛选有教养的分子，并利用他们去反对居等级社会下层的群众自己。现在这种错觉已经消除。马克思还特别指出了巴黎公社不同于资产阶级民主政治的地方，并对之给予了高度的评价。他认为，普选权在资产阶级手中不过是一种玩物：人民只能每隔三年或六年行使一次所谓的“权利”，并且他们也只能在统治阶级内部或统治者的附庸中进行选择。要使普选权变成人民名副其实的权利，就应像巴黎公社那样，行政、司法、国民教育方面的一切职位由普选产生，这些职位的大多数都应由工人或工人的代表来担任；同时，他们必须经常处于公众的监督之中，为选民负责，选民随时可以撤换他们；一切公职人员，无论职位高低，都只应领取相当于工人工资的薪金。只有这样，才能有效地防止他们由人民的公仆蜕变为凌驾于人民之上的主人。马克思认为，把权力交给那些受过训练的特殊阶层，这个阶层就会反对下层群众，把权力交给工人，则是可以放心的。

二、平均主义与中国民粹理想

在旧中国，汪洋大海般的小农经济是其独特的生产方式，因此，平均主义即对平等结果的追求在这里找到了自己最丰润的土壤。中华民族经济文化心态的作用是巨大的，在很长时间里，它严重影响到人们对马克思主义和社会主义的理解，甚至左右着中国决策者的意向。在中国人心目中，对“大同”

社会的美好憧憬是如此强烈，以至于当欧洲共产主义的幽灵登临和徘徊于中国大陆时，人们无不本然地运用自己久藏于心的大同图景，去理解和整合这个来自西域的价值理念，正像传统的中国人在面对异质文化时所一贯持有的吸纳与同化态度一样。

早在大同理想还未被系统地表述出来之前，孔子的话语中就已经有了平均主义的倾向。他说："丘也闻有国有家者，不患寡而患不均，不患贫而患不安。盖均无贫，和无寡，安无倾。"(《论语·季氏》)奠定了儒学道统的孟子也明确表达了自己对贫富悬殊的担忧，他指出，你的厨房里有肥美的肉肴，厩圈中有肥壮的骏马，而老百姓面呈饥色，原野上有饿毙之人，这就等于带领野兽去吃人。这样做的结果，只能是激起百姓造反。"桀纣之失天下也，失其民也。"(《孟子·离娄章句上》)大同理想载于《礼记》，《礼记》于战国时期问世，其中清晰而全面地阐述了儒家最高的社会理想。"大道之行也，天下为公，选贤与能，讲信修睦。故人不独亲其亲，不独子其子，使老有所终，壮有所用，幼有所长，鳏寡孤独废疾者皆有所养，男有分，女有归。货恶其弃于地也，不必藏于己；力恶其不出于身也，不必为己。是故谋闭而不兴，盗窃乱贼而不作，故外而不闭。是谓大同。"(《礼记·礼运篇》)这就是著名的大同理想，这段文字距今已有两千多年的历史了，现在读起来依然亲切感人，它关涉到生活资料的公共占有，选举产生社会管理者，以及人均享有生存权和工作权，等等。诚然，大同社会只是一个乌托邦，但它对民族心态的影响却是根深蒂固的。它曾经激励历代的有识之士为之而奋斗，也曾不同程度地给许多政治思想家和社会改革者以重要的思想启迪。宋代朱熹把《礼记》收入五经之中，从而使其正式成为儒学经典。可想而知，在中国这个儒教社会中，大同理想在历代士大夫阶层和下层百姓心里一直占据着核心位置，这其中体现出来的平均思想，不仅是封建统治者用来缓解矛盾和稳定社会的一种调节器，而且通过潜移默化，也成为寻常百姓社会价值观念的基石。从陶渊明的世外仙境"桃花园"，到李汝珍的海外"君子园"；从恢复井田制的构想，到农民起义中"均田免粮"的呼声，再到江湖好汉们"大碗饮酒，大块吃肉，论秤分金银”和“有福同享，有难同当”的人生信条，都无不与大同理想密切相关。其实，平均主义倾向何止是儒家的理想，老子曰：“天之道，其犹张弓欤？高者抑之，下者举之，有余者损之，不足者补之。天之道，损有余而补不足。人之道则不然，损不足以奉有余。”“朝甚除，田甚芜，仓甚虚。服文彩，带利剑，厌饮食，财货有余，是谓盗夸。非道也哉！”（《道德经》）自然的规律不是很像拉弓射箭一样吗？弦位高了的就把它压低，弦位低了的就把它升高，力太过的就予以减少，力不足的就加以补充。自然法则是减损有余，用以补给不足。可是，人们的一般处世准则并非如此，而是要减损不足，用来供奉有余。朝廷越奢华，农田就越荒芜，仓库也越空虚。这是多么不合乎“道”啊！在中国传统文化中，“儒道”从来就是相互补充、交相辉映、相得益彰的。儒道两家的经济思想都带有明显的平均主义色彩，由此可见平均主义对中国传统文人的思想影响之深。

在中国文化中，并非不存在反平均主义的思想，然而，在儒学的强大遮蔽和强攻猛击下，它只能在文化舞台上退隐或退场，这就是墨家学说。只有墨家才第一次深刻地提出，求富贵是人性的共同欲望，进而明智地主张以物质功利为调节杠杆，来控制社会机构的运作。因此，它认为，必须用富贵的流变替代地位的僵硬，才能达致赏贤以网罗人才的目的。研究和探索有效的统治策术，是春秋战国时期诸子百家的共同兴趣所在，墨家也不例外。墨子认为，对于治国者而言，最关键的是要把尊崇贤良和任用有才能的人作为主持政事的方针，以便使更多的人才归依于他。“今也天下之士君子，皆欲富贵而恶贫贱。”（《墨子·尚贤下》）既然贫贱者孜孜以求达到富贵，富贵者想方设法长保富贵，富贵是一切阶层人们生活的目的，那么，统治者就应该把富贵作为一种网罗人才的手段。比如，要想增多本国的射箭好手和驾车能手，就必须使他们俸禄多、爵位高、受尊敬、有名誉，这样才能达到目的。对于那些有德有才的贤良之士更应该如此，这些人本来就是国家的珍宝，只有使他们俸厚爵高，有名有利，才能使人才向往，贤能趋归。人才选拔的唯一标准就是贤能，除此之外，不应受其他任何条件的限制。墨子说，在古代圣王主持政事时，提拔有德之人，尊崇贤良之士，即便是农夫工匠，只要有才能，就加以提拔，给予高爵位、厚俸禄，并授予专职和决断命令之权；而对没有治国才能、计较个人私怨的人，则应当不留情面地予以贬斥。可见，在墨子心中，富贵之利是绝不能由社会中的某一特权阶层来垄断的。他并不反对贵贱等级的存在，然而他坚决主张，等级地位应该依据个人才能的大小而定，应该处于不断的升降运动之中。“贤者举而上之，富而贵之，以为官长；不肖者抑而废之，贫而贱之，以为徒役。”（《墨子·尚贤中》）可见，墨子所憧憬的是一个机会均等的社会，这在等级森严的封建历史中是难能可贵的。

可是，墨家学说却被人贬抑为一种完全的功利主义说教，完全以功利主义为其目的，因而具有一种极为露骨的世俗劣根性。的确，墨家过于讲求实际而缺少形而上的关怀。然而，我们眼中，功利主义的最大优势在于，易于进入制度性和操作性层面，以此激发整个社会的活力。所有功利主义价值观都基于同一个起点，即追名逐利是人的天性。墨子坦言：“虽有贤君，不爱无功之臣；虽有慈父，不爱无益之子。”（《墨子·亲士》）“圣人有爱而无利，儒者之言也；天下无爱不利，子墨子之言也。”（《墨子·大取》）“爱厚而利薄，不如爱薄而利厚。”（《墨子·大取》）承认追求物质利益是人性使然，也许有些令人难堪，但却是明智之举。近代以来的西方人正因为意识到并成功地利用了这一点，才创造出了举世瞩目的辉煌业绩。罗素曾说，在一定程度上，文明是由社会不公推进的。凯恩斯也说，要注意！至少在一百年内，我们还必须对己对人扬言美就是恶，恶就是美；因为恶实用，美不实用。我们还会有稍长一段时间要把贪婪、高利剥削、防范戒备奉为信条。只有它们才能把我们从经济必然性的地道里引领出来见到天日。甚至连黑格尔和恩格斯都认为，在某种意义上说，“恶”是社会发展的动力。反之，一个不能有效履行“赏善罚恶”功能的社会，势必会沦为魔鬼横行、罪恶肆虐的界域。遗憾的是，墨家的这些思想在中国这个泛道德主义的儒教社会，却倍受人们的冷落和鄙夷。其实这并不奇怪，因为在儒生们看来，君子的高尚与纯洁就在于念念不忘修齐治平，念念不忘肩荷改造社会人生的道德责任，他们当然与斤斤计较于功名利禄的“小人”格格不入。正如王阳明于《传习录》中所言，知行合一的要旨即在于彻根彻底不使那一念不善潜伏在胸中。一念不善都不能存留，还妄言什么追名逐利。然而，对荣华富贵的向往是人性中固有的欲望，无论怎么压抑它都会顽强地表现出来，包括大多数儒士也不例外。既羞于言利又摆脱不了利益的驱使，其结果只能变为一批自觉或不自觉的假道学家。在生活中，我们常常会发现这样一些人，他们在公开场合中说出的言辞是最美妙动人的，比如“毫不利己专门利人”等话语。如果仅从这一点来评价，他们无疑是世界上最可爱、最令人敬重的人。然而在私下里，他们却工于心计、善于钻营，比任何人都有过之而无不及地为自己牟取大量公开的与隐秘的、合法的与非法的利益。他们在言行上的反差实在令人瞠目，我们不得不感叹，这与中国儒教这一特殊文化不无关系。我们发现，一切超功利主义的初衷都是高深和纯洁的，但当我们把其运用于实际生活时，它们所造成的后果却无一例外地与其初衷大相径庭。究其原因，就是它们对人性作了乐观的和过于完美的估价，进而对理想人格作了过高的和不切实际的定位。相比之下，功利主义则要坦诚和清醒得多，正因其坦诚和清醒，当它介入生活时也就有效和安全得多，至少不会被严重扭曲。这就是人在生活中常常遭遇到的二律背反：越想追求尽善尽美，洁白无瑕，结果却是出人意料地混浊不堪。

在《天朝田亩制度》中，平均主义理想再一次得到了更为系统而详尽的阐释。它宣告：首先，取消一切私有经济，“人人不受私，物物归上主”。一切土地收归公有，然后按产量分为九等，好坏搭配，照人口平分使用。其次，一切生活资料及家副产品，一律归公。即“凡当收成时，两司马督五长，除足其二十五家每人所食可接新谷外，余则归国库。凡麦、豆、苎麻、布帛、鸡、犬各物及银钱亦然”。也就是倡导生活一体化，大家吃一样的饭，穿一样的衣。为了实行消费上的平均，假如有的地方丰收，有的地方歉收，就采取了“丰荒相通”的办法，一律拉平。即“此处荒，则移彼丰处以赈此荒处；彼处荒，则移此丰处以赈彼荒处”。可见，令洪秀全和太平军欣羡和向往的，是那个“有田同耕，有饭同食，有衣同穿，有钱同使，无处不均匀，无人不饱暖”的绝对平均主义社会。这就是中国历史文化的特点，任何中国文化的传承者和创造者都很难超越它那持久的惯性作用，任何中国文化的研究者都无法忽略和回避它那公开或潜在的存在事实。平均主义这一文化机制在两千多年的中国封建史上从未受到过冲击，相反，在这个广阔丰沃的小农经济的土壤里，它被培育得根深蒂固、枝繁叶茂。唯有现代商业文明的疾风骤雨才能将其荡涤净尽。然而，在我们这个以农立国的古老国度，工商业的发展极度不顺利，超稳定的封建社会结构使新的生产因素迟迟难产。直到优越刁蛮的外国列强借助工业文明所创制的“坚船利炮”轰开了中国紧闭着的大门，人们这才感受到了从未有过的危机。

正当中国人刚刚领教到洋枪洋炮的厉害，从而立志奋发学习西方科技的时候，资本主义世界的衰微症候却开始显露。饱受丧权辱国羞耻的中国人在马克思主义那里找到了自己强烈的共鸣，从此，中国人不得不担负起两大历史任务：一是解构半殖民地半封建的制度，以便使自己从长期的愚昧、落后和保守的状态中挣脱；二是力求避免重犯西方社会的错误。历史不青睐中国人，它不仅不把顺利发展的机遇赠予他们，反而把如此错综复杂的局面摆在他们面前。中国人既要反对封建主义，又要出自本能地反对使自己受尽屈辱的资本主义；既急需进行思想启蒙，用科学和民主武装全民，又同样迫切地需要抵御西方刮来的血雨腥风。事实上，对资本主义批判从来就有两种方式：一种是卢梭式的，另一种是马克思式的。卢梭是发现西方工业文明负值效应的第一个哲学家，他那痛彻肺腑的呐喊——文明是道德的沦丧，理性是感情的压抑，进步是人与自然的背离，是如此富有见地，以至于对后人造成了极为深远的震撼和启迪。然而，卢梭开出的救世方案却是往后倒退的，他厌恶文明与进步，甚至认为科学艺术是一切罪恶的根源。马克思却是一位历史进化论者，他非但不否弃现代文明，反而认为，未来理想社会必须并且只能以此为基础。也就是说，马克思对资本主义的批评，不是以过去而是以未来作为参照物的。

追求社会公正是毛泽东毕生奋斗的目标，在革命年代，毛泽东十分自觉地意识到，要把中国的民众，主要是农民发动起来，就必须根据农民实际的和直接的需要，制定自己的近期纲领与步骤措施。在土地革命时期，毛泽东用最能打动农民心田的“打土豪，分田地”“重征富人，分财予穷人”的口号，在某种程度上代替了“共产主义”和“自由、平等、民主”的宣传。千千万万赤贫如洗的人们冲着这些口号与行动加入了革命的行列，所经区域的群众也由此把这支军队视为穷人的部队而热烈拥护。虽然红军和以后的八路军、新四军和人民解放军战士都受到了马克思主义的教育，但世代务农、生长于小农经济中的这些人，是很难深刻理解产生于大机器工业社会的马克思主义的。共产主义在他们心目中就是均分财富，共暖共食的大同社会。埃德加·斯诺在著名的《西行漫记》中是这样来描绘陕甘宁边区的：“不论中国共产主义运动在南方的情况如何，就我在西方所看到的而论，如果称之为农村平均主义，较之马克思作为自己的模范产儿而认为合适的任何名称，也许更为确切一些。”“共产党在西北所以受到群众拥护，其当前的基础显然不是‘各尽所能，各取所需’，而是有点像孙逸仙博士的主张：‘耕者有其田’。共产党可以自居有功的一些经济改革措施中，对农民最有意义的显然有这四项：重新分配土地，取消高利贷，取消苛捐杂税，消灭特权阶级。”[①] 中国近现代的许多知识分子都曾抱怨过中国民智未开，特别是广大农民对于社会政治表现出普遍的冷漠和麻木，他们对此十分无奈。毛泽东在这一点上却具有近乎神奇的力量，其实说到底，这种神奇力量无非是来自他对现实情况的了如指掌，了如指掌到运用自如、随意操纵的地步。

领袖常常以“人民”的名义来发号施令，人民之所以是美德的化身是因为领袖是人民的化身，因而领袖永远是伟大正确的。极端民主化的恶果多半出现于专制国家，这一现象是发人深省的。密尔在《论自由》一书中对法国大革命的经验总结中指出，法国式的自由是平等为先的自由，是个人自由被大众平等扼杀的自由，必须受到严格限制；个人自由与大众平等可以并立，

① 埃德加·斯诺：《斯诺文集》第2卷，董乐山译，新华出版社，1984，第201页。

但是一旦冲突，个人自由、个人价值应毫不犹豫地占据于平等之先。在此之前，人们只知道一个君王的暴虐，在此之后，人们才总结出法国革命中已出现有一种“多数人的暴虐”——平民暴虐，而“多数人的暴虐”并不亚于“一个人的暴虐”。

三、马克思的憧憬：自由状态下的平等

人类对平等的向往与对自由的渴慕一样久远。然而，在历史活动中，人们却常常发现这两种理念不时地出现冲突，这些冲突有时甚至是难以调和的。我们在前面已经涉及，如果把平等理解为一种无差别的齐一性，那么势必会使个人的自由受到压制：追求思想上的齐一性，会扼杀人的个性和创造力；追求经济收入上的齐一性，会挫伤人的劳动热情，使人变得慵懒怠惰而缺乏进取精神；追求社会地位的僵硬不变的齐一性，不仅会使精英人才无法脱颖而出，而且还会造成“多数人的暴虐”的局面——多数人对少数人的统治，对少数人自由的剥夺。即便是奉行机会均等和规则公正的价值观，也可能在一定程度上与自由理想发生矛盾。如果我们把自由理解为人是自己的主人，他应该在不受任何奴役、操纵、恐吓和诱惑的情况下，独立自主地做出判断和选择，那么，即使起点平等，也不能使人达致这种充分自由的状态。起点平等观以物质利益作为唯一的调节杠杆，它不仅首肯人的物欲，而且还无休无止地把人的物欲从沉睡中唤醒，使其恶性膨胀，恣意蔓延，使人成为自己欲望的奴隶。这就是崇尚自由主义的工业化国家中人的另一种不自由。早在一个半世纪以前，这种不自由状态就已被马克思注意到，并十分尖锐地提出来，同时，他还以一个哲学家的高度睿智和洞识向人们昭示：任何一种有关平等的理想追求所要企达的目标，说到底都不过是形式上的平等；用同一尺度去衡量不同的人（无论是天赋才能、生理需要还是生活境遇的不同），其结果只能导致事实上的不平等。可见，在马克思的理想天平上，自由显然是重于平等的，他所诉求的理想社会，恰恰是向以前所有旧平等观作永久性告别，是与人的充分自由相连接，它表征着人从一切奴役状态中彻底解放，最终获

得真正自由人的地位。

“自由”既是马克思学说的起点，又是其归宿，为了维护个人的自由，马克思特别谈及了“真实的集体”和“虚构的集体”之间的区分。他指出，在阶级对立的状态下，个人不是作为个人而是作为阶级的成员加入集体即阶级中去，这就使这一集体具有了一种独立于个人之外的性质，它主宰着个人的思想，操纵着个人的行为。因此，这个集体是虚构的集体。在未来的共产主义社会中，由于消灭了阶级和阶级斗争，真实的集体就取代了虚构的集体。真实的集体绝不是凌驾于个人之上的独立实体，它除了保护个人的独立自由和调节人与人的关系之外，别无其他的职能。马克思还明确告诫世人，“应当避免重新把‘社会’当作抽象的东西同个人对立起来”。马克思十分清楚，平均主义所追求的那种齐一性，在根本上是违背人的自然本性的。因此，它必须诉诸社会的强制性手段才能实现。结果的平等必然以牺牲个人的自由为代价，这是绝对不可取的。在《共产党宣言》中，马克思和恩格斯痛斥了平均主义，他们说，那些追求平等结果的人，平均的欲望是如此强烈，以致不能被所有人作为私有财产占有的对象就可能被列为消灭的对象；不能为所有人均衡禀有的才能是不容许存在的才能，为了舍弃个别人那里的特殊才能甚至可以诉诸社会的强制。一个把自由作为最终的价值理想去追求的伟人，其思想本然地与权利和机会的平等结缘，而与结果的平等即平均主义相悖。道理应该非常简单：人们在体力和智力方面存在着先天和不可忽视的区别，在实际工作中，人们劳动的勤勉程度也是不同的，因此，他们对社会所做的贡献就是不同的。只要不加以人为的限制，他们所得的回报就应该是不同的。这就是说，在一个自由宽松和健康活跃的社会中，人们会尽量地挖掘和尽情地发挥出自己的潜能；反之，在一个因压抑和禁锢而令人窒息的环境里，人们则毫无生机与活力。在其他社会和政治领域，马克思同样把自由的旗帜高高扬起。他坚决反对国家权力对个人自由的粗暴干涉，在早年，他曾为捍卫人的信仰自由、言论自由和出版自由发表过一系列文章。他说：“没有出版自由，其他一切自由都是泡影。”我们在前面谈及马克思只是在一个地方有所失足，这就是当他追求人们在社会地位上的齐一性时，其学说带上了或多或少、或隐或显的民粹主义色彩。

马克思强烈反对像宗教教徒那样用肉体的自戕来获得心灵的自由和教徒间的平等。他反复声言：理想社会必须建立在社会产品极大丰富的基础上；为了实现这一点，在理想社会的前期准备阶段，就应该而且只能在公有制条件下，坚持“按劳取酬”的起点平等原则。马克思对资本主义经济剥削的揭露和批判是人所共知的。他指出，由于劳动力特殊的使用价值即劳动能够创造出剩余价值，因此从表面上看，资本家和工人在市场上所从事的买卖交易是自由和平等的，然而从生产和分配的实际结果上看，资本家却在榨取工人的剩余劳动。在这里，原则和实践之间出现了矛盾。社会主义革命的任务正在于，使生产资料从资本家借以剥削工人的资本形式，转变为被社会全体成员共同占有的财富。只有在这时，社会才能真正实现每一个生产者，在做了各项扣除之后，从社会各方面正好领回他所给予社会的一切。然而马克思深知，在消灭了剥削之后的社会主义社会，人们之间的不平等关系还是没有被彻底铲除——社会分工依然存在，工农差别、脑力劳动和体力劳动的差别依然存在，个人的才智和技能依然被局限在他所从事的行业的狭窄范围内；在这种情形下，人们继续把劳动作为谋生手段是必然的，这时他们既不平等，也不自由。为了彻底消灭这些不合理现象，除了依靠社会生产力的高度发展之外，没有别的手段。马克思平等观与平均主义的最大区别就在于，后者的平等理想是建立在普遍贫穷的基点上，而前者的平等理想则是以物质财富的极大丰裕为前提。他曾经批评平均主义是对整个文化和文明的世界的抽象否定，是向贫穷的、粗野的和没有欲望的人——这种人不仅没有超越私有财产的水平，甚至从未达到私有财产的水平——的违反自然的单纯性的倒退。他指出，共产主义是彻底地、自觉地保存了以往发展的全部丰富成果的。生产力的高度发展之所以是绝对必需的实际前提，还是因为如果没有这种发展，那就只会有贫穷的普遍化；而在极端贫困的情况下，就必须重新开始争取必需品的斗争，也就是说，全部陈腐的东西又要死灰复燃。马克思认为，“按劳分配”是社会主义社会用来刺激劳动者的生产积极性，进而达到尽快尽多地积累财富的最有效手段。马克思是一个历史主义者，在他的眼中，社会的一切现象都不过是历史长河中的匆匆过客，短暂而易逝，人性是如此，一切基于人性而建构的平等观念也是如此；平等理念是特定历史的产物，在这一特定历史关系中，这种平等理念是唯一合理的。他在《哥达纲领批判》中强调：权利永远不能超出社会的经济结构以及由经济结构所制约的社会的文化发展。既然社会主义社会刚刚从资本主义社会中脱胎出来，它在经济、道德和文化各方面还带着旧社会的痕迹，那么，我们就不能对人性作过高的估计，就不能指望人把劳动视为自己的第一需要。在这种状况下，实行机会均等和按劳取酬的起点公平原则就是唯一合理的和正义的。

近代以来，西方人的平等观和自由观是相互匹配的，起点的平等与个人的自由在学理上是基本一致的。自由就是一个人在不受外力强迫的情况下做他想做的事情的权利，即个人有权在处理个人事务方面独立地做出判断和选择，他人和社会无论出于怎样的善意，都不能代他行事。自由意味着独立自主，自我决定，因此，它与任何一种依赖感毫不相干。自由还是一种责任，既然一个人讨厌别人为他做主，那他就必须勇敢地面对生活，承担起为自己和家庭其他成员的生计而努力工作的义务。自由意味着奋发有为的进取精神，它与任何一种消极怠惰的情绪均无缘。诚然，自由必须是有限制的，否则，一个人在自由地行使其权利时，就有可能对他人造成损害，自由应该建立在这样一个前提下：承认与尊重他人的同样的权利。正是在这一点上，自由与平等相联结。国家的职责就在于保护每个社会成员的平等的个人自由，在经济领域内，国家应当为正常健康的公民创造自食其力的条件，也就是说，国家应向公民提供均等的机会，使他们能够依靠本身努力，去获取自己所需要的一切。自由主义者之所以反对结果平等，反对把政府当作慈善机构，就在于慈善与激励人的自主意识和进取精神的原则不相符合。慈善是对不幸和失败的补偿，它会降低人自助自救的价值，从而转化为对懒惰的容忍与鼓励。经验告诉人们，失败者依靠政府救济而取得与一般人相近的生活水准，这种政策将营造出这样的风气：不必辛勤劳动，仅仅凭借他人和政府的帮助就可以生活得不错。因为个人的主动精神被严重挫伤，劳动生产率将会大大下降，全社会将会更加贫穷。自由主义在自己的发展进程中也经历了一个自我衍变和自我更新，使之趋向更为合理的过程。早期的自由主义一味强调不受政府干预的契约自由和贸易自由，后来人们发现，在完全放任的情形下，有时候契约自由和贸易自由仅仅是一种假象，在实质上可能含有强迫交易的成分。弱者表示同意的方式，就好比一个失足掉进深渊的人，同意把自己的财产送给那个不肯按其条件扔一根绳子给他的人。这不是真正的同意。真正的同意是自由的同意、充分的同意，自由意味着缔约双方的平等，这时政府的干预作用就是正当的。正如政府通过禁止身体较强壮的人杀害、殴打、掠夺邻人，从而为所有人争得初步自由一样，政府也通过制定一系列法律来防止一个人利用其有利条件损害他人，这就使所有人获得了更大的自由。比如，法律应维护工人的安全以及规定工作的卫生条件；规定工人的工作时间和最低工资标准；规定禁止使用童工；规定雇主必须对工人在工作时间内受到的一切伤害负责等。在这些条件的保障之下，契约自由就有了更多的公平性质。可见，在近现代社会，个人自由和起点平等始终处于动态的平衡和协调之中。我们认为，这种平衡和协调是一个健全社会必须具有的功能，这就是说，一个良好的社会组织，应当给人以尽可能充分的自由，以便维持并刺激个人独立自助的精神；同时，它还必须创造一些基本条件，使人与人之间尽可能公平地竞争，以防止有人滥用其自由。其实，马克思在设计社会主义社会时，总的思路也未尝不是这样。在他看来，之所以要建立公有制，就是想制止资本家利用其有利条件剥削工人，使工人失去自由而沦为奴隶；就是想通过制度创新，为真正的起点平等铺平道路（虽然他不曾预料到公有制本身的弊端）。之所以要在一个长时间内坚持按劳分配的原则，就是要激发起劳动者的工作热情和主动精神，使社会生机勃勃，使社会财富如泉水般涌流。尽管在社会主义社会的实际建构中出现了诸多的问题和麻烦，但这绝不表明马克思的总体思路是毫无价值的，事实上，在东西方社会的改革中，马克思的这些见解都无疑成为其重要的理论依据，因此，东西方人都公认，马克思不愧为近千年来最伟大的思想家之一。

毋庸讳言，在马克思心目中，按劳分配的平等权利不是人类的终极理想。在平等价值的意义上，按劳分配的进步性在于，它不承认任何阶级差别，每个人都同其他人一样是同等劳动者。然而，它的缺陷则是默认不同等的个人天赋，默认不同等的工作能力是天然特权。由于它使用同一尺度对待不同的人，所以就它的内容来讲，它像一切权利一样，是一种不平等的权利。事实上，马克思在进行未来社会的构想时，他那高远深邃的运思早已超越了以往一切平等权利狭隘眼界。马克思告诫人们，形形色色的平等权利都有一个共同的弊端，即用同一个标准去衡量千差万别的人。按劳分配也不例外，它把人只当作平等的劳动者而不是作为独立的自由人来看待，它有一个不言而喻的前提就是，劳动不能使人获致愉悦的心境，劳动不是人的自由的体现，而只是人用以谋生的手段。一句话，按劳分配是社会历史在物质和精神两方面都还未充分发展的特定阶段的特定权利，在这个阶段，人并没有得到彻底的解放——人还未朝着符合自己本性的方向复归。马克思认为，人的自由解放存在于真正物质生产的彼岸，标示着人从一切物对人的统治中挣脱，那么，理想社会就应当是这样一幅画面：在这一社会中，人们业已超越了一切形式上的平等，这种超越与“自由”这个人类的本质特性和终极目标相契合；平等与自由成为一而二，二而一的东西，平等即自由，自由即平等，二者之间再也没有丝毫的冲突。起点的平等从表面上看来，是与自由理念相一致的，但实质上它却把所有人都仅仅视为劳动者，把物质功利当作人的活动的唯一激励机制和调节杠杆。在它的后面，隐含着对这样一种观念的首肯和赞许：劳动是为了更好的谋生，人的一切非凡智慧和卓越才能，坚强意志和奋发进取都不过是获取优裕的物质生活和优越的社会地位的手段。它的立场可以化简为一个口号：你想获得更多吗？那你必须干得更好。原本是本质和目的的劳动现在却衍变为手段，物质实利占据了本质和目的的位置。现代平等观刺激人的物欲，鼓励人的物欲，是它创造了一个物欲横流的社会。在马克思眼中，一个完全受自己欲望驱使的人绝不是自由人，把功名利禄当作人生唯一的或最高的价值去追求，这是使人陷于奴役境地的另一种形式。马克思说，钱是从人异化出来的人的劳动和存在的本质，而现在这个外在本质却统治了人。因此，自由人必须从这一状态中解放出来。

当今世界的许多令人担忧的现状，愈来愈使我们真切地感受到了马克思这一思想的分量。从后工业化国家的人均收入来看已经是相当富足了，然而，这些国家还在持续不断地想方设法刺激人们的消费欲望，以此来维持其繁荣兴旺和长盛不衰的物质生产。它们还在浪费性地开发自然资源，以牺牲后代人的幸福来满足自己的需要。为了争夺资源，它们不惜发动战争，让弱小民族付出生命的代价。人们在已被刺激起来的虚假欲望的诱导下不停地忙碌，不停地赚钱，不让自己有一点闲暇时间和私人空间来丰富与充实自己，自由地发展与发挥自己的才能，因此，物质丰裕、精神匮乏已成为普遍现象。实际上大多数后发现代化国家也在步它们的后尘，这里的状况比它们好不了多少，甚至更加严重。可以想象，当初马克思在论及这些问题时，他的情怀是多么高远博大，他的视野是多么开阔幽深，他根本就是在探索一个最古老最本原的哲学话题，人是谁？人从哪里来，要到哪里去？的确，人的需求是无止境的，自然资源却是有限的，人的生命和精力也是有限的，人类将去向何方？是继续在追名逐利中耗费自己的体能和才智，直到形神皆惫、心力交瘁后走向死亡，还是另辟蹊径，以适度消费的有限牺牲，来换取平衡的心态，超越的境界和丰赡的内涵，进而找寻一条人类全面发展和最终解放之路？这就是马克思给予当代人的启迪，是马克思馈赠给人类的一份丰厚的精神遗产。

马克思十分清楚，人类要获致彻底的自由解放，还有一段漫长艰难的路要走。他指出，消灭阶级，是人类实现自由平等的第一个前提。他认为随着阶级差别的消灭，一切由此差别产生的社会和政治的不平等也就自行消失。意思就是，只要存在阶级和阶级差别，在社会中，某个特殊的社会阶级就会拥有一种特权，他们凭借自己对生产资料的占有，来取得政治统治，教育垄断和精神领导。消灭奴隶般的分工，是人类实现自由平等的另一个前提。分工推进了经济的发展和社会的进步，但与此同时，它又使人愈益畸形化和片面化。体力劳动和脑力劳动的分工，直接为阶级对立和阶级统治奠定了基础；城市和乡村、工业和农业的分离，使农村人口陷于数千年的愚昧，城市居民受到各自专门手艺的奴役。特别是机器大工业，更使工人沦为机器的单纯附属品。随着分工的日益精细化，不仅工人，而且一切所谓“有教养的等级”都被自己肉体和精神上的“类似”所奴役，为自己由于受专门教育和终身从事专门技能而造成的畸形发展所奴役。因此，马克思在构想未来理想社会时提出，在共产主义高级阶段上，迫使人们奴隶般服从分工的情形已经消失，从而脑力劳动和体力劳动的对立也随之消失。任何人都没有特定的活动范围，每个人都可以在任何部门内发展，社会调节着整个生产，从而使每个人有可能随自己的心愿今天干这事，明天干那事，上午打猎，下午捕鱼，傍晚从事畜牧，晚饭后从事批判，但并不因此就使之成为一个专门的猎人、渔夫、牧人或批判者。这就是说，在马克思看来，人的自由解放就是人的全面发展。

马克思向我们标举的绝不仅仅是一个虚幻的乌托邦。在当代，分工所造成的僵硬界限已经被打破，它的弱化或软化不再是神话，伴随着工业文明的发展，农业将全面实现产业化，乡村将逐步走向城镇化，农业人口将大幅度减少，旧式农民将转变为新时代的农民。目前，在中国，一个人要终身从事一种固定的职业已经变得困难，相反，这样的趋向变得愈来愈明显：工业文明和市场经济要求在企业、单位与个人之间实行双向选择，早先的部门所有制正在消解，人才的自由流动已成为普遍现象；当企业进入市场竞争时，市场选择就成为决定企业命运的唯一标尺，企业的转产和破产随时可能发生，因而单一技术性人才已经显得过时，社会更加欢迎那些活跃在各个领域中的多面手。与之相适应的是，中国的教育也开始转向，培养宽口径的复合型人才是新世纪的目标。诚然，马克思能够馈赠给我们的只是一种宏观的价值理路，它的明晰化和具体化还有待于人们在历史活动中的创造性发挥。在现实中，劳动职能的变换确实不像马克思笔下所描绘的那般浪漫、轻松和愉悦，相反，每一次工作的变动，都伴随着单位与个人难以言说的焦虑和痛苦、难堪与无奈，伴随着许多人必须付出的牺牲和代价。在这里，我们宁可把马克思关于未来社会的构架性描述，作为一种价值理想的范型，人类的历史活动即便不能彻底实现它，至少也可以最大限度趋近它。康德在《纯粹理性批判》中品评柏拉图的理想国时曾说过这么一段话：此种完善国家固绝不能实现，但无碍于此理念之正当，理念欲使人类之法律制度日近于最大可能的完成，提此极限为其范型耳。今天，我们借用康德的这段话来评价马克思的这一理想，是再贴切不过了。

“按需分配”是人类实现自由平等的第三个前提。我们在前面业已指出，社会财富的极大丰富为人的自由解放提供了物质条件，阶级差别和奴隶般分工的消除为人的自由解放奠定了社会基础。“万事俱备，只欠东风”，这个东风就是把劳动从异化状态中解放出来，使其从谋生之手段提升为生活的第一需要，而按需分配是解放劳动的首要的和基本的途径。在按需分配后面潜存着的是这样一个理念：劳动不再是被迫的肉体和精神折磨，令人烦恼不堪的重负；相反，劳动成为人类尽情展现自己本质特性的唯一方式。异化劳动曾经在数千年的文明中攫夺了人类的自由天性，而现在，解放了的劳动又重新把自由交还给人类。正是在这个意义上，马克思才说：“任何一种解放都是把人的世界和人的关系还给人自己。”[①] 显然，只有在按需分配的条件下，人们才不再为生计而奔波忙碌，为物欲所牵所累，才会把劳动视为一种必需的、有益的和愉悦的创造性活动。也只有在这个时候，人们才能真正感受到，自己的心智才华和创造灵感需要在劳动中得以显现，自己的知识能力需要在劳动中加以全面发展。

按劳分配当然不是平均分配。马克思说得很清楚，由于人们各自的情况不同，他们的需要也不尽相同，因此，虽然他们从社会消费品中分得的份额是相同的（平均分配），但是实际结果却并不一样。而且，如前所述，马克思对待平均主义的批判立场是始终一贯和旗帜鲜明的。从马克思平等观的整个

① 中共中央马克思恩格斯列宁斯大林著作编译局编译《马克思恩格斯全集》第1卷，人民出版社，1956，第443页。

语境来看，按需分配与平均主义的最大区别就在于，前者要求摆脱物对人的操纵，以实现物质利益和精神需要之间的平衡，并认为只有在此前提下，人才能达到彻底解放和真正自由；后者抱着一种病态的攀比心理，关注和看重的是如何把人们的经济收入和物质实力拉平。因此，它不是对物欲的超越，而是更加受制于物欲的摆布。然而，为什么人们还是常常有意无意地把各尽所能、按需分配与平均主义相联系？细想起来，这二者之间确实有一个共同点，此即二者都不认可人们不同的工作能力和努力程度是天然特权。马克思认为，在未来社会中，人们的体力和智力都得到了全面发展，工作能力的差距会逐渐缩小。这时，全体社会成员都成了生产资料和社会的主人，他们的精神和道德面貌也会随之焕然一新，以往的消极怠惰将不复存在。然而，我们怀疑，人们天赋的差别可以缩小到忽略不计吗？人性真的会趋于完美吗？

人的需要不是常量而是变数，倘若把物质需求作为一个静止恒定的量来对待，其结果只会使整个社会如死水一潭，了无生气，这样的苦头我们已经吃尽。可是，倘若人的物质需求无限或恶性膨胀，又势必会反过来压抑人的精神世界，这样的苦果我们正在品尝。人类的这个两难命运恐怕是马克思未曾想到的。我们认为，马克思对人性中的贪得无厌估计不足，他相信只要物质财富极大丰赡，人们就能知足，并自觉自愿地把自己的兴趣转向高质量、高品位和高境界的精神生活中去。问题是，什么叫作丰赡，对于物质需求无止境增长的人类来说，永远不会有丰赡可言。今天，人类的物质生活从形式到内容所达到的水平，是几十年前的人无法想象的。然而，人满足了吗？也许并没有。他们甚至比几十年、上百年前的人们更加贪婪，更加迷恋和沉醉于各式各样的物质享乐。试想，在当今，把读书和思考作为不可或缺的生活乐趣的还有几人！绝大部分人把绝大部分时间和精力都投放到追名逐利之上，他们与闲暇和优雅的生活早已久违。我们认为，马克思历史学说的伟大意义就在于，他指出，人类的终极目标应该是彻底摆脱一切物的奴役和外在必然性的束缚，从而向最符合人的本性的自由王国挺进。这一思想对当今人类的生活具有极大的指导意义。既然人从物欲中解放不可能体现为一个自然而然的过程，那么，唯一切实可行的办法就是，凭借人为的引导，使愈来愈多的人（不可能是全部，甚至不可能是大多数）自觉地抑制自己已经膨胀的物欲，以适度的消费水准换取身与心的自由，所谓"适度"，就是不以牺牲人心理健全和精神丰富为限度，当然这种引导必须是非强制的，是以唤起人的道德自律为宗旨的。从这个意义上说，把马克思及其学说描述为它秉承了一种西方传统的救世主义精神也未尝不可。

四、真正的平等：超越精神胜利法

中国传统文化对待自由与平等的关系的态度是十分独特的。儒、释、道三家对物质功利都表现出极大的蔑视，认为人的自由就在于在贫困的逆境中能守护住心性，在于能够达致一种超然物外的境界；然而，当他们谈及平等时，又几乎无一例外地认为人摆脱不了在物质利益上的攀比心理，而主张对社会资源和物质财富做较为平均的分配。中国人的自由观与平等观似乎源自两种截然相反的心理倾向，一种是倡言贪欲后获致的轻快与自由，另一种是认可物欲的天然合理性，强调人们在物质生活水平上的趋同，会使人获致心理上的放松与释然。但是，这两种观念之间又具有密切的联系，这就是，它们同出于一个社会文化背景——以小农经济为基础的前工业社会。的确，在经济贫困的社会中，人只有尽可能地压抑自己的各种欲望，才能赢取一种阿Q式的"洒脱"。从实质上讲，这种所谓的"洒脱"是对极贫中人的绝好的心理抚慰和精神麻痹。对于一个生产力欠发达，同时又不注重和切实寻求其发展之途的社会来说，只有强调在物质上的低水平趋同，才会较为有效地防止人们为生计所迫，起而造反。这是任何稍具现实主义态度的统治者和思想家共同持有的主张。中国式的自由与平等亦形成奇特的交互作用，禁欲中的自由使人更加疏于生产，经济的落后又使人更加求助和依赖分配的平均。我们发现，无论那些主张回归传统文化的人士把其美化到何种程度，这种反自然和反人性的"平等"与"自由"都与政治上的强权相联系。换言之，这一"自由"与"平等"的虚妄就在于，它们是以最不自由和最不平等的方式来实现的。

在中国历史上，运用政权的力量来实施平均主义的典型莫过于太平天国。太平天国的平均主义理想，最早体现在圣库制度中，并且实行于金田起义之前。为了做好起义前的准备，各地拜上帝会的会友首先会到金田村集中。那时他们已将自己的田产屋宇变卖，易为现金，并将一切所得缴纳于公库，全体衣食俱由公款开支，一律平均。起义后，圣库制度发展成为事纪律，规定“凡一切杀妖取城所得金宝绸帛宝物等项，不得私藏，尽缴天朝圣库”。洪秀全曾经一再重申这条禁令，强调违反者必从严惩处，甚至斩首示众。应当承认，在战时艰苦条件下，这一圣库制度有效地加强了官兵之间、士兵之间以及军民之间的团结，保证了军队的给养，防止了贪赃掳掠，进而提高了太平军的战斗力。

然而，进入天京之后，太平军把自己的平均主义理想在城市中也进行了大胆的尝试。他们将天京城内各种手工业作坊和手工工场的工人，按其技艺，分类集中，称为“诸匠营”和“百工衙”；把生产资料收归国有，取消了个体手工业，由政府派官管理，组织集体生产；取消了私营商业，废除了货币，人民日常生活用品由太平天国政府统一供给；家庭拆散了，把男女老幼按性别年龄分别聚居于各馆之中。天京城里的生活一体化了，社会组织也军事化了，以前经济繁荣的天京城，一下子变成了萧森冷清的大兵营。

在传统中国人的心目中，这就是心仪已久的平等社会。在这里，没有富人与穷人，没有主人与奴隶，似乎真的实现了“老有所终，壮有所用，幼有所长，矜寡孤独废疾者皆有所养”。他们从未认真仔细地想过，人与人是有区别的，有体力强弱的不同，工作勤懒的不同；硬要在不同的人中追求同一的消费结果，这实际上是另一种掠夺，因为它势必会使一部分人无偿占有另一部分人的劳动成果。这种不平等所产生的破坏性之所以远大于贫富间的不平等的原因就在于，由于它的导向作用，会造成强者变弱，勤者变懒，社会经济长期得不到顺利发展。不仅如此，平均主义是凭借政治权力和经济强制来实行的，处于强权之下的人们，其命运犹如没有灵魂的工具，何谈自由与平等，私有财产是人的独立人格和自由权利的保障，失去了它，意味着失去了一切。太平天国的平均主义尝试导致了生产力的大破坏，处处平均的结果，不是“人人饱暖”，而是普遍的贫困。粮食来源中断了，不要钱的“大锅饭”吃不饱，只好平均地喝稀粥。当生存成为当务之急的时候，平均主义的试验是决然得不到人们的继续拥护的。于是，大批手工业工人逃亡，数千“机匠”暗通清军，策划叛乱。这是太平天国的悲剧，也是平均主义理想的破产。

我们发现，东西方平等观的不同都源于社会背景的不同。西方现代平等观的社会背景是机器大工业，新的生产方式使社会生产蒸蒸日上，科学技术日新月异，物质财富急剧增长，西方人几乎每天都在创造着物质奇迹。因此，他们必定要从动态的角度去构建其平等理念；既然他们不想回到过去，那就必须保留或开创维持社会活力的内在机制和理想社会的物质基础。东方平等观的社会背景是自给自足的农耕经济和静谧不变的田园风光，但人们都需要对同一块蛋糕如何切割才算公平的问题进行思考。显然，在这种情况下，平均分配乃是最好的切割方式。我们并不赞成经济决定论，但我们也不想否认，经济因素对人们思想观念的作用是不可忽视的。

毛泽东对人的精神价值的追求是人所共知的，这也是他倾心推崇马克思主义的又一个原因。马克思和中国传统文化对超越物欲的自由境界的向往，在他那里产生了强烈的共鸣。作为浪漫主义者 ，毛泽东与马克思相似，相信倘若一个社会存在强制性分工就不会有人与人之间的平等；倘若一个社会容忍人的畸形化发展，这个社会就应该遭到诅咒。毛泽东在早年就十分注重人的全面发展，强调一个人既要有高远的志向，又要有渊博的学识，还要有强健的体魄——“自信人生三百年，会当水击三千里”。他深信，人只有经过“劳其筋骨，苦其心志”的磨砺之后，才能承担国家民族之大任。建国之后，毛泽东一再强调，学校要培养德智体全面发展的人才。今天，当全社会业已意识到应试教育的危害，转而提倡素质教育，倡言不仅要“正确地做事”，而且要做“正确的事”的时候，我们发现，毛泽东关于教育改革的某些思想至今仍具有现实意义。马克思坚信，他所标举的人的全面发展，是有其深厚的历史根据的。马克思在《资本论》中指出，大工业的本性决定了劳动的变换、职能的更动和工人的全面流动性，它用那种把不同社会职能当作互相交替的活动方式的全面发展的个人，来代替那种只是承担一种社会局部职能的局部个人。因此，消灭奴隶般的分工，以实现人的自由平等的历史条件业已出现。

第六章　主流的反叛：西方马克思主义者眼中的马克思

对于二战以后开始显现出气概不凡的影响力的法兰克福学派来说，马克思学说的精髓绝不是经济决定论以及关于阶级斗争和无产阶级专政的理论。它从不相信，研究与人的活动纠缠在一起的经济现象，可以像探索自然奥秘那样，寻找到确定的和可预测的规律来；它认为，由于西方经济持续繁荣所导致的生活一体化，马克思意义上的“无产阶级”早已不复存在，工人群众的革命激情业已被消费社会所侵蚀和消解。20世纪30年代，马克思的早期哲学著作《1844年经济学—哲学手稿》的问世，使西方马克思主义者们大受鼓舞。法兰克福学派人士由此认定，与其说马克思是一个风尘仆仆、满怀斗志的经济学家，还不如说他是一位睿智而不乏亲切的伟大哲学家。换言之，马克思哲学思想的价值远比其政治经济学深邃和深远得多。马克思秉承了西方人道主义传统，他把人的本性与其在各个历史时期的特殊表现，即把人的本质和人的存在区分开来，从而揭示了资本主义社会是一个人性异化的社会，而异化劳动和商品拜物教就是其典型的表现。法兰克福学派正是把“异化”概念加以扩展，使之成为理解和阐释西方社会乃至整个工业文明的种种弊端的一把钥匙。同时，它借用弗洛伊德精神分析学来改造马克思主义。它深受弗洛伊德关于文明的进步是以压抑人性为代价的观点的启发，进而提出物质的发展与精神的退化同时并行，使处于工业文明境遇中的现代人沦为“幸福的野蛮人”。马克思学说中所呈现出来的历史感和辩证思维方式，也是法兰克福学派十分赞赏的。辩证法和历史主义倡导对资本主义社会进行动力学研究，这意味着它要把一切都放在历史的流变过程中去考察，不承认有任何永恒的东西存在。因此，它认为在这一研究中，最值得珍视的就是一种批判和否定的精神。

其实，在我们看来，当前争辩究竟什么才是“本来的马克思主义”并没有特别重要的意义，对马克思主义作原教旨主义的解读根本就不值得称道。正确的立场反倒是：把马克思主义当作一部开放的历史文本，其意义永远有待于不同时代的读者去开发和挖掘。如果马克思主义在当代还能够保持其生命的活力，那只是因为在其后继者们的不懈努力下，它不断以博大宽广的胸怀，接纳那反映时代脉搏的声音。真正值得关心的是，对于当今世界，尤其是资本主义世界来说，法兰克福学派对马克思主义的解读及其对工业社会的抨击，究竟有无合理性，以及在多大程度上具有现实的合理性？这正是我们想要探讨的问题。

一、马克思究竟关怀什么？

现代中国人对马克思历史唯物主义中的经济决定论倾向应当是十分熟悉的。卡尔·马克思认为不是人们的意识决定人们的存在，相反，是人们的社会存在决定人们的意识。社会的物质生产力发展到一定阶段，便同它们一直在其中活动的现存生产关系或财产关系（这只是生产关系的法律用语）发生矛盾。于是这些关系由生产力的发展形式变成生产力的桎梏。那时社会革命的时代就到来了。随着经济基础的变更，全部庞大的上层建筑也或慢或快地发生变革。当生产资料的集中和劳动的社会化，达到了同它们的资本主义外壳不能相容的地步时，这个外壳就要炸毁了。资本主义私有制的丧钟就要敲响了，剥夺者就要被剥夺了。马克思的这些看法无疑给人们造成了这样的印象：在马克思眼中，生产力永远是一种解放力量，任何社会革命都是在旧生产关系已不能容纳进一步发展的生产力的情形下爆发的；资本主义之所以不可避免地将要被社会主义所取代，其原因就在于生产资料的私人占有制已不适应生产的社会化趋势。这就是说，马克思认为，社会的变迁与自然的运动并无二致，它们都是在一个重复起作用的客观规律支配下进行的；只要人们揭示了这一客观规律，就不仅能凭借它解释以往的人类历史，而且还可准确地预测人类历史未来的发展走向。马克思毫不掩饰地向世人宣告，这一规律业已由他本人揭示出来了。

然而，在法兰克福学派看来，这个被东方人视为历史唯物主义基本原理的思想，已经被西方工业化发展的实践所证伪。尤尔根·哈贝马斯曾谈到，他与传统马克思主义者相分歧的真正要点是，他深信，即使运用古典政治经济学批判，也不能准确地预见西方社会存在着自主的、能自我再造的经济体制。马克思忽略了政治体制的介入，错误地以为经济结构完全可以引导政治体制。我们在前面曾经指出，经济决定论未必是对马克思历史唯物主义的唯一解释。但无论如何有一点是可以肯定的，即如果马克思历史学说就是经济决定论的话，那么，这一理论就真的过时了。

目前，在我国意识形态界出现了一种极为尴尬的局面，一方面，自改革开放之后，资本主义经济运行机制的活力和自我调节功能，对于国人来讲已不是秘密。官方亦坦言，世界经济一体化和中国即将加入世贸组织的事实意味着，未来至少在经济方面，中国将最大限度地融入世界，用国际社会的通则和规范来建构自己的整个市场经济体制和现代企业制度。不言而喻，这个通则当然是由西方首创的。在这里，人们实际上已经极不情愿地承认了这样一个事实，即迄今为止，对生产力发展而言，最优越的制度莫过于资本主义经济制度。然而，依然有相当一部分人还在那儿津津乐道于什么“不可避免”或“必然战胜”的神话。其实，西方资本主义经济之所以有今天的健康生机，马克思功不可没。正是当初马克思揭示了资本主义经济的自发性和严重无政府状态，才会有二战以后在西方社会中逐渐兴起并持续发挥重大作用的“国家干预”和计划性宏观调节等改革措施。然而，这一历史事实恰好说明了人在经济活动中是具有充分自由的，所谓“不可避免”或“必然战胜”之类的“客观规律”不过是人凭空杜撰出来的。

评价一个社会的进步，是否只需借助生产力发展水平这个唯一的尺度？

不知是什么原因，也不知从何时开始，几乎所有自称信仰马克思主义的东方人都认为，社会主义制度之所以比资本主义具有不可比拟的优越性，就在于它能创造出更加发达的生产力，能够使人民的物质生活水平得到前所未有的提高。为了使经济持续增长，东西方领导人都想方设法，挖空心思，竞相采取各种政策措施。结果的确卓有成效，近几十年来，世界经济总量的增加简直令人难以置信。然而，这一切变化是否正在或已经带来了新的问题呢？法兰克福学派对于这一点是确信无疑的。在他们看来，为了实现经济的良性发展，尤其是为了缓解经济的自发性和无序状态，东西方社会都十分强调政府对经济的宏观调控作用以及企业内部的规范化和科学化管理。于是，少数管理精英便逐步成为整个社会经济和其他方面的操纵者。这样一来，生产力的确是发展了，但绝大多数工人的受压迫受奴役境况却因此无望获得根本改变，而后者是马克思最为关切的问题——实现所有人在社会地位上的平等，这是共产主义理想的主题词之一。艾里希·弗洛姆指出："马克思没有看到资本主义在一定程度上能够使自己得到改进，从而满足工业化国家的经济需要，马克思也没有充分清楚地看到官僚主义和中央集权化的危险，没有看到独裁主义制度可能取代社会主义而出现。"[①] 并在《健全的社会》中提道：俄国的制度表明，实行社会化的计划经济是切实可行的，但另一方面也证明了，这种制度绝不是创造一个自由、友爱和非异化的社会的充分条件。俄国实现了社会化的计划经济的事实并不意味着，俄国的制度就是实现了马克思和恩格斯所理解的社会主义。这只意味着那种认为所有制合法改变、计划经济的实施便会引起社会变化和人类变化的思想是错误的。

一个全面进步的社会应当包括物质丰裕和精神健全、政治民主和经济自由、个人自由和人类平等多项指标，任何单一尺度都会导致社会畸形。在马克思那里，经济的增长是全面发展的先决条件。只有在物质极大丰富的情况下，社会中现存的种种丑恶现象才有可能得以根除。然而，马克思没有意识

① 复旦大学哲学系现代西方哲学研究室编译《西方学者论〈一八四四经济学—哲学手稿〉》，复旦大学出版社，1983，第18页。

到，在现代社会，经济的进步与人类平等理想的实现之间会产生矛盾，甚至有时候这一矛盾难以调和。经济的发展最大限度地依赖于科技成果的转化和管理方法的科学化，由此，社会显然需要一批训练有素的专门管理人才。这些人业已形成了一个特殊的社会阶层，虽然他们不是企业的所有者，但却是公司的经营者，实际控制着企业的效率、效益乃至命运。所谓的蓝领工人尽管在比例上比以前大大降低，但他们在企业中的无权地位却没有丝毫的改善。事实上，愈是现代化的大公司，其内部就愈是等级森严。这种技术化、科层化管理还被扩展到整个国家——社会也变成了由少数技术官僚纵横驰骋的场所。于是，马克思所梦想的社会平等便沦为十足的梦想，成了一个就目前看来根本无法实现的乌托邦。当然，可以聊以自慰的是，人们在地位上的差别并不像封建时代那样是世袭和僵硬不变的，社会地位的流动给普通人带来了希望。然而，这一切并没有改变社会中存在着权贵与平民、压迫者和被压迫者这一事实，没有超越资产阶级的平等观念，也就是说，它全然没有一点马克思平等理想的味道。这就是法兰克福学派所指责的在东西方社会中普遍存在的极权主义通病。

老实说，经济增长和社会活力与人类平等之间的二律背反，对于现代人而言，简直就成了一个无可逃避的宿命，令众多富有智慧而又志向高远的人摇摆不定，不知所措。法兰克福学派的所有代表人物都身处西方发达工业社会，对富裕舒适的生活他们早已司空见惯，少却了许多钦羡垂慕之情；相反，他们对技术官僚治国的积弊却有着尖锐的敏感性，并对之愤愤不平。然而，饱受贫困之苦的中国人的心态却大不相同。其实，中国人和西方人的心态尽管有所不同，但他们面对的问题却是相同的。即便从未来学的角度看，难道一个社会能够没有管理者（无论这些管理者是技术官僚，还是政治精英）？难道这些管理者可以随便由什么人担当？难道未来人就没有智力、才能乃至兴趣上的差异了吗？诚然，马克思认为，未来社会的人们业已摆脱了分工所导致的畸形化，但即便这样，人与人之间就没有差异了吗？也许在马克思看来是没有了。如果真是这样的话，马克思的平等主义与民粹主义有多大差别？我们仍然觉得，法兰克福学派对技术官僚制的反民主性质的揭露是有一定理由的。我们只是认为，从目前来看，人类很难找到一个具有可操作性的两全其美的方法，以便逃出这个二律背反的怪圈。也许现实的经济和政治制度永远不可能是完善的，重要的是人们应该清醒地认识到这种不完善性，并寻找一个相对较好的制度。

无论如何，法兰克福学派在某一点上是对的，这就是：衡量一个社会进步与否的尺度不能够是单一的。虽然马克思无疑是一个乐观主义者和历史进化论者，他太过乐观，以至于无法预见到，一个社会在追求物质进步的同时，竟会造成精神的退化。但马克思却绝不是一个唯生产力论者，更不是一个把人的物质欲望看成是唯一心理动因的唯物主义者，法兰克福学派花了很大的工夫来纠正人们久存于心的这个误解。艾里希·弗洛姆指出，从哲学本体论的意义上讲，马克思无疑是一位唯物主义者，然而，在马克思那里，重要的是他的哲学的“唯物主义基础”——人类生存的基本条件。从这个意义上讲，把马克思哲学称作历史唯物主义是贴切的。历史唯物主义的核心是：人类历史既是这一哲学的出发点，又是其最基本的内容。但是，马克思的这种唯物主义哲学却受到了长期的曲解，在主要的西方式理解中，历史唯物主义变成了这样一种哲学，即它认为，生产力之所以是社会发展的最终动力，就在于只有生产力的进步才能满足人们日益增长的物质需要。因此，人的物质利益、人对不断增加自已的物质财富和使生活日益舒适的愿望，构成了他的行为的主要动机。弗洛姆强烈反对对马克思学说的这种解读。他指出，历史唯物主义绝对不是一种人类心理动机理论；不论人类的心理动机是多么地高雅，还是如何地粗俗，都跟马克思哲学没有关系。马克思的确关心人类生存的基本条件，这个条件当然主要指物质条件；但是马克思不研究这种条件与人的行为之间的直接的因果联系，而研究人的现实的经济生活和社会生活的本质，研究人的实际生活方式对人的思想和感情造成的深刻的影响。弗洛姆认为，激进的共产党人，改良主义的社会党人，甚至社会主义的反对者都同样误解了马克思。他们说，马克思只想从经济上改善工人阶级，因而关注的是如何使财富分配趋向合理与公正；马克思之所以要废除私有财产制度，只是为了使工人阶级获得资本家现在拥有的东西。弗洛姆指出，恰恰相反，马克思始终把改变资本主义生产方式和生活方式给人造成的扭曲——人的本性的异化和人对物欲的一味追逐——当作自己理论的最终目的，使人重新拥有一种完整的、合乎自身本性的、全面创造性的生活。他总结说："马克思对资本主义的全部批判，恰恰就是因为资本主义把对金钱和物质利益的关心变成了人的主要动力，而马克思关于社会主义的概念正是指这样一个社会，在这个社会中物质利益不再是占支配地位的。"①

马克思主义当然不是拜金主义，不仅如此，马克思坚持认为，只要人类还在拜金主义的氛围中生存，那么他们就没有自由可言。然而我们担心，马克思学说经由法兰克福学派的一番解读，是否会给人们造成另外一种印象，即马克思是一个注重精神而鄙薄物质的禁欲主义者。其实在马克思主义中，现实主义和理想主义的成分是共存的，偏废任何一个方面都会导致意想不到的恶果。不能说马克思不重视发展生产力和改善人们的生活水准，他反复强调，未来理想社会必须建立在物质巨大丰足的基础上，马克思主义的精神财富当属全人类共同拥有，换言之，它对东西方社会都应同样适用。在当今世界经济发展极不平衡的情形下强调这一点是必要的。就西方发达工业社会来看，其经济增长已经走过了头，走到了只有靠提倡持续不断的消费主义，才能维持其繁荣的程度。因此，法兰克福学派针对这一点提出了马克思更为关切人的精神价值。这一解读在当前西方社会的特殊语境中显然是合理的。但中国社会却有所不同，它的许多弊端都直接或间接地与落后的经济状况有关。在中国几千年的传统文化中，心灵的宁静、精神的自由或道德的自律被视为人的最高境界。无论是当时的王公大臣和权贵显要，还是普通文人，都羞于承认追求物质利益是人的自然本性；"君子不言利"是士大夫们首要的一条道德戒律。正是因为把物欲当作邪恶之源，经济和社会发展的内在激励机制才

① 复旦大学哲学系现代西方哲学研究室编译《西方学者论〈一八四四年经济学—哲学手稿〉》，复旦大学出版社，1983，第31页。

建立不起来，所以，经济短缺和社会缺乏活力在这样的背景下是很难避免的。

当我们第一次接触到马克思主义时，就懂得并认同了以下理路：科学社会主义之所以与空想社会主义相异，就在于它不只是向人们展示了一种道德理想国的蓝图，而且它还指明了通向理想世界的历史必然性、现实途径和物质力量。因此，它超越了抽象思辨的伦理学的束缚，而成为唯一科学的历史理论。然而令西方马克思主义者置疑的，恰恰就是这个“科学性”。西方马克思主义的理论先驱卢卡奇·格奥尔格、安东尼奥·葛兰西等人率先对那个“不可避免”的历史规律表示不满。他们认为，社会主义革命必须在经济、政治和文化各个领域中进行，换言之，革命必须是总体性的。因此，无产阶级阶级意识的觉醒，无产阶级在历史中的选择性和创造性在他们那里受到了前所未有的关注，社会流变中理论与实践、主体与客体的统一被提升到至高无上的地位。如果说第一代西方马克思主义者仍旧坚持把自己的学说同无产阶级的革命运动相关联的话，那么，法兰克福学派的出现，则标示了他们对无产阶级革命性的深切失望。赫伯特·马尔库塞认为，随着新技术革命的兴起和蓬勃发展，西方社会中人的需要、生活方式和生产方式开始走向整体化，这一变化使马克思意义上的“无产阶级”已不复存在，工人阶级的阶级意识和革命热情亦逐渐淡漠和冷却。不仅如此，霍克海默和阿多尔诺在对法西斯主义的痛切反思中意识到，倡言任何形式的总体性，都会造成对差异性的无视和抹杀，对个体自由理念的践踏；标举无产阶级这一集合性主体的历史作用，也可能导致同样的结果。

的确，在被卢卡奇推崇备至的黑格尔哲学中，绝对精神那僵硬刻板的必然衍进，是不允许有一点个性的鲜活气息的；部分对整体毫无保留的从属性原则被强调到极致。黑格尔哲学的总体性思想和国家至上理念在德国人心中打上了深刻的印迹，而这在一定程度上又成了培植法西斯主义的适宜的文化温床。我们发现，政治民主、自由主义和个人主义具有内在的不可分的联系，因此，在英美等国，法西斯主义和专制主义的出现是不可想象的。我们还发现，普遍与特殊、群体与个体、精神与感觉的和谐一致，在审美意识中不难做到，唯美主义原本就强调和谐圆融；在伦理学中，特定的道德规范也需要得到个体的共同认可和一致遵从；然而唯有在社会政治结构里，要想把这些彼此排斥的要素整合在一起几乎是不可能的。政治审美化和道德化的结果，只会把人类引向更加深重的灾难，苏俄革命的失败业已证明了这一点。个体意志自由和生活方式的多元化是一个健全社会必备的特征，任何一种想用社会变革的总体性设计取代个人自主选择的企图，不论其初衷如何，结局都只能是极权统治。苏俄模式的特征是，为了获取革命的成功，无产阶级必须由铁的纪律来组织，由一个先锋队政党来领导。只有采取这样的策略，公正与公平的理想社会才能够实现。在一切为了革命，一切服从革命的口号下，个人变得无足轻重，人类自由解放的终极目标被遗忘到九霄云外，争取胜利成了目的本身。手段与目的的错位颠倒，致使革命虽说在一定意义上成功了，然而，公平和公正的社会却并未实现。相反，新极权主义对个人的统治，由于凭借某种道义上的优势，比以往变本加厉。

马克思主义的实质与精髓究竟是什么呢？马克思是西方思想家，因此，我们在解读其学说时，绝不能把他与滋养他的文化土壤相分离。马克思在创建自己的体系时，德国思想界反抗现代性的浪漫主义运动已处于鼎盛时期。浪漫派对物欲和功利的鄙夷，对人的精神价值的热切眷注和对生命意义的终极追索都被他明显地传承与发扬光大，并用之作为批判资本主义的根本依据。然而，法国启蒙运动所体现的个体自由、公民权利和理性主义又使马克思心仪，因此，他在建构其终极理想时特别强调，人的自由解放蕴涵着物质与精神两方面的意义，未来社会是一切自由人的联合体。启蒙运动和浪漫主义运动是我们为马克思学说重新定位的两大坐标。

艾里希·弗洛姆对马克思主义所做的人道主义解读，在法兰克福学派中是最具代表性的。弗洛姆在《马克思关于人的概念》这部名著中阐发的思想，可以看作是对卢卡奇的“人道主义的马克思主义”的显扬，同时也是对现代西方哲学中“人本主义”（如弗洛伊德主义和存在主义）的内容的吸纳。在《马克思关于人的概念》的“序言”部分，弗洛姆首先界定了马克思主义的实质和意义："马克思的哲学代表了一种抗议，抗议人的异化，抗议人失去他自身，抗议人变成物。这是一股反对西方工业化过程中人失去人性而变成自动机器这种现象的潮流。……在这种抗议中充满着对人的信念，相信人能够使自己得到解放，使自己的潜在才能得到实现。这种信念是马克思思想的一个特征。"他认为，西方的迅速工业化，一方面带来了物质享受的极大充足与便利，同时却严重损害了人的完整性，使人失去了他的精神存在。因此，马克思要以他的哲学、经济学和政治学来表达对伤害人性现象的抗议，重新关怀人的本质和潜在能力，使人成为"他实际呈现出来的那个样子"。显然，在弗洛姆眼里，马克思主义就其实质而言，不是一种革命理论，而是一种人道主义的"救世理论"，它通过社会的、特别是文化的批判来促使人们意识到自己的可悲处境，进而自觉地去改善这种处境，使人的"自我"恢复原状。

当代资本主义社会是一种人的全面异化的社会，异化渗透到社会生活的每一个方面。人创造出了一个前所未有的人造世界——日益精密而先进的技术机器，以及使之得到有效管理的复杂而庞大的社会机器，然而，这个世界却高居于人之上，成为主宰人的命运的世俗神。人不再感受到他是自己行为、情感和品质的主体，他只是一个贫乏和被动的"物"，随时听命于自身之外的那个强大而神秘的力量。现代人的消费方式具有这样一个特征：消费从通向幸福的手段变成了目的本身；现代人与自己同胞的关系只是相互利用的关系。个人之所以受到同伴的友好对待，只在于他即使现在没有用处，今后或许用得着。在这种"友好"的表象下隐藏着的却是，人与人之间的距离、冷漠和难以觉察的不信任；现代人不是把自己体验为一个有爱和恨、有信赖和疑虑的性情中人，而是把自己视为一个具有社会经济功能的抽象物。他把自己的肉体、心智和才干当作商品在市场上待价而沽，他的自我价值感永远依赖于自身之外的因素，受制于反复无常的市场判断标准；商业化了的现代艺术，已不再能触及人类生存的基本现象，如生与死、罪与罚，孤独的悲怆，存在的支离破碎等，因而起不到净化人的感情的作用。

在法兰克福学派看来，现代人的这种深重和普遍的异化境遇，恰好表征了马克思主义关于人类自由解放的终极诉求的价值和分量。不过，马克思似乎过于乐观了，他深信，随着文明的不断进步，异化是可以被根除的。他仍然在为科学和理性所创造的奇迹而振奋不已，尽管现代工业文明已经显露出病态，但他仍然认为，科学和理性对于人类而言只有一种作用，那就是，它们能够使人类从必然进入自由，从奴役走向解放。在这一点上，他显然不如西格蒙德·弗洛伊德，特别是第一次世界大战之后的弗洛伊德清醒和明智。战争把人们从美梦中惊醒，它昭示人们，理性主义业已走向了自己的反面，文明的发展竟然把人类引向了一场前所未有的灾难，进化在实质上有可能导致悲剧的发生。这一切促使弗洛伊德成为一个怀疑论者，他敏锐地洞察到，人类文明的进步，其实是在压抑人最本然的情感欲望的前提下实现的；文明总是以压抑为代价，文明就是压抑。然而，弗洛伊德学说中带有明显的生物学倾向，这是法兰克福学派所不推崇的。重视社会历史因素的马克思显然使他们神往，正是在马克思理论的引导下，他们才把自己的学说定位为社会批判理论。弗洛姆在《在幻想锁链的彼岸》说："一个社会越人道，个人也就越不需要在脱离社会或失去人性之间做出选择。"赫伯特·马尔库塞也在《爱欲与文明》中强调："心理学问题变成了政治学问题；个人的失调比以前更直接地反映了整个社会的失调，对个人失调的医治，因而也比以前更直接地依赖于对社会总失调的医治。"由此，法兰克福学派致力于实现马克思主义的弗洛伊德化，其思绪理路便清晰可见了。

二、批判的理性与理性的批判

如果说第一代西方马克思主义者借以批判当代资本主义的理论武器，仍旧是现代文明的思想源头即启蒙精神的话，那么，法兰克福学派则倾向于抛弃这个在他们看来已经"过时"和"陈腐"的手段。不仅如此，他们还认为，科学和工具理性的功能只在于对现实做"是"与"非"的事实判断，而绝无"应当"与"不应当"的价值判断，因而它隐含和暗自倡导着一种顺世主义态度；科学和工具理性的通行规则是形式逻辑的同一律，它只容忍具有同一性和普遍性的事物与事件存在，厌恶和拒斥任何非同一性、差异性与个性。可见，科学和工具理性既缺乏对社会流程的历史感，更没有对多元文化和多元生活方式的宽容心，现代发达工业社会业已沦落为一个极端的理性专制的社会。法兰克福学派坚信，被黑格尔和马克思哲学倡言的历史主义与辩证法，是对抗唯科学主义和工具理性恣意肆虐的最有效手段。当然，在法兰克福学派那里，历史主义与辩证法绝不意味着某种历史必然性，它们至多是表明了历史的流变以及在流变中显现出来的多种可能性。

马克斯·韦伯曾指出，作为资本主义精神的理性传统体现为一种合理性，它包括自由劳动的理性化组织，理性的资本计算、科技、法律、官僚制度，等等。伯特兰·罗素则表述得更清晰明了，他说："'理性'有一种极为清楚和准确的含义。它代表着选择正确的手段以实现你意欲达到的目的，它与目的选择无关，不管这种目的是什么。"[①] 这便是体现在科学技术中的那种工具化和实证化了的理性主义，它迥然有别于伦理化的和辩证化的理性主义。科学技术和工具理性作为现代工业文明的两大推动力，已经并正在创造着无穷无尽的令人惊羡不已、赞叹不已的奇迹。这不啻给人们造成了一种假象，即科学技术和工具理性是无所不能的。任何决策、举措、行为和现象，只要被冠之以科学的名义，那就意味着合理、成功，能给人带来福祉。正是在这样的背景下，法兰克福学派认为，科学技术无限扩张、四处越位的结果，业已使其由单纯的工具衍变为一种霸权主义和意识形态。

法兰克福学派指出，自19世纪末以来，在最先进的资本主义国家中出现了两种引人注目的发展趋势：其一，强化国家干预，这确保了制度的稳定；其二，推进科学研究与技术之间的相互依存，这使科学成为第一位的生产力。这一变化标志着先前那种以自由贸易和公平交换为主要特征的自发性资本主义已不复存在，被马克思所阐释的经济与政治系统的关系亦面目全非。政治不再仅仅是一种上层建筑，而演化为直接的经济和准经济活动。在这种情形

① 伯特兰·罗素：《伦理学与政治学中的人类社会》，肖巍译，中国社会科学出版社，1992，第25页。

下，人们愈来愈深信，所有企业的资本运营方式都只有在借助政府的各种社会与经济政策的帮助下，方能得以维护。于是，国家干预成为弥补自由交换功能失调的应急原则。干预的作用就在于把公平竞争与降低失业率和保证社会福利结合起来，以便排除功能障碍和各种危及制度的因素。这样一来，政府活动的宗旨便可堂而皇之地宣称为解决技术性难题。显然，技术性问题的解决是不能付诸公众讨论和表决的，在这类问题上最有发言权的自然是受过严格训练的技术专家。在“技术至上”的氛围中，“民主决策”“大众参与”和“个人自决”等民主主义和自由主义的传统理念逐渐变得陈旧而不适用；不同的声音亦不被人容忍，因为它势必会被视为非理智的邪说，浪漫的梦呓等，发出这种声音的人也会被看作乖张乖戾或居心叵测之士。相反，技术至上和专家治国则被标榜为实现社会稳定和维护大众利益的良方，不由人不“心悦诚服”，于是，大批的顺民就这样产生了。尤尔根·哈贝马斯说：“人民群众的非政治化——它借助于技术专家治国论意识变为合法化的了——同时也就是根据有目的－合理的行为以及适应性行为的自我调节。”“当今那种占统治地位的、相当呆滞的、在幕后起作用的、把科学变成偶像的意识形态，较之旧式的意识形态更加不可抗拒和无孔不入，因为随着对实际问题的掩盖，它不仅仅为一种占统治地位的特殊的阶级利益作辩护和压抑另一个阶级的局部的解放需求，而且又侵袭了人类的要求解放的旨趣本身。”[①]

在法兰克福学派看来，科学技术和工具理性以征服自然为唯一旨趣，人类的全部思想归根到底都被统摄于这个目的。然而，科学的抽象化和定量化特征，使得主体和客体这两者都衍变为虚无：主体成为永远相同的自我，客体变为从属于逻辑公式的类或量。抽象化的过程遵循形式逻辑的同一律，忽视或无视所有差异性和特殊性；定量化则更是把认识者和认识对象还原为纯粹逻辑的、没有质的一般，把丰富的思维等同于数学。可见，科学技术和工具理性的思维方式本身存在着弊端，其一，它把一切既存的事物和观念看作

① 尤尔根·哈贝马斯：《作为意识形态的技术与科学》，载陈学明主编《二十世纪哲学经典文本·西方马克思主义卷》，复旦大学出版社，1999，第409页。

是理所当然的和永久性的存在，对之只作静态的描述而不作动态的研究，只作事实判断而不作价值判断。因此，它缺乏历史感，不具备批判意识和否定性思维。其二，它的概念化和数学化追求，使它把丰富多彩、千变万化的事物作为可替换的符号，置于普遍逻辑规则之下。因此，它不容忍任何异向性思维、个性化言论和逸出常规的行为，本然地要求共同化、规范化和标准化。虽然它只是一种思维方式，只是一种工具，然而，如果这种工具在社会中享有至高无上的地位，成为框架一切、整合一切的唯一文化通则，那么，实际上它所起的作用就远大于单纯的工具。因为在这种情况下，个人的意志自由，确保社会健康发展的怀疑和批判精神会在上述社会氛围中被逐渐腐蚀掉。正是在这个意义上，法兰克福学派把科学技术与工具理性视为专制主义的意识形态。希奥多·阿多尔诺提出，在历史的高度，哲学真正感兴趣的东西是非概念性、个别性和特殊性；一切思想最终都要引起一种否定的运动。“在东方，在个性观点上的理论短路曾是集体压迫的一种借口。政党不管是装饰性的还是恐怖化的，由于其成员的数目便在认识力量上先验地压倒了每一个体。然而，不遵奉任何敕令的孤立的个人有时可以比集体更清楚地感知客观现实，集体不过是其官员的意识形态。”“布莱希特的说法——政党有上千双眼睛，而个人只有一双眼睛——像任何陈腐的道理一样虚假。一个持不同意见者准确的想象力比上千双戴着同样的粉红色眼镜，把自己看到的东西和普遍真理混为一谈并且退化的眼睛更能看得清。”[①]

对工具理性和科学技术负效应的洞识，最早源自雅克·卢梭。18世纪中叶，正当科学与理性一路凯歌、大现辉煌之时，处于启蒙阵营内的卢梭就已经对此忧心忡忡。他以愤世嫉俗的口吻尽情宣泄自己的情绪：“科学的创造神是一个与人类安宁为敌的神。……科学与艺术的诞生乃是出于我们的罪恶。”[②]

长期以来，哲学家们在以下问题上达成了共识，这就是，科学技术和工

① 希奥多·阿多尔诺：《否定的辩证法》，载陈学明主编《二十世纪哲学经典文本·西方马克思主义卷》，复旦大学出版社，1999，第223—224页。

② 卢梭：《论科学与艺术》，何兆武译，商务印书馆，1959，第16页。

具理性不过是一些精巧的操作性手段和制度性措施，它本身无善无恶，可以为任何目的服务。然而，法兰克福学派不满足于此结论。如让 - 雅克 • 卢梭那样，他们认为科学技术和工具理性具有某种“原罪”。在我们看来，法兰克福学派的这一主张，不啻为痛切反思和深刻批判当今技术化社会的大识见。在一个“技术至上”的社会中，启蒙精神业已悲剧性地走向了自己的反面。启蒙思想的精髓是“相信自己的理智，不要相信权威”；个人的意志自由、信仰自由和言论自由神圣不可侵犯；人民是国家的主权者，他们必须享有选举国家领导人，参与制定国家法律和就一切重大事宜进行表决的权利。然而，在后工业化时代，一切社会问题都被转化成了由专家来处理的技术性问题，技术化约、统摄和统治了一切。在这种情形下，人们对生命意义的终极追究，对自身解放的深切企盼，对美好未来的热切渴望和对现实社会的种种不满都被“技术化”所消弭和化解；人们被告知，一切非技术化的东西都是不合常理和不近情理的，因而是不应该存在和不值得留恋的。如此看来，在当今时代，技术已取代了上帝的位置，成为统治人类灵魂的另一个至上神，它已经悄悄地攫夺了人们的个人自由和独立思考的权利。不仅如此，技术化社会把人当作社会大机器中随时可以替换的零部件，科学定量化抹杀了所有事物的质，把之视为无差别和可置换的量。在这一观念的导向作用下，人只能把自己塑造成齐一性和标准化的物。一切个性化和差异性的情感、思想及才华都被看作是不合时宜的东西而加以清除。可见，技术化社会用一套机械刻板的规范压制了个体生命的活力，扼杀了人的创新精神，窒息了人对美好生活的憧憬。在这样一个社会，人的非人性和物化是必然的，少数人被集体乃至社会所压迫亦是不可避免的。卢梭当初的大多数预言被 20 世纪的人类实践不幸应验，我们不能不由衷地感佩其理论的深刻洞察力和对历史时空的巨大穿透力。我们认为，承认科学技术和工具理性有原罪，并不等于要贬低它们的历史功绩与现实作用。正如当初的宗教改革那样，其结果并没有否定宗教的价值与意义，而是克服了宗教对人的世俗生活的干预和思想观念的强制性控制，把宗教请回自己的领地。同样道理，批判唯科学主义和技术至上的目的，是为了反对其任意妄为和四处扩张，控诉其把持了话语霸权，避免其造成的巨大恶果，把科学技术与工具理性放回到适合于自己的位置上。

当我们批判工业文明的负效应和欣然承接法兰克福学派的精神财富时，切不可忘记反抗现代性的浪漫主义运动曾经给人类带来的大灾难。这些灾难是毁灭性的，是文明社会对把人的生命视作草芥的野蛮行为的容忍，它对生命的蔑视和残害是任何“理性专制”的社会不能与之相比的。这些灾难向人们昭示，对人类未来的乌托邦构设和对现实世界的批判性置疑，是永远不可缺少的，没有它，社会就失去了灵魂，失去了航标和动力。然而，理想纵然美妙无比，也不过是一片高悬于云端的乐园，不借助工具性和操作性的阶梯，它就永远不能顺利地降落于大地；至善的理想社会只存在于天国之中，现实世界永远只能是相对美好的。一味追求至善至美的界域的结果，反而可能事与愿违地把人类引向深渊；对唯科学主义和工具理性的批判，绝不能标示为对之全盘抛弃。相反，工具理性对于社会的重要性虽不是唯一的，但却是不可忽略的。任何无视制度性建设的浪漫主义激情都犹如熊熊烈焰，烧毁的极可能是人类自身。

伯特兰·阿瑟·威廉·罗素曾讲过，卢梭是近代浪漫主义运动之父。所有浪漫主义者都有一个共同的特征：他们赞赏强烈的炽情，不管是哪一类的，也不问它的社会后果如何，因而他们中的大部分都是猛烈反社会的，不是无政府的叛逆者，便是好征服的暴君；他们不追求和平与安静，但求有朝气而热情的个人生活。他们对工业主义毫无好感，因为它是丑恶的，因为苦心敛财与他们心目中的不朽伟人的品格是不相称的，因为近代经济组织的发展妨害了个人自由。浪漫主义者宣称反对资本主义，这种反对由于联想到资本主义世界由犹太人统治着而进一步增强。所以，“希特勒是卢梭的一个结果；罗斯福和丘吉尔是洛克的结果”[①]。罗素的这段评价是耐人寻味和发人深省的。事实上，德意志民族的性格基本上可以用浪漫主义来刻画。尤其是，肇始于18

① 伯特兰·阿瑟·威廉·罗素：《西方哲学史》下卷，马元德译，商务印书馆，1976，第225页。

世纪后30年的德国浪漫主义运动持续了半个多世纪，它作为对18世纪理性主义、进步主义、功利主义的反动，对自由主义、个人主义和民主主义的拒绝，在一定程度上熔铸了德国人的精神气质。法西斯主义正是在这块文化土地上滋长起来的，希特勒的唯意志论，纳粹的反犹倾向、黜武传统和民族主义狂热都与这种浪漫主义相关联。阿道夫·希特勒就曾说过：普鲁士的经验极其鲜明地表明，只有靠思想力量，而不是靠物质因素，才有可能组成一个国家。只有在思想力量的保护下，经济生活才能繁荣。在德国，往往是在政治力量高涨的时候，经济情况才开始改善。亚瑟·叔本华、弗里德里希·威廉·尼采与让-雅克·卢梭在反抗工业文明和工具理性、眷恋自然的诗意和人性的尊贵等古典主义这一点上有着清晰可见的亲缘关系，它们构成了法西斯主义的思想渊源。特别值得一提的是，现代民主制作为英国经验理性的产物，是尼采极端厌恶的。他认为，这必然将导致普遍的平庸化和社会的世俗化。为了使人类不断地自我超越，他甚至主张毫不留情地抛弃弱者。他的这些见解得到了希特勒的高度认同和赞赏。二战以后，德国哲学家卡尔·西奥多·雅斯贝尔斯指出，德国人要从战败的阴影中走出，就必须重建自己的精神家园，这就是伦理学和民主政治。因此，卡尔·西奥多·雅斯贝尔斯被当作德国人的精神之父。有论者追问，为什么英国人和法国人从“肤浅”的历史与社会哲学中可以发展出经得起考验、符合人道的政治制度来；而德国人虽然有“更深奥”的理论，却非但无法使社会获得平衡，而且当20世纪到来的时候，反而明显地屈服在赤裸裸的武力这个“恶魔”的手下？这的确是一个极具启发性的问题。

人类在20世纪经历这些最惨痛的教训是如此刻骨铭心，以至于成为历史馈赠给人的一份丰厚而宝贵的财富，人们可以从中学到的东西实在是太多了。其中最重要的一点是，人类创建的工具理性，是一个存之有害弃之不舍的东西。它有明显的缺陷，如任其发展，个人的精神就会萎靡，社会的健全就会受损。然而，如果全然把其视为人类文明之树上结出的毒果，非加以摘除不可，那么后果则是更加酷烈和凶残的。浪漫主义运动导致了这样的结局，法兰克福学派的批判理论中有没有浪漫主义的倾向？随后产生的解构主义和后现代主义又将走向何处呢？这的确令人担忧。当今学人往往在口若悬河地大谈理性专制对人性的危害时似乎忘了，他们所持有的批评权利，正是经验理性中蕴涵着的自由主义和民主主义赋予自己的。反理性极权的浪漫主义运动所造成的后果，是变本加厉的极权主义，这种极权主义不仅不允许有任何反对意见——“强迫自由”，而且它对人性的践踏和对生命的蔑视，简直到了令人发指的地步。这些教训带给我们的启示是，对于科学技术和工具理性的弊端，必须永久地保持清醒的意识和批判的精神，但在实践层面上，我们则只能采取多元文化、多元思维方式和多元生活方式对之加以限制。其实，至善至美的东西在现实中是不存在的，任何一种文化特质都必然是精芜并存、瑕瑜互见的。因此，多元化自然形成的互补性态势，或许是人类的最佳选择。

法兰克福学派在精神理念上当属于德国传统。我们发现，即便德国理性主义者所倡言的理性，也与英美经验理性、工具理性迥然相异。如果说经验理性擅长于对现存事物的静力学解说，那么先验理性（批判理性）则青睐于对既存事物的动力学阐释；如果说经验理性严格遵循形式逻辑同一律的思维规则，那么先验理性则偏爱于辩证逻辑对非同一性和个体性的厚待。因此，先验理性具有历史眼光，是面向未来的，它在功能上是批判的、否定的和革命的。哈贝马斯曾谈及，早期法兰克福学派公开赞成理性观念，并按照历史哲学来发展它。他们认为，这些体现在哲学和艺术中的理性观念，正是社会批判理论的思想源头。希奥多·阿多尔诺也提到，哲学即辩证思维是根据否定性原则进行的，它是实证主义的头号敌人，意味着对现实事物的超越。因此，这种思想最终都要引起一种否定的运动。在工具理性恣意横行的当今社会，倡导批判理性是极其必要的。借助于它，人们才能在历史和价值的层面上去构设一个道德参照系和理想乌托邦，并用之去解构现实中的那些缺失，使社会的改造获得动力和航标。毕竟，在理想与现实之间保持必要的张力，是一个健全社会最重要的标识。

大多数法兰克福学派代表在文学艺术上都有很深的造诣，这不是偶然的。

正是文学艺术中潜存着的那种理想主义和浪漫诗意使他们心驰神往，在高雅艺术和人们的审美意识里，个性与共性、个体与群体、人与自然的冲突最终会得以消除，人的个性和浪漫情怀可以得到无拘无束和多姿多彩的敞揭。然而，一个高度理性化的社会，是一个“去魅”的世俗化社会，它失去了焕发着神秘魔力的上帝庇佑，也不再受深不可测的外在自然力左右，因此，它只有靠一套人为的普遍规范去要求和约束人。理性意味着对情感和情绪的拒斥，可见，理性社会不大会赞赏人的多愁善感、突发奇想和澎湃激情。但人是有血有肉和有情感、有欲望的生命总有逸出常规的本能冲动，他不可能像机器和钟表一般运动和行走，虽然浪漫主义运动会产生极大的破坏性，可毕竟浪漫诗意源自人的天性，一味地压抑而不是疏导，人的心理就会出现病态和畸形。唯理主义的社会和唯美主义的社会一样，都是不人道的。高雅艺术是人类灵魂的净化地和个体情感的宣泄处，它之所以不可或缺，就在于它与人的最深层和最隐秘的心理相缘接。

我们在批判资本主义和倡言某种理想主义的时候，在我们的思想深处是否隐藏着一套价值参照框架呢？我们认为回答应该是肯定的。当然，对于这套价值参照系（某种元话语和元规则）也可以、并且应该进行审视、置疑甚至解构，但解构之后还得重建起另一套。换言之，人类必须拥有某种共同的价值观，这是我们的精神家园，借助它，人类才能分得清正义与非正义、美好与邪恶的界限。然而，正是在这个问题上，法兰克福学派内部出现了分歧，在阿多尔诺和马尔库塞的眼中，任何普遍性规范都会造成对个性的压抑。希奥多·阿多尔诺曾明确指出：“传统的思想及其在哲学上消失之后留下的常识习惯要求有一个坐标系，即参照框架，在其中，一切事物各得其所。如果每种思索都能被确定坐标位置，如果未被框住的思想被排除在坐标系之外，那么就不应认为这种坐标系的可理解性有太大的价值。”[①] 可以看出，阿多尔诺和马尔库塞等在这方面是尼采浪漫主义的传承者，在某种程度上，又可把之

① 希奥多·阿多尔诺：《否定的辩证法》，载陈学明主编《二十世纪哲学经典文本·西方马克思主义卷》，复旦大学出版社，1999，第 210 页。

看成后现代主义思潮的先驱者。因为在他们之间有一个很重要的家族相似性，这就是他们都自觉或不自觉地主张道德相对主义，都反对所谓的话语霸权。平心而论，对他们的这种“解构就是目的”的见解，我们既不欣赏也不苟同。他们认为，历史上一切企图规范人的行为的传统价值理念，实质上都充当了压抑和残害个体的刽子手，因而必须予以否定。甚至普遍的价值理念本身就是不值得建构的。也就是说，个人的欲望和行为天然合理，不应当受到任何规约，这仍旧是追求日常生活和政治生活的审美化。我们在前面业已指出，在现实中，一旦放纵人的欲望和行为，后果将不堪设想；这样的世界只能是政治强人和独裁者任意妄为的世界，普通人的自由和权利根本不值一提。虽然启蒙运动和理性主义存在着偏失，但至少有一点是值得肯定的，这就是它对人性做出了极为明智和透彻的自我反省。对于启蒙遗产，我们目前最需要做的就是从全盘肯定或全盘抛弃的思维定式中摆脱出来，认真分析其中的利弊、是与非，只有这样，人类以往所制造的种种罪孽和所经受的所有苦难才会对我们有所教益。

好在法兰克福学派的其他人要明智得多。弗洛姆明显地继承了自文艺复兴以来的人道主义传统，他正是站在人道主义的基点上去改造马克思主义和批判资本主义的。哈贝马斯更是旗帜鲜明地提出：“福柯认为18世纪的资产阶级合理性莫明其妙地抢占了所有生活领域，现在该给予全盘废除。我不同意他这种缺乏辩证法的全盘否定。……我们务必小心翼翼，切莫将婴儿连同洗澡水一起倒掉，然后再翱翔于非理性主义的天空中。”[①] 他还批评法兰克福学派的最大缺点之一，就是不重视资产阶级民主。他重申个人意志自由等启蒙精神的当代价值，并把其作为普遍性道德规范的核心。他坚持认为道德普遍主义即共同价值观在当代社会是十分必要的，因为这一价值不是别的，正是对每个人的自由权利的最有力维护。他说，普遍主义究竟意味着什么？它意味着在认同别的生活方式乃合法要求的同时，人们将自己的生活方式相对化；意味着对陌生者及其

① 尤尔根·哈贝马斯：《哈贝马斯访谈录：现代性的地平线》，李安东、段怀清译，上海人民出版社，1997，第79页。

他所有人的容让，包括他们的脾性和无法理解的行动，并将此视作与自己相同的权利；意味着人们并不孤意固执地将自己的特性普遍化；意味着并不简单地将异己者排斥在外；意味着包容的范围必然比今天更为广泛。道德普遍主义意味着这一切。对于他们的这些主张，我们有着强烈的共鸣。

总之，我们主张：在日常生活领域，坚持以理性主义、个人主义、自由主义的价值观为主导是有益的，而在文化艺术殿堂中保持一些理想主义、批判精神以及浪漫诗意则是健康和合理的。

三、工业文明的超越与大众文化的解构

法兰克福学派对盛行于工业社会的大众文化和消费主义的斥责引起了全世界的关注，它是如此地振聋发聩，以至于把人们从冷漠与麻木中唤醒，去正视和阐释它的意义与价值。大众文化和消费主义这两个散发着铜臭味的商业怪胎，是工业化社会中人的单面性和畸形化的最好见证。它取消和克服了理想与现实间必要的张力，压抑了人对“应然世界”的想象力和对美好未来的预设力，造成了人性的扭曲、精神的荒芜和灵魂的俗化，让人在不自觉和不经意间完全认同与顺从现存的社会秩序，成为现实的忠实奴仆。于是，马克思对人的自由和解放的终极眷注被当今世界蚀解得无影无踪。

阿多尔诺首先纠正了人们由于望文生义所产生的一个误解，这就是把“大众文化”理解为为人民大众服务的流行艺术。他指出，大众文化是工业化社会特有的一种文化现象，其实质就是文化工业，其以工业化批量生产为标志，以市民大众为消费对象，以大众传媒为手段，具有商品化、技术化、标准化和强迫化的特征。与大众文化相对立的高雅文化则代表着一种解放的力量。马尔库塞说：高级的文化控诉资产阶级的物质文化，指斥它并和它保持着距离。“美学形式用对普遍人性的欢呼来对孤立的资产阶级个人作［做］出反应，用对美好灵魂的褒奖来对肉体的堕落作［做］出反应，用对内在自由的价值的坚持来对外部的奴役作［做］出反应。……这另一种现实、另一种秩序是被现存的秩序和现实所拒斥的，然而却活在人的思想和愿望之中，活

在他们的遭遇之中和活在他们反对现存的秩序和现实的造反之中。”[①]因此，只要不自由的社会仍然控制人和自然，那么，被扭曲和压抑的人对自由的热切企盼就要通过艺术的形式表达出来。我们业已谈及，如果高雅艺术能够始终留守住自己的理想彼岸，而不妄想随意僭越于现实，那么，它就是有百利而无一害的事物，不仅如此，它还是一个健全社会不可缺少的标志。毕竟，人只能选择一个理性化的社会生活，然而高度理性化在一定程度上是以压抑人的激情和欲望为代价的。人要保持健康和平和的心态，就不得不在艺术的天地和审美的境界中宣泄自己的情感，释放自己的能量，从而使其需求得以升华，情操得以陶冶。其实，高雅艺术绝不一味地迁就人的激情和欲望，相反，它在对人的精神的引导性方面是大众文化不能替代的。高雅艺术把人的情欲和现实的巨大冲突揭示出来，使人真切地体验到某些高尚和纯洁的情感不为残酷的现实所容忍，而产生出一种悲壮感，由此使自己的灵魂得以净化；同时，人也会深深地感受到无节制的情欲具有极大的破坏性，可能给他人和社会造成无可弥补的灾难性后果，从而使自己的情感有所升华。遗憾的是，商业文明腐蚀了艺术天然拥有的理想主义特征，使艺术远离社会、批判现实的功能荡然无存，人们已经不可能呼吸到来自其他“星球”的空气。

大众文化作为市场经济的直接衍生物，其最大特征就是商品化。它一反高雅艺术向来具有的鲜明思想性，只接受市场规律和利益原则的支配。文化产品即商品，其唯一的使用价值就是满足各类消费者的娱乐消遣之需。因此，无论持有什么政治见解的人，也无论是维护何种经济权益的人，都可以在文化市场上找到自己的读物、音像制品和娱乐宣泄手段。这种以舒缓、轻松、温情和性爱方式抚慰所有人的柔性文化，自然可以收取最大的商业效益。正因为大众文化对任何人都会投其所好，对任何见解和情绪都能够宽容，可见，它如同强效麻醉品，使人们对现实中的假丑恶熟视无睹。在这种精神快餐式的享受中，人逐渐变得麻木不仁，愚昧无知，丢失了自己基本的反思和批判

① 赫伯特·马尔库塞等著：《工业社会和新左派》，任立编译，商务印书馆，1982，第155页。

能力。因此，法兰克福学派指出，业已工业化了的艺术作品，像政治口号对持不同意见的公众一样，已经没有什么重要的意义了，它们就像公园一样，仅供人们消遣享乐。艺术美竟然可以与丑恶的现实和谐共处，它再也不能突破我们这个在精神和肉体方面都被污染了的世界。大众文化在实质上业已起到了为西方社会辩护的作用。

大众文化的第二个特征是强迫化。文化工业批量生产和重复制作着各类文化用品，并用广告宣传的形式四处推销，以图侵占人们的每一个闲暇时间和私人空间。广告与文化工业融为一体：到处是同样的广告，到处机械地重复宣传同样的文化工业产品，甚至采用同样的宣传用语；到处介绍和推广人们借用文化工业产品的经验，到处宣传奇特而又令人信任、轻松而又印象深刻的范例，以便吸收各种各样的顾客。在这种狂轰滥炸式的宣传攻势面前，人们不得不受到其宣传的影响，并消费其产品。于是，人们的独立自主、自由选择变成为毫无实际意义和不堪一击的空洞口号。这是一种隐形的强迫化，看不见刀光剑影，一兵一卒，但却更为有效，它能让人完全丧失其抵御能力，心甘情愿地接纳社会为自己设计的一切。阿多尔诺说，在体制的强制下，每一种产品都使用了特殊的广告技术，广告则都用了文化工业特有的语言和“风格”。实际上，广告本身纯粹是社会权力的展示。

中国历来是一个漠视商业功利，重视政治权威的国度，因而千百年来，知识分子的劳作要么是对儒学的义利之辩做出诠释，要么是对正统意识形态的附会。以义为上和权威主义，是中国自孔孟以来一直到改革开放以前占统治地位的价值理念。只有在市场经济的潮流之中，以利为上、漠视权威的大众文化才得以全面地生长、发育和扩散开来。也正是在这种情况下，传统的价值才真正受到了挑战，并且被打得七零八落。这种情形被人们形容为“偶像失去了光环，权威失去了尊严，在市场经济中解放了的‘众神’迎来了狂欢的时代”。

大众文化一旦铺展开来，便立即获得了它自身的巨大解构力、浸染力和吞噬力。它的浸染力和吞噬力不仅在于它对受众的普及和迅猛性影响，还表现在它不在乎来自官方或知识精英层的抨击，而一味唯市场之命是从。大众文化在市场上游刃有余，畅行无阻，对官方主导文化形成了一股强劲的冲击波。从 20 世纪 80 年代初开始，中国的各种文化传媒不约而同地削弱了说教式的、政治色彩鲜浓的“阶级斗争文艺”和“高大全”形象，代之以集中体现纯娱乐功能的柔性文化。因此，大众文化在中国起到了一种特殊的作用，这就是，它在很大程度上解构了以前那种一体化的文化格局。大众文化戏剧性地淡化了官方垄断的一体化意识形态，它的多样化和娱乐性的方式对之构成了强烈的嘲弄和解构，为思想文化界注入了鲜活的生气，这一点无论如何是值得欢迎的。

虽然与西方相比，大众文化在中国远未达到泛滥成灾的地步，然而中国学人还是应该清醒地看到它在中国大地上的强劲发展势头以及其巨大的负面作用。我们认为，对于社会病症，防患于未然怎么样都比等到病入膏肓后再去寻找救治药方要明智得多。大众文化产品批量生产和大规模复制，扼杀了艺术家的个性和创造灵感；大众文化一味迎合消费时尚，邀宠于大众，它的低级趣味和庸俗品味不可避免，因而我们不能指望它来净化人的心灵，启迪人的思想；大众文化使人在单纯的娱乐消遣之中变得浑浑噩噩，冷漠麻木，从而放弃了自己对现实弊端的敏锐警惕和批判能力。总之，法兰克福学派对大众文化消极影响的揭露是十分深刻的，应该承认，这一揭露对于中国文化领域也有重要的借鉴意义。文化专制和对大众文化的放任，都不是一个社会应当具有的健康的文化氛围。高雅文化不是少数精英的专利品。现在，有些人走入了一个误区，似乎高雅文化只有精英分子才能理解和有权享用，而普通百姓注定并永远是愚昧无知的，他们不配与高雅文化结缘。其实，阿多尔诺从一开始就想消除这个误解。我们认为只要从事高雅文化创作的人们坚持不懈地在文化普及方面狠下功夫，真正闯开一条路子，就能在当今市场大潮中，为高雅文化争得一席之地，从而他们也就为中国人高质量和高品位的精神生活做出了巨大的贡献。

在法兰克福学派看来，发达工业社会的所谓“繁荣”是建立在消费主义的基础上的。由于劳动生产率的增长和商品的愈益丰富，不知从何时开始，社会通过不断刺激人的消费欲望来操纵其意识和无意识。西方国家的人们只有一种生活方式，这就是，忙忙碌碌地赚钱，疯狂无度地享乐。消费不再是追求幸福的手段，而成为目的本身；大众判别一个人价值的唯一尺度是他所拥有的财富。社会机制的运作和铺天盖地的广告，使人在不知不觉中把商品和金钱视为另一个上帝。正如弗洛姆所言，高生产和高消费成了最终目的，消费的数字成为进步的标准。结果，在工业化国家里，人本身越来越成为一个贪婪的、被动的消费者。物品不是用来为人服务，相反，人却成了物品的奴仆。无节制的消费将会造出一种以商品作为宗教信仰的人，他对于天堂的解释大概就是一个硕大的、应有尽有的百货商店，自己则拥有用之不竭的金钱去购买这些东西。这是一种综合征：他对自己价值的理解就在于占有的多少，而他如果想成为最好的，就不得不成为占有最多的。这种恶性循环产生消极、嫉妒和贪心，最终导致人内心的虚弱和自卑。

法兰克福学派认为，高消费并不是人们真实的需要，而是社会错误地引导和控制的结果。事实上，人们不可能把作为信息和娱乐工具的大众传媒同作为操纵和灌输力量的大众传媒截然区分开来，因此，人们在所有闲暇时间中都会受到各种光怪陆离而又无孔不入的广告宣传的鼓惑。人之所以执着地去购买一种商品，并不是他真的迫切需要它，而常常是因为它代表了某种身份地位和现代时尚。按照马尔库塞的定义：所谓“虚假的需求”，即是指那些由特殊的社会利益强加给个人的需求，这些需求使艰辛、侵略、不幸和不公平长期存在下去。弗洛姆也认为，电视上的商业广告运用纯诱惑性的方法向人们发起连珠炮般的进攻，使人目迷五色，头昏脑涨。这种对理性和现实感的进攻，时时刻刻都在困惑着每一个人：在看电视时，在公路上开车时，或是在听候选人的政治宣传时……这些诱惑方法的一个显著后果就是，造成一种使人半睡半醒、将信将疑和失落现实感的气氛。

这种高生产和高消费的最大弊端是，它导致了人与自然、人与人、以及人与自我的三重疏离。生产的持续和盲目增长只能靠掠夺性地开发自然资源来维持。随着不可再生性资源的大幅度减少，许多珍贵动物濒临绝种，人类生活环境受到无处不在的工业污染，全球气候变暖，人类的生存正面临空前的危机。工业文明是竞争性文明，它势必激发人为生存和发展所进行的斗争，激活人的排他性意识。在竞争中，人必须证明自己是一个优胜者，因而他本然地要去进攻他人，伤害他人和挫败他人；换言之，他的成功与欢乐只有建立在他人的失败与痛苦之上。这种你死我活的竞争业已蔓延至国与国之间，强势国家为了永久性地保持自己的优胜地位，就要掠夺别国的资源和廉价劳动力，践踏和欺辱弱势民族，甚至不惜发动战争，研制和发展核武器。在一个拜金主义的社会中，人只能把自我实现的希望寄托在他所拥有的财富上。一个亿万富翁自然是有价值和值得尊敬的人，他的财富表明了他学载五斗，才智超群；一个普通的工人和低级职员是应该受到鄙夷的窝囊废，他的贫穷证明他智力平平，才干匮缺。可见，我是由我之所有来决定的，我等于我的所有物。弗洛姆提出："我是谁，如果我就是我的所有物，那么我的所有物失去了怎么办？"[①]怪不得现代人一个个都谨慎而无情，多疑而孤僻，独独被多多益善的占有欲所熬煎。一个人的生命和精力都是有限的，当他的全部身心为争夺财富而耗尽的时候，他精神世界的贫瘠与荒芜就是无法避免的。

毋庸置疑，法兰克福学派提出了一个关涉人类未来的极其重要的问题，这就是，人类将向何处去？人为消灭贫穷而奋斗是天经地义的，体面的生活无论如何是个人尊严的前提。然而，人是否应该为争夺更多的财富而耗费自己毕生的精力，换言之，拥有尽可能多的物质财富，是否在任何时候都应成为人生活的唯一目的，人是否应当不惜一切代价达此目的？如果回答是否定的，那么，发达工业社会中的人们就确实出了问题，走偏了方向。亨德里克·房龙在《人类的故事》中谈及，古希腊人懂得闲逸的价值，他们想使自己身心"自由"。他们生活简朴，而把大量闲暇时间用于思考问题，参与各种社会活动，发表演说，参加辩论。的确，一定程度的闲适，是心灵充实的必

① 陈学明、吴松、远东编《痛苦中的安乐——马尔库塞、弗洛姆论消费主义》，云南人民出版社，1998，第131—132页。

备条件。然而，消费社会的世俗化和功利化却腐蚀了人们的心灵，抢占了他们的闲暇时光。现代人为了追求富裕、舒适的生活，就如同一块上了发条的钟表，一刻不停地忙碌。现代人为物所惑，为物所累，以至于最终变为商品和金钱的奴隶，对于他们，怎么能指望其进行独立的选择和深邃的沉思呢？

在谈论法兰克福学派的理论价值的时候，切不可忘了它的社会背景：这一学派始终是把社会批判的锋芒指向西方发达工业社会的。也就是说，西方国家就物质层面而言，确实是已经相当富有了，但人们却并不感到幸福，这表征了消费只是手段而绝不是目的，单纯的消费主义势必将人类引向歧途。正是在这个意义上，我们承认，法兰克福学派的批判是切中时弊的。然而，值得关注的是，中国学界存在着这么一种倾向，即认为此理论同样适合于现时的中国。于这一点，我们是不能赞同的。道理非常简单，中国所处的社会发展阶段大大不同于西方，现代化的任务还远未完成，无论从综合国力和人民物质生活水准来看，中国都算不上是一个富裕和强盛的国家，她的相当一部分国民还在为脱贫致富而艰苦奋斗，因此，目前在中国大批消费主义不合时宜。在这个问题上，我们认为，中国知识分子，尤其是人文学者应该有一点平民心态，不要把自己的生活方式泛化为全体国民的生活状况，更不要把自己的价值观强加给普通百姓。对挣扎在贫困线上的人们进行道德说教是虚伪和可耻的。当前一些学界人士的确乐此不疲，他们自己锦衣玉食，却苛求被饥饿和疾病困扰的人们要有高尚的精神追求。

正如马尔库塞所言：“今天青年人所要求的是一个没有战争、没有剥削、没有压迫、没有贫穷也没有浪费的社会。……我相信，由于废除了贫穷、大量的浪费和资源的破坏，一种人类真正能够决定自己的生存的生活方式是可以找到的。”[①] 人类应该在摆脱贫穷和避免过度消费之间寻求一个最佳的平衡点，因为只有这样，人的身心才能真正获致自由解放，人的尊严和价值才能得到全面而充分的实现。

---

① 陈学明、吴松、远东编《痛苦中的安乐——马尔库塞、弗洛姆论消费主义》，云南人民出版社，1998，第 85 页。

第七章　走不出的现代困惑：西方“后现代主义”审视

自从“后现代主义”问世并逐渐成为一种世界性思潮以来，它给思想界带来了振聋发聩般的影响：它从根本上摒弃了传统哲学对绝对真理和终极价值的诉求，推翻了传统思维方式对同一性和规范性的渴望；它认为，近代以来的人道主义传统代表了人类企图僭越上帝之位的狂妄，其实，人既不是世界的中心，也不是自我心灵的中心，所谓人的自主性和创造力不过是一种神话；它还认为，在“后现代”社会中，由于媒体的作用，各种资讯、图像、符号蜂拥而至，变化莫测，真与假、实与虚、雅与俗等之间的界限业已模糊。在这种情形下，人们再也不能用千百年来习以为常的标准去评判事物了。

后现代主义给我们带来的是喜还是忧，是福还是祸，学界人士众说纷纭。我们认为，后现代主义对于后工业社会所具有的种种特征表现出了高度的敏感性。它告诫我们，面对这些社会现实，只是怀着一种感伤和无奈的情绪是于事无补的，必须正视和研究它们。后现代主义力倡多元化和多视角的思维方式，呼吁人们要更多地关注“微小叙事”和“边缘群体”，警惕它们发出的声音会被某种“宏大叙事”所压制或淹没；后现代主义指出，高雅文化与大众文化边界的“内爆”未必只具有负面作用，一部拥有商业效益的影视作品并不必然排斥思想性。事实上，这类作品及其表达出来的思想往往对我们有着重要的启发意义。

然而，在我们看来，后现代主义厌弃任何形式的“共识”，这实际上便取消了民主和专制之间的界限；它否定人的自主性和创造性，虽可避免自大狂，却使人陷入宿命论，在那种情形下，人除了顺从地接受现实之外，别无选择。这就放弃了人对现实的批判精神和改造动力；后现代主义主张在话语霸权面前众生平等，这固然可敬，然而它将一切主流文化都视为压迫性文化，因此很容易落入“小即是好，弱即是善”的另一种二元思想的窠臼之中。在拒斥高雅文化与大众文化的严格分野的同时，我们坚持思想文化对公众的精神引导和对现实事物的价值评估，因为我们深信，如果放弃这一责任，社会将不再有公平、正义和安宁可言。

一、“宏大叙事”与“话语霸权”

后现代主义在毁灭性地打击了传统哲学的本质主义倾向之后，向世人宣告：以往那种以真理代言人自居的“哲学”业已终结，世界进入了一个彻底多元化的时期。

近代以来，哲学家们一直都在致力于一项“宏大”事业，即为人类的全部知识找寻一个稳固可靠的阿基米德点。在他们看来，人身处的这个世界必然有一个最终的本质，人的生命活动也应该有一种终极的意义；只要哲学家将这一本质和意义揭示出来，知识大堤就可以搭建得足够完备。从事这项事业的最典型代表要算勒内·笛卡尔。他把“形而上学”（本体论和认识论）比作一棵大树的树根，把“物理学”（自然哲学或基础科学）比作树干，把各门具体科学比作这棵大树的不同分枝，并指出，如果理性思维没有一个确定无疑的起点，人们就会陷入无休无止的怀疑之中。可以设想，当时的哲学家是怀着怎样的勃勃野心，想要把整个世界尽收眼底。伊曼努尔·康德为了使社会伦理拥有普遍意义，一方面倡导“法由己出”，认为道德意义上的自由人应当蔑视任何外在权威，只遵从自己的理性；另一方面却冥思苦想地设计出先验理性的预设前提。当时的人们深信，只要人凭借自己的清明理性推论出一个公正合理的社会应该是怎样的，这个公正合理的社会就能够变为现实。

然而，早在20世纪初，哲学家们就对那种追寻“绝对真理”的诉求提出了质疑，并由此引发了一场声势浩大的“拒斥形而上学”的分析哲学运动。

伯特兰·罗素指出，分析哲学的优势就在于它一次只解决一两个具体问题，而不必（也不可能）将宇宙间所有问题的解决“毕其功于一役”。但是，分析哲学在指明近代哲学的虚妄之后，仍然孜孜以求地为理性和语言框定一个范围，进而判断哪些问题能够被人的理性所解决，哪些问题由于超出了理性能力的范围而不能解决；哪些知识因其具有原则上的可检验性而成为合法的，哪些知识则由于不具有这种可检验性而成为非法的。可见，分析哲学家还是念念不忘要为知识提供一个基础性框架和本原性规则。至于实践理性，因为上帝已死，原本维系于上帝观念的一切普遍适用和绝对无误的道德前提已经坍塌。然而，哲学家们仍旧坚信，如若没有一些最基本的共同价值观，社会稳定和人类和谐的愿望就永远无法实现。当然，这种共同价值观不再是由某一外在权威强加于人的，而是必须通过人们自由而充分地表达其思想、平等而友好地交换其意见来形成的。

但是，后现代主义思想家彻底摧毁了整个现代主义所追求的这种“元话语”和“元规则”。他们昭示世人：后现代社会是信息化社会，各类信息正以排山倒海之势向人们涌来，各种知识也以令人眼花缭乱的快速充塞于世；整个世界完全处在知识的汪洋大海之中，人们每时每刻都在接受新信息和新知识。在这种情形下，人们怎么还能指望自己去建立一个囊括一切的“总体性知识”？正如德勒兹和加塔利指出的：“我们今天生活在一个客体支离破碎的时代，那些构筑世界的砖块业已土崩瓦解……我们不再相信有什么曾经一度存在过的原始总体性，也不相信在未来的某个时刻有一种终极总体性在等待着我们。”[①] 雅克·拉康也公开宣称：永远不要求助于任何实体或任何存在，要“与一切被称为哲学”的东西断绝关系。

不仅客体已经支离破碎，而且主体也在经历着一个明显的碎裂过程，没有任何恒久的、稳定的东西存在，一切都是短暂的。大卫·哈维指出，契约的短暂性是后现代社会的标志：短期工作、低就业机会，甚至情感生活与文

① 吉尔·路易·勒内·德勒兹、菲利克斯·加塔利：《反俄狄甫斯》，载道格拉斯·凯尔纳、斯蒂文·贝斯特《后现代理论》，张志斌译，中央编译出版社，1999，第98页。

化生活、爱与性都是一种短暂契约。可以想象，当所有的一切都成了虚幻不定的过眼烟云的时候，主体自身也就被肢解得四分五裂了。难怪米歇尔·福柯说，人已死，统一性和一致性的自我已经不复存在。主体被肢解这一事实所导致的严重后果在于，一切建立在统一主体之上的"宏大叙事"都遭到了灭顶之灾。让-弗朗索瓦·利奥塔发现，用于支撑人类知识的"元话语"和"元规则"本身是不可证明的，因为说到底它们不过是一些形而上学的"宏大叙事"，如科学能够把我们从蒙昧和迷信中解放出来；历史是进化的，因而历史是人的希望之源，随着历史的发展，一个更加美好的社会必然出现在我们面前。然而，由于统一主体的消失，"普遍解放"变成了大师们编造出来的神话。在社会生活中，不再有任何稳定的结构和事件之间的因果联系，不再有可以改变历史的重大事件发生，因此，我们将无法描述历史发展的轨迹。相反，一切都受制于不确定性和难以预料的偶然机缘。

在后现代主义者看来，现代哲学家对建构总体性知识有一种近乎痴迷的情结，他们为知识内部的自洽与和谐造成的美感所倾倒。为了达到此目的，他们不惜大刀阔斧地裁剪所有差异性和非同一性的东西。同一性和规范化是典型的现代主义思维方式。可见，现代知识的搭建与话语霸权的横行直接关联，现代性知识所到之处，便彻底清扫掉了差异性。不仅如此，现代哲学家相信，事物的有些性质或方面比其他性质或方面更真实、更基本。比如，基础先于非基础，主体先于客体，神先于人，人优于自然，男人优于女人，理性优于非理性，等等。整个世界就是一个等级森严的系统，一级从属一级，越接近基础就越真实、越高级。因此，现代主义在实质上就是一种压迫性文化。

后现代主义认为，既然终极基础已被瓦解，知识的分崩离析便不可避免。在利奥塔眼中，知识其实不过是一些"语言游戏"。语言是不断生长和无限丰富着的，随时都会有新的东西填充进来，因而我们不可能将之视为固定不变的整体，去找寻一个放之四海而皆难的普遍规则；各类语言游戏之间只具有家族的相似性，而不具有内在的同一性。因此，语言游戏本然地接纳、欢迎异质性和非同一性。利奥塔以极大的热情号召人们：现在到了必须强调意见冲突的时候了，让我们激活差异并且为差异正名吧！他还说："我们没有任何理由认为可以找到全部这些语言游戏共有的元规定，没有任何理由认为一种可检验的共识（例如曾在科学共同体中占统治地位的共识）能够包容全部元规定，这些元规定的作用是调节在集体中流传的全部陈述。合法化叙事在今天的没落恰好是与这种信仰的丧失联系在一起的，不论这些叙事是传统的叙事还是现代的叙事。"[①] 正是在这一背景下，利奥塔力倡一种多神教哲学和多元的公正性，他要在话语方面设定一个众生平等的平台，让众声齐鸣。在《千高原》中，德勒兹与加塔利提出了一种不同于传统"树状思维"的"块茎思维"。"块茎思维"试图将哲学之树及其第一原则连根拔起，伸展根与枝叶，使之多元化和撒播，从而产生出差异性与多样性，制造出新的连接。

后现代主义的诞生，标志着一个新时代的到来，在这个时代，任何人都无权宣称自己掌握了绝对真理，可以成为向人们说教布道的牧师。知识的发展与更新充分揭示了世界要比我们原先想象的复杂和不确定得多。传统科学家认为，凡事皆有因，整个世界的运动遵循着少量的几条普遍和严格的因果律，如果科学家发现了这几条规律，就能够根据它们由过去解释现在，由现在预测未来。然而，量子力学却粉碎了科学家们的这一信念。微观世界中单个粒子的运动是如此不规则，以至于人们根本无法去描述和预测它的轨迹。达尔文学说是生物学发展史上的一个里程碑，因为它证明了基于自然选择的生物进化规律，可是，分子生物学的研究现状却向我们表征，基因突变是纯粹偶然的。以往的思想大师相信，人类的全部历史活动都可以还原为物质资料的生产活动，物质生产水平的提高带来了社会历史的进步，并最终带来人类的普遍解放。在阶级社会里，阶级斗争是推动社会发展的决定力量，由于无产阶级的阶级作用，社会主义必然战胜资本主义。然而，在后现代社会，各个阶级、各种意识形态以及各种文化形式之间的界限均告"内爆"，主体与客体均已碎裂。这一情形被某些后现代主义者称为"历史的终结"。"进步"

① 让-弗朗索瓦·利奥塔：《后现代状态：关于知识的报告》，车槿山译，生活·读书·新知三联书店，1997，第137页

与“解放”这两个曾经被人们所憧憬的名词，现在已失去了意义。后现代主义者敏感而清晰地体验到了这些悄然而至的变化，他们提出，面对如此复杂难测和变化无常的世界，如果还要妄想借助某种“元话语”和“宏大叙事”，去建立一个具有普适意义的总体性知识，来解释和说明世界，为人的行为确立准则，无疑是愚蠢可笑的。我们认为，在这个问题上，后现代主义的见解至少是明智的，它告诫人们，在研究现实问题的时候，应当少一些狂妄，多一点谨慎，不要动辄就扮演精神导师的角色，“代圣人立言”。对于现实的变化，无论我们欢迎还是憎恶，都必须正视它，严肃认真地对它进行分析研究，而许多拥护现代性的人在这一点上确实做得不够。

在思维方式上，后现代主义指出，追求同一性和规范化的本质主义极易导致对差异性和片段化的拒斥，从而在话语方面产生专制极权。尤其是当这种本质主义与政治权力相结合的时候，就完全可能导致对弱势群体和边缘文化的压迫。的确，过分的同一性是一种霸道行径。色彩斑斓和丰富多样是这个世界的原貌，可是人们为了实现知识的内在同一，不得不大量地剪裁掉异质性的东西，以便使世界在人们眼中变得更加简单明了。简单化的世界图景剥夺了世界的生命活力，使之变成了一具干瘪的僵尸。针对与同一性要求相关联的“树状思维”，后现代主义者提出了“块茎思维”。一棵大树也有枝叶繁茂之时，只是这些枝叶无论怎样生长都无法脱离树根和树干，即是说它们的自由是有限的。“树状思维”将中心与边缘截然划分，强调思维的任何路向都必然受到中心的牵制。可见，“树状思维”就是一种中心性思维。“块茎思维”则不同，块茎无所谓中心，它的根系可以自由任意地延伸。显然，没有了中心与边缘的划分，便没有了强权和奴役之分。我们必须坦率承认，“块茎思维”的提出，是极具创意和启发性的。如果说“树状思维”在一定程度上扼杀了人的创新精神，那么，“块茎思维”则重新解放了这种精神。

然而，追求“绝对真理”和“终极本质”的虚妄性，并不意味着人们对真理的追寻和对事物的本质及规律的揭示也是荒谬的。其实，人除非不去建构自己的知识体系，否则他很难避免为自己的理论去找寻一个逻辑的起点，并在这一起点上把自己的立场一以贯之地坚持下去。同时，人只要试图去建构一个知识体系，就总是想使这一理论的信息含量更大，普遍程度更高。尽管后现代主义者都十分厌恶本质主义倾向和同一性思维方式，可他们在分析问题时，也同样无法逃避这种总体化的概括方式。比如福柯就曾谈及，在任何社会中都存在着多种多样的权力关系，这实际上就是把对权力的分析当作自己理论的一个逻辑基础了。后现代主义在拒斥中心性思维的同时，却对差异性给予了极高的赞誉。在他们眼中，寻求共识就意味着极权，崇尚差异则表征着公正与创新，这就把差异性抬到了至高无上的地位。我们认为，倘若同一性确实真切地存在着，那么，用差异性贬斥同一性，也是一种严重的不公正。

一部近现代哲学史，的确是一部不断探寻终极基础的历史。不错，哲学家们在这条道路上艰难跋涉，却从未赢得过最终的成功。然而，人借此探寻，使自己的思想变得丰富、深邃，境界变得高远、旷达。因此，不能全盘否定传统哲学家探索的历史。还有一个事实我们也不该忘记，这就是，不同的哲学家对世界终极本质和生命终极意义的理解是不同的，进而他们的理论特征和基本观点也是不同的，原本就有一种相互碰撞和相互竞争的格局。历史上还有一批这样的哲学家，专门从事对绝对基础和既定结论的批判性审视。由于他们的追问和置疑，使得人们的思想不至于僵化，认识不至于变成教条。这就是说，多元知识论和价值观的并存态势并不是在后现代社会中才出现的。这个事实给予人们的启示是，虽然绝对真理根本不存在，但人们的终极关怀却并非没有意义。即便是在知识爆炸的今天，科学家和思想家们想要使自己的知识体系信息量更高，从而具有更大的普适性，这种追求也无可指责。只要在现实中，知识系统不是单一的而是多元的，怀疑和批判的精神氛围始终存在，那么，这个现实中的知识状况就是健康的。在这一问题上，我们宁愿采取视角主义的态度。梅洛·庞蒂指出，视角对于我不是一种对事物的主观变形，相反，它是事物的一个属性，也许是它们的本质属性。准确地讲，正是由于它，被感知的东西本身才具有一种隐藏的、不可穷竭的丰富性。这就是说，世界是复杂多变的，人们不能奢望一劳永逸地刻画出世界的全貌。然而，人们可以站在一个特殊的视角，去描绘和解释这个世界，从而触及世界的某一个方面或某一种属性。既然人们能够通过不断变换视角来创建不同的知识体系，既然丰富的视角能够达致与丰富的世界相对接，那么，我们还有什么可抱怨的呢？

后现代主义提倡知识的多元化，这本身并没有错，但它的失误却在于根本放弃了对客观真理和理论普适性的追求。在我们看来，即使从实用主义的角度说，一个理论也应具有比较普遍的解释力和预测性。没有抽象的同一性就没有普遍性，而任何一种普遍性都是对丰富性和异质性的损伤。在一个理论内部，这种两难局面几乎无法避免。由此看来，对异质性和非中心性的宽容只有在多元知识的竞争中体现。后现代主义的失误还在于把多元思维方式绝对化，因而掉进了非此即彼的陷阱之中。它强调彻底的多元化，认为各种语言游戏之间毫无共同性、根本不可通约、无法比较，这样，它就完全放弃了在各类知识系统之间进行对话、交流和批评的可能性。德勒兹甚至发明了“纯差异”这一概念，用来指称无任何同一性的差别。可见，在后现代主义者眼中，人类不仅不可能置身于一个完整统一的知识图景之中，而且不可能置身于一个“和而不同”的知识状况之中，有的只是不同不和的“支离破碎”与“分崩离析”。

后现代主义之所以在思想文化界激起了轩然大波，主要是因为它在社会伦理方面所造成的可以预料的严重后果，有人说它导致了道德的终结。以往的哲学家确实有一种狂妄自大的心态，总是想扮演道德立法者兼道德判官的角色，这自然是十分令人厌恶的。因为无论在情感上还是在理智中，人们都不再需要一个高高在上的牧师。然而，这并不意味着一个社会不需要伦理价值上的普遍准则。我们认为，在这个问题上，后现代主义立场过于极端和偏执。利奥塔甚至公开宣称，共识就是压制，因为它“违背了语言游戏的异质性”。毫无疑问，我们坚决反对与强权相关联的所谓“共识”，触目惊心的历史教训使我们愈益清醒地意识到，任何以“人民”的名义和普遍“公意”的名义对个体所施加的强制性操纵，都是独裁者惯用的伎俩，都会给个体身心造成极大的伤害。但是，矫枉不能过正。社会的正义和公道必须靠普遍的立法和道德准则来维系，即便是对多元文化和多元生活方式的宽容，也只能借社会的共识来实现；对现实弊端的指斥，更必须从某个价值参照系出发。当然，应当指出，首先，这些元规则和元话语要源于自下而上的民主商议。在这一过程中，每个个体都有权充分表达自己的思想和意愿，换言之，元规则和元话语是“众意”的体现。其次，这些元规则和元话语不是绝对无误和永恒不变的，相反，它们必须经受人们的反复质疑和修改。正如哈贝马斯所言，道德普遍主义在当代社会是十分必要的，因为这一价值不是别的，正是对每个人的自由权利的最有力的维护。他说：“普遍主义究竟意味着什么？它意味着在认同别的生活方式乃至合法要求的同时，人们将自己的生活方式相对化；意味着对陌生者及其他所有人的容忍，包括他们的脾性和无法理解的行动，并将此视作与自己的权利相同的权利；意味着人们并不固执地将自己的特性普遍化；意味着并不简单地将异己者排斥在外；意味着包容的范围必然比今天更为广泛。道德普遍主义意味着这一切”。①

试想，倘若按照后现代主义者的观点，共识就等于压制，就是强求一律，那么，避免共识、反对强权的最好办法就只能是自我封闭，把每种文化、生活方式和语言游戏都一概看作一个个孤岛，彼此拒绝交往、对话和批评。难怪他们要一再强调语言游戏之间的不可通约性！倘若一个社会不再有任何普遍的规则可以遵循，每一种文化和生活方式都可以不受约束地自行其是，任意扩张，触犯和伤及“他者”，并且，每一种文化和生活方式内部也能够随心所欲地侵害个人，那么，这个社会岂不成了一个弱肉强食的丛林世界？我们相信，在专制主义和无政府主义之间只有一步之遥，两极跳跃的事例在历史上屡见不鲜，如若按后现代主义的主张去做，其结果也不会例外。

后现代思想家对本质主义和中心主义的挑战，使众多处于弱势和边缘地

① 哈贝马斯：《现代性的地平线——哈贝马斯访谈录》，李安东，段怀清译，上海人民出版社，1997，第137页。

位的群体大受鼓舞。德勒兹宣称，要把微弱的、少数的和局部的话语实践统统网罗在自己的麾下，要让"幻稚的话语""结结巴巴的话语"和"移民的话语"纷纷出场。伴随着经济全球化的到来，"西方中心主义"的声浪在世界范围内更加强劲；同时，现代性的过度发展，使其日益显露出衰微的病症。这些现状激起了欠发达国家和地区的民族主义情绪的高涨，而民族主义抵御"西方中心主义"的最有力武器就是后现代主义者所力倡的"文化相对论"。毋庸讳言，这种文化相对论也引起了中国大陆的某些文化守成主义者的强烈共鸣。然而，在我们看来，中国的传统文化以儒学为主流，儒学的核心是"以仁为本"，仁者爱人，儒学的价值指归是以"父慈子孝""兄友弟恭"等自然亲情来修身、齐家、治国、平天下。可见儒学的基本立场不仅是泛道德主义的，也是普世主义的。一种普世主义的主张无论如何也不能与文化相对论相调和。这样一来，文化守成论者便面临着两难选择：为了在全球化形势下固守住传统文化，必须求助于文化相对论；主张文化相对论，则不得不放弃儒学的普世主义基本立场。我们认为，面对"西方中心主义"的强大攻势，持文化相对论的态度未必是一种最佳的选择，因为它让人感到信心不足，好像分明知道自己不是对手，为了躲避挑战，只好自找封闭，以便守住自己原有的一席之地。历史告诉我们，这是无济于事的。在一个开放的社会里，各种文化间的交融和互动随处可见，故步自封，只怕是一席之地也保留不住。我们历来主张，敞开胸怀，接纳一切有价值的文化特质，大力增强中国的经济实力，把软权力建立在硬权力的基础之上，才能真正提高自己的文化自信心。满足于蜷缩在一个角落里，不时发出几句微弱的咒骂声（所谓"争取话语权利"），而不理会别人行还是不行，理睬还是不理睬，关注还是不关注，这种现代阿 Q 的精神在已经站起来了的中国人中实在不值得提倡。

后现代思想家中的许多关注社会政治问题的人都主张与传统的宏观政治革命决裂，他们把自己的理论关注点转向了微观政治领域。在他们看来，自由或解放这一概念，其实就暗示了存在着某种有待于从压迫性的权力桎梏下挣脱出来的人类固有本质，而这却与他们的反本质主义立场相抵触。为替代马克思主义的阶级斗争学说，福柯呼吁一种在社会的所有微观层面上，在监狱、精神病院、医院和学校中发展起来的多元的自主的斗争。可见，在他的心目中，强者就是有权有势者，就是拥有“话语霸权”的人，进而就是统治者和压迫者；处于弱势和边缘地位的人则无论如何都是值得同情的。因此，福柯一生都在研究“总体化话语的暴政”和“规诫性技术”，并对之表现出极大的反感，他号召“受压制知识的暴动”，呼吁“被取消了资格的”的话语起来造反。利奥塔认为比左派政治运动更重要，更容易引发强度的、一场规模巨大的地下运动，它波澜壮阔，汹涌澎湃，由于这场运动，价值规律失去了作用。我们认为，首先，自发和分散的微观政治斗争是一盘散沙，既不能争取广大民众的支持，也不会触及现存制度的根本。我们无法想象，如果没有人类的主体性意识，没有自由的选择、谋划和参与，大规模的政治斗争会自发地出现。其次，把日常生活审美化的浪漫主义立场毫无建设性。我们承认，由于工具理性和唯科学主义的恣意扩张，已经相当程度地对个体造成了严重摧残。然而，绝不能因此就断然拒绝任何法律制度与道德教化对人的规约，规范化的机制在任何情况下都是必需的。我们应该做的只是在合法权利与非法权利之间做出区分，反对强权与暴政，维护社会中每一个人的和平与安宁。后现代主义者给我们这样一种印象：他们对人类的普遍解放并不关心，相反对疯子、罪犯和嬉皮士的自由却情有独钟。可是，我们有理由担心，解放了疯子、罪犯和嬉皮士，而安分守己和辛勤工作的普通人的自由却要荡然无存了。

二、人道主义：局限与永恒

后现代主义给思想界带来的另一个震撼，是其鲜明的反人道主义立场。它宣称，后工业化社会的莅临，标示着“人的终结”。

人道主义主张“人类中心论”。在它看来，人是万物之灵，万物为人而生长，因此人理所当然地成了世界的主宰，人征服和占有自然是天经地义的。西方现代化正是沿着这条思维路向实现的，虽然科技长足发展，经济快速增长，但生态失衡、环境污染、资源匮乏成为现代化不得不付出的巨大代价。

人道主义倡导一种超社会超历史的抽象人性论。它认为，人是绝对自由的，这一自由就体现在人可以按自己的意愿去选定任何一种社会角色、社会地位和个性特征。自由是个人尊严和人格独立的基本依据。一谈及人道主义，很容易使人联想到文艺复兴时期的思想家乔瓦尼·皮科·德拉·米兰多拉的一段话："大造把人作为一个没有区别的肖像作品来对待，并把他放在宇宙的中间这样对他说：亚当呀，我们不给你固定的地位、固有的面貌和任何一个特殊的职守，以便你按照你的志愿，按照你的意见，取得和占有出于你自愿的那种地位、那种面貌和那些职守。其他受造物，我们将它们的天性限制在我们已经确定了的法则中，而我们却给了你自由，不受任何限制，你可以为你自己决定你的天性。"[①]这段话几乎蕴涵了现代主义的所有核心内容，事实上，正是以它为源头，个人主义伦理学、宪政民主和自由市场经济才被衍生出来。20世纪存在主义哲学家萨特把皮科的这一理念发展到极致，他明确表示：存在主义就是一种人道主义。他指出，人自从被抛置到这个世界上，就被判了"自由"的徒刑，这意味着人将从此无所依傍和绝对孤独地选择自己的生活。无论他是英雄还是懦夫，是伟人还是凡人，全都是自我选择的结果。因此，自由是人与生俱来的天性，是人的基本存在方式。卡尔·马克思也认为，自由和自觉的劳动是人的本质，通过劳动，人类创造出了自己的生存环境——典章制度和社会文化，人既在这一环境中生活，受其制约，同时又能超越其上，创造出更加有利于自己生存和发展的新环境。正是在这个有条件的限制与生存格局的创新的不断轮回中，人的智慧、才能和自信不断得以提升，人的自由得以尽情展现。

后现代主义对人道主义的上述种种见解进行了猛烈地抨击，它指斥人道主义充分暴露了人类的狂妄——企图将自己变成另一个上帝；它认为现在已经到了抛弃主体（人）这个令人讨厌的宠儿的时候了，因为这个宠儿占据思想舞台的时间太久了。

---

① 雅各布·布克哈特：《意大利文艺复兴时期的文化》，何新译，商务印书馆，1977，第350页。

后现代主义的先驱马丁·海德格尔指出，在现代主义者的眼中，人变成了这样的存在者，其他所有的存在者只有在人存在的平台上才能够为自己的存在和真理找到立足的根基，人成了其他一切存在物都与之攸切相关的中心。然而，人不是“在者”的主人，而是“在”的看护者。现代人无止境地主宰和征服大地，这种主宰和征服犹如贪得无厌的榨取，直到把大地盘剥殆尽。后现代主义者大卫·格里芬主张，在后现代社会中，人应拥有一种家园感，他们把其他物种看成是具有自身经验、价值和目的的存在，并能感受到自己同这些物种之间的亲情关系。可见，后现代主义是这样一种精神：它把对人的福祉的特别关注与对生态的考虑融为一体。

随着现代化的推进和工具理性的泛化，生态和环境问题愈益严峻地摆在了人们面前，使人不得不深刻地反省自己在价值取向和思维方式上的偏失。后现代主义的兴起及其在世界范围内的广泛影响，在一定程度上可以说正是这种反省的结果。的确，人与自然、主体与客体的二元对峙以及“主体优越论”的世界观，容易使人产生一种虚幻感，认为自己能够随心所欲地主宰自然。工业文明和科学技术的盛行，业已彻底导致了“自然的去魅”，人们对自然存有的最后一点敬畏心也消失殆尽，使他们更加有恃无恐地掠夺和蹂躏自然。从这个意义上说，后现代主义在纠正现代化负面影响的路途中迈出了探索性的一步，这是可喜的。尤其是，建设性的后现代主义强调，尊重自然和其他物种的价值，并不等于说人的内在价值可以与一只小昆虫相提并论。这一见解在我们看来，是十分合理的。

我们想要强调和补充的是，在人与自然的关系上，把握好一个适宜的尺度非常重要，骄横野蛮地践踏自然和任凭自然对人的统治，这两个极端都是不可取的。毕竟，在多数情况下，人一旦完全放弃对自然的控制，那就意味自然对人的奴役。我们注意到，一些思想家在论及工业文明的负效应时，表现出一种浓郁的怀乡症状。比如，海德格尔就曾提出，诗人的天职是还乡，还乡使故土成为新近本源之处。原始单纯的生存才会重新向我们言说它自己。诗意地安居就是让“在”去“在”。在中国学术界，也有一些人认为，中国传统文化中的"天人合一"思想是克服现代弊端并拯救人类的良方。然而，我们却觉得，回到过去、追求一些人与自然的原始和谐状态，这不应当是现代人渴求的目标。人不去开发和利用自然，当然就不会破坏自然，一切生态和环境问题都无从谈起。这样一来，工业文明所带来的正效应与负效应都不会发生，富裕舒适、便利快捷和丰富多彩的生活与人无缘。人的自由创造性不被首肯，人的尊严和价值无法体现，人的生活与动物的生活也就无异了。倡导人道主义并不必然地导致人类自大狂妄，因为今天人们（首先是科学家而不是诗人）已经清醒地意识到，即便是为了人类自身，也不能蹂躏自己的家园。保护环境不等于不开发自然，也不是拒斥现代工业文明，更不是维持低能量、低水平的生活，而是杜绝无止境地掠夺资源和肆意破坏生态的行为。在这个过程中，我们应采取各种有效手段，其中主要是高科技手段，来尽可能地修复业已被破坏了的自然生态环境，同时寻找和开发可替代的资源。总之，人类应该有自信，凭借自己的聪明才智，为自己重建一个清新、健康和美丽的家园。

后现代主义坚决否认有一个先在的、永恒不变的人性存在。福柯说："我相信不存在独立自主、无处不在的普遍形式的主体。我对那样一种主体观持怀疑甚至敌对的态度。正相反，我认为主体是在被奴役和支配中建立起来的；或者，像古代那样的情形，通过解放和自由的实践，当然这是建立在一系列的特定文化氛围中的规则、样式和虚构的基础之上。"[①] 为了揭示"人"不过是特定历史文化的产物，福柯从对知识考古学和权力系谱学的研究入手，对"人"的诞生进行了系统而详尽的考察。他指出，从根本上说，人不是科学话语的创造者，恰恰相反，所谓"人"不过是科学话语的信码所创造的"一个范畴"，换言之，不是人创造了科学，而是科学创造了"人"。个人主体是有限的意识，从属于不由人选择和创造的规则，因此，"知识型"先于个人主体而存在。知识考古学表征，作为认识主体的人是根本不存在的。福柯认为，

① 包亚明主编《权力的眼睛——福柯访谈录》，严锋译，上海人民出版社，1997，第19页。

在西方现代社会中，权力无所不在；权力的功能就在于通过监督和规诫去塑造人的心灵，规范人的行为，把人培养成顺从的奴隶。例如，制造厂被分为一系列车间，每个车间都有不同的功能，而且所有车间都被置于监视之下。工人每日的活动也是被严格规定好了的。不仅如此，工厂、学校、军队还接受一整套时间上的（迟到、缺勤）、行为上的（粗鲁、不顺从）、身体上的（不正确的姿势、不正规的手势）、语言上的（闲聊、傲慢）、性行为上的（不道德、下流）微观的惩罚措施。可见，西方社会就好比一座"圆形监狱"，在这座监狱中心的观察塔上，有一双权力的眼睛在监视着社会中的每个人。这种监视与惩罚之网的最终目的是把人当作材料，制成社会可以接受的驯服工具；而达到这一目的的最主要方法，就是在所有人中造成一种好人与坏人不断对比的道德压力。正是监视使规范化的判断茁壮成长。福柯的结论是，我们作为处于上升高涨的资产阶级社会的推动力及这一制度最初证明者的直接继承人，生活在一种"规范的普遍统治之下"。也就是说，我们的生活是由教师、医生、教育者和社会工作者的判断来支配的。既然人生活在这样一张庞大的、异常结实的统治之网中，还有什么自由可言呢？

我们认为，人道主义的诞生与发展，标志着人类最终摆脱了对父权制上帝的依恋。这一结果曾经被认为是人性的成熟，因为人就此获得了独立和自由的权利，第一次能够按照自己的意愿去建造美好生活。然而，几个世纪过去了，理想社会不仅始终没有显现，相反正是在人道主义的阳光下，世界发生了那么多令人发指的、有辱人类尊严的罪恶。这是为什么？信奉人的主体性和能动性的左翼运动（如西方马克思主义）受到挫折，资本主义社会反而显示出了生命力。难怪让·博德里拉说，我们正面对着一个新的没有未来的未来，没有什么决定性的事件在等待着我们，因为一切均已完成了，并且注定只能去无限地重复：同样事件的无休止的重复。这就是西方的后现代命运。人们已经绝望地意识到不会再有历史了，我们被冻结在一个凝滞了的现在，时间消失了。现代性是一个变化、革新、进步和发展的过程，而且，历史原本曾是这一时代的希望之源：人们认为它将给全人类带来革命、民主、公平、进步和幸福，等等。然而，随着历史的终结，所有这一切如今都烟消云散了。对人道主义的反思正是从这里开始的。人道主义在历史中的诸多失败警示世人，不承认社会历史文化对人的制约，脱离对社会现实的种种特性的研究，而去侈谈人的自由创造力，在学理上是十分空疏苍白的，在实践中也是非常有害的。

但是，我们认为，后现代主义对人道主义的反省矫枉过正了，它全盘抛弃了人道主义的所有积极意义。因而它走入了一个无力自拔的二律背反之中：如果人的自主性和创造性不过是美丽的神话，那么，我们对于现实和未来，除了采取宿命论的态度之外别无选择，无论宏观革命还是微观革命均无从谈起，又谈什么哪里有权力，哪里就有抵抗？

其实，伴随着人道主义的问世，自由意志论和决定论的争辩就从未中断。自由意志论并不否认社会的经济、政治、思想文化这些生活环境对人的巨大影响，它甚至坦言人的绝大部分特性是由社会环境赋予的，但是，这些既定因素只是人进行自我设计和社会谋划的必要条件，也就是说，当必要条件给定之后，人还是会面临多种可能性，他的选择余地仍然很大。正是在这种自我选择的广阔空间中，个人的自由和历史的魅力才尽显出来。可见，必须承认人的某些特性是与生俱来的，这些特性中的最主要基质就是人的能动性和创造性，有了这些东西，历史文化的发展才不会沦为一系列毫无生气的必然性规则的僵硬铺陈。如果没有宗教改革和启蒙运动作为历史的先声，西方资本主义制度的确立和发展将不可想象；而如若没有路德、加尔文、伏尔泰、狄德罗、孟德斯鸠和卢梭等一大批思想家的伟大创造力，宗教改革和启蒙运动则更是空穴来风。就连马克思这位长期被误解为典型的“历史决定论”者的思想家也曾自豪地宣告：人的自由和自觉的活动是人的类本质。人创造了历史文化和社会的典章制度，又在这一创造物中生存、受其制约；人还能超越既有条件，变革现实的制度与文化。正是这种生活环境的制约和生存格局的创新才构成气势恢宏和惊心动魄的历史。马克思把社会变革的全部希望都寄托在人的自由创造力之上，他指出，以往的哲学家只是以不同的方式解释世界，而问题的实质在于改变世界。因此，我们认为，福柯等后现代主义思想家在一定程度上误读了人道主义和自由意志论，将二者在历史中的异化视为本身内含的错误，这是有失公允的。

虽然福柯强调个人被束缚在一个全方位和规诫性的权力网络中，权力无处不在，但他否认自己是一个悲观的宿命论者。他说，由于权力的偶然性和脆弱性，我们可以永远不落入权力的圈套。宏观的总体性政治革命是福柯坚决拒斥的。因为在他看来，任何一种总体的历史叙事都是将所有的现象聚拢到一个单一的中心——一种原则、一种意义、一种精神、一种世界观、一个包容一切的范型之下，这种总体化暴政无非是以一种权力统治代替了另一种权力统治而已。福柯指出，既然权力是分散和多元的，那么政治斗争的形式也就必然是分散和多元的。微观政治包含两个关键成分：话语政治和生物性政治。话语政治即是边缘群体通过抵制霸权话语来解放差异。在任何社会中，话语即权力，因为话语规则强化了理性和真实性的制定标准，若想站在这些规则之外发言，就要冒被排斥以至沦为边缘人的危险。反话语提供了阐发被边缘化群体之欲求的一种手段。所谓生物性斗争即是试图摆脱规诫性权力的束缚，通过创造新的欲望形式和快感形式来重塑躯体。福柯相信，通过培养新的躯体和快感，就有可能颠覆规范化的主体认同和意识形态。对于福柯的这一通辩解，我们不能接受。且不说我们怀疑一盘散沙的微观政治斗争能否冲破权力的桎梏，我们更加关注的是，既然“人”是一个历史概念，从属于控制、装饰、训练和折磨自己的权力关系，那么，人的能动作用怎么会从天而降？的确，在福柯的后现代思想中，存在着一种不容忽视且不可克服的张力，即强调统治的无所不在性与强调抵抗的可能性之间的张力。看来，要坚持抵抗和政治斗争，就难以在自己的学说中彻底否弃一个先验的人的本质。卡尔·马克思没有能够做到，米歇尔·福柯也同样做不到。

与所有后现代主义者一样，福柯反对先验主体的目的旨在抗拒启蒙理性。在笛卡尔那里，主体被毋庸置疑地理解为一个思维着的实体。于是，人的躯体和快感的方面被视为微不足道或者必须加以控制的野性因素。福柯指出，理性的片面和极度的发展，使现代权力与知识形式相互联结。在理性的无所不在的统治之下，人类的各类经验如疯狂、性行为等都变成了被严密分析和监视的对象，人类的所有行为都成了现代“话语帝国主义”和权力知识体系的控制对象。启蒙的任务就是成倍地增加“理性的政治力量”，并将之扩散到整个社会领域，最终渗透到日常生活空间中。在反对启蒙理性的旗帜下聚集着的不只是后现代主义者，尼采、海德格尔、霍克海默和阿多尔诺等人早已对此有过许多深刻而精彩的阐述。由于理性规范的无孔不入，人的情感、情绪和情趣被剥夺，人的灵性也随之消失殆尽，人可悲地沦为一个个标准化的工具。然而，福柯有什么根据说躯体和快感没有受到权力的污染（既然权力无处不在）？有什么根据说解放了躯体和快感，这个世界将会变得更加美好？如果人的欲望被全面释放，靠什么来保证人不会为了满足自己的欲望，而去不择手段地剥夺别人追求幸福的权利？一个失去理性判断力的人，谁又能保证他不会更容易地被权力所驱使和控制？毕竟，从历史的角度看，理性的自主性和批判性要明显地优于盲目的顺从。虽然理性专制值得人们高度警惕，但不加限制的欲望泛滥成灾却更加可怕。如果鱼和熊掌注定不可兼得，那么，我们只能两害相权取其轻。弗里德里希·荷尔德林也认为，总是使一个国家变成人间地狱的东西，恰恰使人们试图将其变成天堂。对于在追求完美理想的途中历尽沧桑的人类来说，这句话所内含的意蕴太耐人寻味了。

令人欣慰的是，在福柯晚期思想中，有一条明显地朝着启蒙理性回归的趋向，他开始重新关注人的自主性和理性的自我控制，并把之称为“自我技术”。福柯把自我技术定义为允许个人运用他自己的办法或借他人之帮助，对自己的躯体、灵魂、思想、行为和存在方式施加某种影响，改变自我，以达到某种愉悦、纯洁、智慧或永恒状态的实践。他通过研究古希腊和罗马的文化，发现当时的人们习惯于把人的欲望看成是迫切需要道德关注的领域。古希腊人意识到欲望具有潜在的破坏性，因而必须加以适当的约束和控制；在古罗马时期，出现了许多“自我看管”形式的苦行者。与基督教道德不同，古希腊和古罗马道德的目标不在于禁欲本身，而在于实行适当的约束和自我控制，并认为，这种对欲望的自我控制，对城邦的“总体善”是至关重要的。虽然福柯仍旧坚持非普遍化和非规范化伦理的重要性，指出这种伦理倡导个体的差异性，因此它避免了将个体主体转化为普遍伦理主体的现代性泥沼。但是，在福柯的晚期思想中，毕竟凸现了一种人的自由精神和理性控制的力度，这与他早期一概把人视为权力关系的产物，把理性看成是压迫性力量的思想形成了鲜明的对照。福柯的理论转向和自我批判，是否可以为绝大多数后现代主义者提供某种发人深省的启示呢？

三、“高雅”与“大众”：文化的界限何在？

后现代主义与大众文化历来保持着一种亲缘关系。既然后现代主义厌恶中心主义，拒斥二元思维，同情边缘文化，那么，它主张摒弃高雅艺术和大众艺术的严格划分也就是不足为怪的。安德里斯·惠森认为，在最宽泛的意义上说，流行艺术是后现代的概念得以最初成形的语境，后现代主义内部最重要的一些倾向已经向现代主义对大众文化的粗暴的敌视提出了挑战。

我们可以将后现代主义与法兰克福学派对待大众文化的立场做一个比较，以便使问题更加明晰化。阿多尔诺首先界定了大众文化所特有的内涵，即大众文化就是文化工业。它以工业化批量生产为标志，以市民大众为受众，以大众传媒为手段，具有商业化、技术化、标准化和强迫化的特征。可见，大众文化和消费主义是一对相互缠绕的孪生兄弟，是两个散发着铜臭味的商业怪胎，是工业化社会中人的单面性和畸形化的集中体现。大众文化作为市场经济的直接衍生物，它最大的特征就是商品化；商品只接受市场规律和利益原则的支配，它的唯一价值就是满足各类消费者的娱乐和消遣之需。正因为大众文化对任何人都会投其所好，对任何见解和情绪都能够宽容，因此，它如同强效麻醉品，使人们对现实的假、恶、丑熟视无睹。高雅文化则在人们心目中构筑起一个理想的“应然世界”，来控诉批判资产阶级的物质文化，贬斥肉体的堕落和精神的“去魅”，拥抱自由而拒绝奴役，因此它有意识地在理想和现实之间保持着张力，站在价值的彼岸，对污浊的现实进行猛烈的抨击。

高雅文化与大众文化的鲜明区别就在于，它始终坚持怀疑和批判精神，坚持对人的精神的引导作用。

后现代主义厌恶的恰恰就是这种高高在上的精神导师的角色。它认为，现代主义之所以要在高雅文化与流行艺术、美学与商业之间划一道严格的界限，其目的就是企图垄断话语权，以维护自己在这方面的优越感和权威性。现代主义者们把自己看成是超凡脱俗和先知先觉的人，而将公众视为头脑简单、先天愚笨和受人操纵的被动者，因此他们斥责一切所谓“低层次的”和“粗俗不堪的”流行艺术；他们把符合自己口味的文化当作是高雅不凡的“阳春白雪”，而将异类文化视为登不上大雅之堂的“下里巴人”。可见，现代主义在实质上不过是一种西方中心主义和文化帝国主义的体现。后现代主义反其道而行之，对大众文化大加赞颂，认为正是它反映了社会“贱民群体”的需要。正如安吉拉·默克罗比所言，如果主体的支离破碎早已成为社会现实，那么，后现代主义者更为关注的问题是，谁能够表现出他们的这种碎裂？谁能够把他们被割裂的主体性用声音或者图像表达出来？简而言之，谁可以声辩？谁可以表现？谁的声音会被听到？既然在当今世界，科学技术和大众传媒把自己的触角伸到了生活的每一个角落，文本、图像和艺术表现形式的多样化已构成社会现实的一部分，那么，它就为黑人文化、女性文化甚至“同性恋文化”提供了表现自己的舞台，为曾经被主流文化排挤至最边缘的群体争取到发出自己声音的权利。默克罗比还认为，后现代主义之所以能够吸引大批年轻人以及或许可称之为新一代知识分子的那些人（常常是黑人、女性或是工人阶级），原因就在于他们自身就在经历着短期工作和低就业机会而强加给他们的生活的支离破碎。

在谈及后现代主义文化时，不能不提到让·博德里拉这位后现代主义的思想大师。他声称，肇始于20世纪后半叶的后现代主义是一场对意义的广泛解构的革命，“凡生于意义者必将死于意义”。后现代主义对所有隐藏在事物表象后面的本体都要全力加以铲除，没有了本体和基础，理论话语也就失去了指称对象，意义也就不复存在。因此，后现代世界不存在意义；它是一个虚无的世界，在这个世界中，理论漂浮于虚空之中，没有任何可供停泊的安全港湾。意义需要深度，一个隐藏的维度，一个看不见的底层，一个稳固的基础。然而，在后现代社会中，一切都是“赤裸裸的”、可见的、外显的、透明的，并且总是处于变化之中。从这一点上讲，后现代场景展现的是意义已死的符号和冻结了的形式，它们不断地变化出一些新的组合形式。生活的不确定导致了思想文化的无意义和无深度。

不仅如此，博氏还认为，在当代社会，图像象征着攫取了一种支配权。图像侵入了我们私人生活的方方面面，在我们工作和娱乐消遣的地方，都有图像出没，甚至在我们为账单、住房和抚养孩子操心的时候，图像也仍然和我们在一起。图像的蜂拥而至和快速变化将一切都变得短暂而不确定，将所有的秘密、空间和场景都拆减成“单维的信息”。伴随着媒体和图像的不断扩张，图像与现实、媒体与社会的界限已变得模糊不清（“内爆”）。比如在1981年，罗纳德·威尔逊·里根的病情在英国曾经以一种极具肥皂剧色彩的方式，被公开转播；人们几乎无法辨别这究竟是电视剧，还是真实存在的事情。再如，据报道，一个平时极度温和老实的美国男子制造了一系列绑架杀人案，其动机仅仅是为了满足自己上镜头、成为荧屏图像中引人注目的一个片段的欲望。这就是说，当现实和新闻图像的界限变得模糊不清时，很多现实中应有的禁忌也变得不那么令人生畏了，他那强烈的成名愿望遮蔽了其他的一切社会顾虑。总之，我们目前正处于一个图像时代，图像和符号正以迅猛的速度剧增，它们已经主宰了社会生活。

当图像本身就是现实，一切都变得稍纵即逝，所有的思想感情都可以平等和无所顾忌地展现自己的时候，关于好与坏、善与恶、美与丑以及积极与消极的价值判断便显得极其荒谬。博得里拉认为，在应对一种价值的瘟疫及扩散时，为严谨起见，我们不应当再继续使用价值一词，因为这种加速增长及连锁式反应已经使得一切评估均告失效。这里再次出现了同微观物理学所描绘的完全相同的情形，正像我们不可能同时计算出某个微粒的速度与位置一样，我们也不可能用美与丑、真与假、善与恶来判定事物的价值。每个粒子都有它自己的运动方式，每种价值与价值的碎片都在类象的夜空中一闪而过，接着便消失在无边的虚空中，就像一条折线，只是偶尔地与别人的线相交。这就是碎形的真实情景，也是我们当前文化的真实情景。

然而，并不是所有的后现代主义者都主张虚无主义。默克罗比明确说，不必把这些后现代社会现象看成是意义的终结，或者是新的虚无主义的开端。听众或观众都不是头脑简单的愚众，他们会对这些令人眼花缭乱的图像做出有理解力的独立评判。同时，既然媒体形式无处不在，那么任何人和任何群体都可以利用其表现自己，因此，没有理由假定后现代主义与大众文化就一定缺乏颠覆或批判的潜能。比如，一个住在英国城市里的黑人，通过电视可以及时了解南非的黑人们如何调动手边的一切资源，来反抗种族隔离政策，从而感受到一种"交流的狂喜"。如今，第三世界运用起全世界媒体来，和昔日的殖民主义同样娴熟。可见，被压迫者的新的结盟将从媒体图像内部或沿着其边缘产生。

我们认为，大众文化由于其巨大的解构力和吞噬力，对长期垄断话语权的主流文化能够形成一种强有力的冲击波，从这个意义上讲，它的作用未必都是消极的。在市场经济和媒体迅猛扩张的条件下，大众文化以其工业化和商品化的特点，在市场上游刃有余，畅行无阻，较之官方那种板着面孔说教的主导意识形态，具有明显的优势。它迎合一切消费者的口味，抚慰一切高尚的或卑下的、优雅的或粗鄙的、健康的或病态的情感，它要冲破任何边界意识，放弃价值判断。无论如何，它为中国的多元化文化格局的形成立下了汗马功劳，其作用是其他文化形式所不能替代的。

同时，倘若我们的确生活在一个根本无法摆脱图像和媒体侵入的时代，那么，认真地研究和巧妙地利用它，比无奈地诅咒和粗暴地厌弃它要明智得多。这是后现代主义给予我们的有益启示。在今日之社会，高雅艺术要在市场浪潮的冲击中站稳脚跟，保留下自己的一席之地，就必须改变自己以往的那种清高孤傲的态度，从而走进媒体，接受音像制作，争夺自己的受众。从这个意义上看，高雅艺术与大从艺术也并非水火不相容。默克罗比说得好，公众不是没有鉴别力的愚众，他们同样赞美美好的灵魂，渴望自由理想的实现，同样厌恶庸俗虚伪的人生，拥抱高品位和高质量的生活。不能坚持这一信念，就无法理解迄今为止为什么还有相当一批人要满怀虔敬之心，孜孜不倦地去阅读浩如烟海的中外名著；全民人文素质的提升愈来愈受到社会的关注，我们千万要注意，绝不能把高雅文化视为贵族文化，拒斥普通民众，鄙视他们，放弃他们，孤芳自赏，自己把自己孤立起来。另外，恐怕我们不能不承认，高雅文化在反映社会现实方面比大众文化显得迟缓，它那对深度的追求、严肃得近乎刻板的内容和传统守旧的形式制约了自己的敏捷性。大众文化将源自生活的各种因素迅速和多角度地吸纳进自己的视野中加以表现，人们可以指责它粗制滥造，格调不高，但它的快速性和直接性的优势谁也比不上。这也许正是后现代主义者比较青睐大众文化的原因之一。短期工作和低就业机会使主体的生活支离破碎，但后现代主义者指出，恰恰是大众文化最敏捷地运用图像或声音表现出了人们的碎裂。从这一角度讲，大众文化最先控诉了现实生活的苦难。再说，图像和媒体的迅猛滋长，“讯息的即时性”使人们能够尽快甚至同时看到发生于世界各地的事件，这就为个人之间、个人与群体之间以及群体与群体之间的互动提供了可能性，在这种情况下，建立起崭新的和更加文明的全球性和区域性社会关系是有希望的。它有助于形成新的个人、社团和群体，使各种亚民族文化有机会向整个社会乃至世界展现自己的特性，使跨民族文化得以萌生。后现代主义的这些研究成果对于我们是很具启发意义的。

然而，我们毕竟有理由追问，艺术存在的价值究竟是什么？消解了意义和深度，放弃了善与恶、美与丑的价值评估，取缔了理想与现实间的张力之后，艺术还能做什么？不错，大众文化和后现代主义最贴近生活，它们甚至能以最敏锐的洞察力和最直接的方式去表达被压迫和被奴役的人们的呻吟和抱怨，可是，呻吟和抱怨代替不了严肃的有力度的批判，只有高雅文化所具有的距离感和批判性，才能从根本上触及社会现实。严肃和冷峻的批判不等于疯狂的解构、本能的破坏；从事批判必须首先建立起一个价值坐标，赋予生活以意义，对人类未来抱着终极性的关怀。艺术家们凭借自己天才的和自由的想象力，翱翔于理想的天国，向人间描画出一个美好的世界，并以自己的道德良知和社会责任感，用感性形象的方式去表达自己对人的现实生活处境的深切忧思。的确，公众具有基本的理解力和独立的判断力，但这一理解力和判断力是从天而降的吗？先验的抽象人性论是后现代主义所极力反对的，然而它现在却要用之去拒斥现代主义对高雅文化的崇尚，岂不自相矛盾？显然，人们的理解力和判断力是后天塑造出来的，遗憾的是，在今天，由于大众传媒的恣意扩张和大众文化的巨大解构作用，这种理解力和判断力正在减弱。我们担心，当人们放弃价值评判去认同和接受现实中存在的一切，或者当各种价值普遍混杂和无限膨胀的时候，我们的子孙后代还会从内心深处去憧憬美好的事物，去向往优雅的生活，去拥有高尚的情怀吗？

其实，大众文化在本质上是顺从社会现实的，它本身就是市场经济和消费社会的直接衍生物，它就是要适应各类人的消遣娱乐之需，千方百计地投其所好，以追求最佳卖点。因此，大众文化对于后现代社会中人的异化——物欲膨胀以至于沦为金钱的奴仆等现象不仅冷漠麻木、毫无反省，反而大加赞扬、大肆鼓倡。从这个意义上讲，后现代主义认同大众文化，也就意味着它放弃了对消费主义以及人的异化现象的批判。例如，默克罗比就认为，消费是一种工作，购物是一种家务劳动。每一笔交易和每一个购买活动都成了人们表现个人意志和自我身份的手势或者对抗的行为。对消费品的选择蕴涵着一种意义，即可以为消费者创造一个新的身份，一个不同的、能够游移的身份，一个新的自我。在20世纪80年代，工人家庭出身的孩子们争相购买昂贵的名牌阿玛尼可司米无袖套头罩衫，用一种颠覆他们的性别和社会身份的消费模式，享有他们的消费自由，并以此动摇服装市场的稳定。可见，消费的自由已经等同于自由本身了。我们认为，这种对自由的理解未免太狭窄了。当然，从按照自己的心愿选择消费品这个意义上说，这一现象确实体现了消费者的自主性；然而，这种所谓的自主性至多是嘲弄和挑衅了现存的社会秩序和他们特有的社会身份，却丝毫改变不了自己的地位，更改变不了社会制度；消费者仍旧不过是一个受社会操纵，被图像和媒体诱导的消费机器，何谈自由？如果这也叫自由的话，这种自由就如同工人拥有选择哪一个资本家来奴役自己的自由；一个死囚犯拥有选择哪一种死法的自由。还是博德里拉来得直率，在《宿命策略》中，他多次重复了自己所钟爱的一句格言："水晶复仇"，用以暗示在后现代社会中，客体已经取代了主体的地位，并主宰了不幸的主体。他建议我们应该向客体世界缴械投降，应该变得更像物、更像客体，以此摆脱自身的那种主体性幻觉和傲慢，采取客体的"宿命策略"。他说："你不是要我们消费吗？那好，就让我们不停地而且更多地消费吧，见什么就消费什么，为任何一种毫无意义的荒谬目的而消费"。这是一种典型的、极端的无可奈何，一种宿命论，它完全丢弃了源自启蒙精神的那种关于人的自由解放的人文价值理想。博氏的这一见解较之默克罗比的肤浅的乐观主义，更能体现后现代主义在这一问题上的实质性立场。

概而言之，我们并不反对对后现代社会做全面细致的研究，因为我们清楚地知道传统的批判理论在许多方面已经过时和失效，其实，詹姆逊、拉克劳、墨菲等人早已在这条并不平坦的道路上进行了艰辛探索。我们也承认，在高雅艺术与大众文化之间划分出一条泾渭分明的界限未必确当。我们只是想强调，除非我们心甘情愿地接受毫无希望的生活，否则，就不应当放弃对人的精神世界和社会文化的引导，这是所有人文知识分子不可推卸的责任。

第八章　经济全球化态势下的文化冲突：马克思主义与中国新文化的建构

如今人们使用得最频繁的一个词，就是“全球化”了。毫无疑问，全球化指的是世界各国在经济及科技方面打破壁垒、相互交融、走向一体。这一点已经在世界主要国家间达成了共识，因而经济、科技的全球化或一体化，业已成为不可阻挡的发展潮流。随之而来的，便是“文化全球化”这个概念的提出。但是，文化的全球化却远不像经济的全球化那样没有争议。事实上，文化全球化这个概念受到了多方面的质疑。不仅经济滞后的发展中国家（尤其是亚洲发展中国家）对它表示了极大的不认可，而且不少西方发达国家的政治家和思想家（最著名的是基辛格和亨廷顿）也不赞成这个提法，或至少对它的现实性表示怀疑。

我们的观点是，如果历史唯物论的基本原理仍然是正确的话，那么，文化全球化（或一体化）就是不可避免的；文化全球化并不可怕，重要的是在这种全球化过程中如何加进日益浓重的中国色彩；而这一点不取决于别的，恰恰取决于中国本身综合国力的持续、健康增长。

一、硬权力决定软权力：历史唯物论新解

马克思主义关于历史发展的哲学解说在20世纪的命运是十分富于戏剧性的。众所周知，历史唯物论由两个相互联系的基本原理构成：一是经济活动（即人们为满足吃、穿、用、行等而从事的生产、交换和分配活动）是所有人类行为的基础和原动力，因此，一切政治的、思想的和文化的活动，作为某

种"上层建筑"，归根结底是受到经济发展的制约和影响的，尽管这种上层建筑在"必要"时可以对经济基础产生巨大的、有时甚至是决定性的"反作用"。二是既然经济的发展状况具有根本决定性的作用，而经济在历史上的阶段性跨越（其标志是生产方式尤其是生产资料的占有方式的更替）是不依人的主观愿望和努力（通过政治和文化的活动）为转移的"客观过程"，那么，人类历史的走向就一定是指向某个必然的、不可改变的目标，这个目标就是共产主义。在共产主义制度下，经济运行已经摆脱了社会化大生产与生产资料的私人占有这两者之间的巨大悖论，而走上了最适合生产力稳定、良性和大规模发展的康庄大道，那就是公有制与大生产之间的有机匹配。

以上马克思主义关于历史的诠释和预言，在理论上无疑具有巨大的合理性，否则它就不会在那么短的时间里令那么多的杰出人物对之心驰神往了。至于这个理论是否具有现实的合理性，那只能交由历史本身来回答了。但是，有一个历史现实是众所周知的：近百年来，信奉马克思主义的人们为证明马克思主义的这个历史预言而进行了大规模的、有时甚至是疾风暴雨般的社会实验，而反对马克思主义的人们则进行了与目标正好相反的实验。自从马克思主义产生以后，直到20世纪90年代初"冷战"结束，在西方资本主义阵营，历史唯物论一直被批评为"新的、粗俗的救世理论"或"贫困的历史决定论"。像罗素、杜威、波普尔这些著名的思想家都认为，历史唯物论作为一种"决定论"是站不住脚的，因为人类事务与自然现象的一个最根本的区别，就是前者是自由意志的结果，而后者则是自然而然的过程。他们说，人类历史是由个人（特别是杰出的个人）的主观意志来决定其发展方向和方式的，而不是由那不可捉摸的"经济上帝"来支配的。因此，历史是绝对多元的，即存在着多种可能的结局，而断言历史必然走向某个既定的顶点，是一种独断。

平心而论，罗素、波普尔对历史唯物论关于历史必然性的诘难，并非没有道理，而以往"正统"（即苏联模式）的马克思主义历史观，则多少忽视了人的主观创造性的作用，即一味强调那个"不以人的意志为转移"的客观历史趋势。因此，如果西方人一直坚持对历史必然性的这种诘难，那至少表明了一种逻辑上的严谨。然而，特别令人感到惊讶的是，冷战的结束（即苏联模式社会主义被西方资本主义所战胜这一事实），却一下子改变了西方政治家和思想家们的历史观。进入20世纪90年代以来，西方人突然认同其“历史决定论”和“共同价值观”，而不再提历史偶然性和文化、意识形态的自主性了。只不过，他们这时所提倡的历史必然性，指的是人类“必然”要走向西方资本主义的经济、政治、文化模式，而所谓共同价值观，则是指目前正支配着西方发达资本主义社会的诸如民主、自由和个人主义之类的生活取向。

历史唯物论的原理（至少是它的形式）在如此情形下受到西方人的青睐，不能不说是一种讽刺！尽管像塞缪尔·亨廷顿这样有头脑的西方思想家并不赞成共同价值观、意识形态一体化和文化的“普世主义”，但他毕竟也对经济决定政治和文化这一见解持完全赞同的态度。他指出：“软权力只有建立在硬权力的基础上才称其为权力。硬的经济和军事权力的增长会提高自信心、自负感，以及更加相信与其他民族相比，自己的文化和软权力更优越，并大大增强该文化和意识形态对其他民族的吸引力。”[①] 从现实来看，当今世界的经济、政治及文化态势，的确正以独特的方式印证着历史唯物论关于经济基础决定上层建筑这样一种历史决定论。在经济上，以美国为首的西方经济主导着全球的经济发展，而凡是“主观上”不趋同于西方经济游戏规则的国家，其经济便无一例外地处在停滞的状态，甚至正在走向崩溃；政治上，美国及其盟友主宰了国际政治、外交舞台，美国作为唯一的超级大国，在世界每一个地方都发挥着“说了算”的作用。尽管中国、俄罗斯，甚至欧盟、日本等对美国的这种霸权主义均表示不满，并力图按自己的意愿来说话、做事，但是总的来讲，美国的支配力仍然是毋庸置疑的，而其他国家则不能不与美国利益保持一致，至少是不与之发生冲突；文化上，西方价值观正通过各种文化手段，从思维方式到政治理念，从高雅艺术到大众文化，从体育运动项目

① 塞缪尔·亨廷顿：《文明的冲突与世界秩序的重建》，周琪、刘绯、张立平等译，新华出版社，1999，第89页。

到日常生活时尚，而大规模地侵入到世界各地，而更严重的是，每一个实行经济开放政策的国家都不能避免这种文化的侵蚀，因而这些国家都在不同程度上经历着文化的转型。总之，经济上、军事上处于统治地位的西方（尤其是美国），在政治和文化上也正呈席卷全球之势。

说到这里，有必要分析一下亨廷顿关于“文明的冲突”的著名论点，以及他对文化“普世主义”（即文化“一体化”）的批评。应当指出，与那些为冷战的胜利而欢呼并大肆鼓噪“历史必然性”“全球西化”的西方政客和学者们不同，亨廷顿是一位少有的头脑清醒的思想家。1993年，他发表了一篇关于文明的冲突的文章，立即引起了广泛的关注和争议（主要是在广大非西方文化传统的国家，特别是在中国）。这篇文章由于预言未来世界的冲突将是不同文明之间的冲突，更确切地讲，是西方文明与诸如中华文明、伊斯兰文明等之间的冲突而遭到批评，说他引进了一种“新冷战”的观念，说他以学理的方式煽动西方政治家、思想家向当今世界的非西方文明国家发起挑战等。实际上，我们认为，虽然对亨廷顿的那些指责在当时是情有可原的，但总的来说却是误解了他。因为亨廷顿本人为全面阐释他关于文明的冲突的论点并且为了澄清对他这一论点的误解，于1996年出版了一本专著《文明的冲突与世界秩序的重建》，并于次年专门为该书中译本写了序言。他在该序言中说：“我于1993年发表的文章在中国和其他地方被批评为可能提出了一个自我实现的预言，即文明的冲突由于我预测其可能发生而增加了发生的可能性。然而，……预测能否实现依赖于人们如何作［做］出反应。20世纪50年代和60年代，许多严肃的和信息灵通的人士认为苏美之间的核战争实际上不可避免。但是这场核战争并未发生，因为人们意识到了它的可能性，并推动了武器控制和其他的安排来确保它不发生。我所期望的是，我唤起人们对文明冲突的危险性的注意，将有助于促进整个世界上‘文明的对话’。”[①] 的确，从这本书里我们看到的，并不是所谓东方文明如何咄咄逼人地向西方世界发起挑

① 塞缪尔·亨廷顿：《文明的冲突与世界秩序的重建》，周琪、刘绯、张立平等译，新华出版社，1999，第3页。

战并力图取而代之，而是相反，东方各国（主要指正处于经济振兴过程中的东亚各国）如何通过自己文化的渗透力和同化力来成功地抵御“西方化”的入侵，同时利用自己文化的特有创造性，极大地促进了生产力的发展和综合国力的提高，并且反过来又巩固了自己传统文化及固有价值观的地位。有趣的是，亨氏这本书的中译本一问世，原来对他的口诛笔伐便马上停息了。亨廷顿反对有所谓文化上的“普世主义”，这是针对大多数西方学者关于冷战后西方经济模式和意识形态将统治全球的乐观主义预言的。他的观点恰恰相反，非西方文化传统在冷战后不是削弱了，而是增强了；那种认为只有西方文化才有真正生命力的见解，特别是那种认为其他非西方文化最终将让位于西方文化的见解，是幼稚可笑的。亨廷顿说：“东亚没有将其经济的迅速发展归因于对西方文化的引进，而是归因于对自身文化的伸张。他们论证说，他们之所以正在取得成功，就是因为他们与西方不同。同样，如果非西方社会感到与西方相比自己相对弱小，他们就援引西方价值观，如自决、自由主义、民主和独立，来为其反对西方的控制辩护。现在他们不再弱小而是日益强大，于是他们丝毫不犹豫地攻击起那些他们先前曾用来维护自己利益的价值观了。”[①] 他特别提到了三个著名人物：真纳、李光耀和班达拉奈克。这三个人都是英国名牌大学的优秀毕业生，被认为是已经“彻底西方化”了的东方精英。然而正是他们，后来成为自己国家最有影响力的民族主义者和非西方文化论者。真纳作为现代巴基斯坦的创始人，他崇奉的是伊斯兰教；李光耀作为现代新加坡之父，他推行汉语普通话，并成为一位能言善辩的成功的儒教促进者；原本信仰基督教的班达拉奈克皈依了佛教，他在担任斯里兰卡总理期间助长了僧伽罗民族主义。在亨廷顿看来，上述三位亚洲领导人对待西方文化的态度，有点类似于中国19世纪下半叶以来十分盛行的口号“中学为体，西学为用”，即把西方文化（它的经济、科技和管理方式）当作维护、伸张东方传统价值观的有用的工具；一旦这种工具促进了本国、本土经济的发展和社

① 塞缪尔·亨廷顿：《文明的冲突与世界秩序的重建》，周琪、刘绯、张立平等译，新华出版社，1999，第89—90页。

会的稳定，便毫不犹豫地将其宣布为不受欢迎的“异己文化”。亨廷顿认为这种“东体西用”策略是相当奏效的。因此，非西方文化的生命力依然十分强大。正是在这个意义上，亨廷顿一方面要唤起人们对“文明的冲突”的高度注意，另一方面又一再呼吁不同文明间的建设性对话，以避免在新的世纪真正发生他所预测和担忧的那种冲突。

对于中国人、亚洲人、东方人乃至于所有非西方文化传统的国家的人们来说，亨廷顿对当今世界的文化（或文明）格局的描绘和预测肯定是令人鼓舞的，虽然这同时也有些令人担忧。从感情上讲，哪一个中国人、亚洲人、东方人不乐意承认自己文化的优越性呢？哪一个中国人、亚洲人、东方人不愿意看到，在这冷战后的时代条件下，西方的发展模式和价值观念受到东方传统文化的强有力的扼制呢（即便这同时也许会导致文明之间的冲突）？

但是，从理智上讲，或从现实来讲，亨廷顿的描绘与预测却未必站得住脚。无论我们多么不愿意看到，在当今世界，以美国为代表的西方文化正成功地扮演着霸权主义者的角色，它在当今世界所有文化类型中，是一种显而易见的并且可以说是唯一的“强势文化”。

亨廷顿用以说明东方文化具有抗衡甚至战胜西方文化的巨大力量的最主要的依据，不是别的，正是历史唯物论关于经济基础决定文化、意识形态等“上层建筑”的原理（虽然他自己从未使用“历史唯物论”这个词）。用他的话讲，“强大的社会是普世的；弱小的社会是狭隘的。……对于东亚人来说，经济繁荣是其道德优越的证明。如果未来某一天印度取代东亚成为世界经济发展最迅速的地区，那么世界就应当准备对印度文化的优越、种姓制度对经济发展的贡献，以及印度如何通过回归本原……进行广泛的专门的研究。物质的成功带来了对文化的伸张，硬权力衍生出软权力。”[①] 这段话的真切性应当是毋庸置疑的。亨廷顿的意思无非是要说明：东方文化的强大是由于东亚经济的强劲发展，反过来说，之所以有这样强劲的经济发展，是由于东方文

---

① 塞缪尔·亨廷顿：《文明的冲突与世界秩序的重建》，周琪、刘绯、张立平等译，新华出版社，1999，第110页。

化的独特性与优越性。《文明的冲突与世界秩序的重建》这本书写于1996年，那时还没有发生亚洲金融危机以及由此引发的亚洲经济的全面衰退。亨廷顿是把东亚经济作为世界经济体系中一个最具活力、最成功、也最有可能成为世界经济中的主导力量来大书特书的。他万万没有料到（当然，世界上许多并不偏好东亚“经济奇迹”的人士也没有能够料到），这样的经济原来只不过是建立在一大堆令人眼花缭乱的泡沫上面的，这些绚烂的泡沫被一个偶然出现的名叫绍罗什的金融投机家稍稍折腾了一下，便马上分崩离析了。部分发达地区取得过辉煌的经济成就，曾历史性地提高了各自国家的综合国力以及人民的生活水平，这是任何人都否认不了的；但一场金融危机在短短时间里便使其伤筋动骨，这样的经济能称之为成熟的和有光明前景的吗？

中国虽然也受到了这场危机的波及，却没有伤筋动骨。对此，有人说这是中国经济的成熟使然。其实，中国的经济之所以没有受到这场危机的沉重打击，恰恰是因为中国经济的不成熟，即中国传统的计划体制的行政性保护。当时中国还没有像东亚其他国家那样深度参与全球性的经济、贸易、金融游戏规则（比如，人民币没有成为可以自由兑换的货币，中国没有参加世界贸易组织），这样一个落伍现象竟成了经济的避雷器，的确令人啼笑皆非。否则中国金融市场将不可避免地受到重创，从而极大地打击中国的整个经济。与东亚国家相比，中国金融方面的问题更多、更突出，只是由于银行是不能垮台的，即受到政府无条件保护的，这些问题才一时显得没有那么惊心动魄罢了。不把人民币纳入自由兑换的国际货币体系，以及不急于参加WTO和其他国家间经济贸易组织，这些策略的确成功地使中国经济躲过了金融危机的打击；但这只能证明中国领导人政治上的老练和成熟，却不能证明中国的市场经济是成熟的，更不用说是先进的了。事实上，真正的市场经济，一定是全方位开放的经济，即融入世界经济体系大循环当中的经济。

政治决定经济，而不是马克思讲的经济决定政治，这是包括中国在内的东方国家的一大特色，或者说，是东方文化的一大特色。然而这样一来，也就否定了亨廷顿关于东亚（包括中国）经济成功的基本立论根据，即所谓的

“硬权力”衍生出“软权力”的著名论点。

再看日本。亨廷顿指出：“日本80年代成功的经济发展与人们所察觉到的美国经济和社会制度的失败和‘衰落’形成了对照，这使日本人日益摆脱了对西方模式的幻想，并越来越相信他们成功的根源也一定存在于自己的文化之中。”[①] 的确是这样。自从19世纪60年代日本经济崛起之后，有关这种经济的飞速发展同日本的东方型文化之间互为因果的关系，便一直成为人们津津乐道的话题。19世纪80年代，日本经济达到了它的鼎盛期。与此同时，美国经济却由于冷战的影响而起伏不定。于是，日本开始从一个顺从的盟国向一个打算与美国在经济上平起平坐的伙伴国转变。19世纪80年代中期，日本经济的确大有赶上并超过美国经济之势，这就导致了两国之间日益激烈的经济摩擦。一位日本著名记者甚至在1993年（此时日本经济已经开始衰退）还宣称：美国打喷嚏，亚洲就感冒的日子已经过去了；即使美国发高烧，亚洲也不会咳嗽。直到19世纪90年代中期，日本的经济的确像亨廷顿说的那样保持着一种似乎不会停止发展的势头，它看起来迟早要取代美国而成为世界经济的“龙头老大”了。

凡是现实的就是合理的，而凡是强大的东西，就有其之所以强大的充足理由，从而是普世的。根据这个原则，以日本为代表的东亚经济奇迹，完全可以找到其文化优越的合理解释。而这个解释的集中表现，便是东方人信奉的“集体、国家高于个人”这样一种价值观。在这方面，李光耀和马哈蒂尔是最著名的鼓吹者。李光耀认为东亚人（中国人、日本人、韩国人和新加坡人）有着更强群体意识的价值观和实践，在赶超进程中表明是明显宝贵的东西。东亚文化所持的价值观，如集体利益高于个人利益，支持了团体的努力，而这对于迅速发展是必要的。马哈蒂尔认为日本人和韩国人的工作伦理，包括守纪律、忠诚和勤勉，成了他们各自国家经济和社会发展的动力。毋庸置疑，李光耀和马哈蒂尔所津津乐道的东方价值观，如守纪律、忠诚和勤勉等，

---

① 塞缪尔·亨廷顿：《文明的冲突与世界秩序的重建》，周琪、刘绯、张立平等译，新华出版社，1999，第107页。

甚至包括集体利益高于个人利益的理念，对于市场经济的运行是能起到某种良性的推动作用的。但是这些东西只能作为手段来使用，而不能作为市场经济的基本原则来认定。须知，注重群体价值和忠诚、守秩，等等，是千百年来东方文化的最大特色，然而千百年来东方国家却一直未能从这里面产生出像西方那样高效率的经济体制来。可见，要使经济得到健康、快速的发展，东方价值观绝非根本性的东西。

日本人曾为之自豪的东方式的市场经济模式在 19 世纪 70 至 80 年代的成功，一度使某些日本人甚至公开向美国说“不”，却在 19 世纪 90 年代开始日益显露出其泡沫经济的本质，并且也伴随着亚洲金融危机的冲击而走向衰退；与之相反，美国经济自冷战结束以后一直马不停蹄地强劲发展；而且这种发展是良性的，即以科技进步为先导、市场配置与国家宏观调控相互补充、产业结构在调整中日趋合理、经济高增长与低通胀并行发展，等等。日美之间的经济较量以美国的胜利而告终。19 世纪 90 年代初，日本曾以自己的经济成就作为资本，试图游离于美国的政治指挥棒之外，而今，日本不得不重回美国的怀抱，成为美国全球战略中的一枚重要棋了。如今在日本乃至于在整个东亚，已经不太能听得到关于东方文化对经济的积极促进这样的议论了，东方价值观的优越性，随着东亚经济的失败和美国经济的成功而受到了严重削弱。

所有这些，都是亨廷顿在写《文明的冲突与世界秩序的重建》这本书时所不曾发生的。事实证明，他对东方文化中的巨大经济创造力的估计是过高了；他对未来世界的“文明冲突”的描绘与预测，即便不是危言耸听，至少也是言过其实了。只有他关于“硬权力决定软权力”和“物质的成功必然带来文化的伸张”的观点，正像马克思关于经济基础决定政治和文化等上层建筑的论断一样，是真正的至理名言。只不过，作为从他的论点中引申出来的一个逆定理，东亚经济由盛到衰这一事实证明了，物质的失败必然带来的是文化的颓缩。

不论西方还是东方，千百年来人们一直都在探索某种最佳的经济发展方式。现在看来，只有市场经济才是最佳途径。市场经济被证明是所有可能出现的人类经济行为当中代价最小而收益最大的一种行为。尽管市场经济的具体表现在不同的国家有不同的形态，不可能整齐划一；但它的基本特征——各自独立的经济主体通过在市场上公平交易来配置资源（这里面必然伴随着刺激、竞争、创新，等等），却胜过一切前市场经济模式和后市场经济（即乌托邦）模式。真正的市场经济只能产生于西方，而不可能产生于东方，这正是西方文化与东方文化的差异所必然导致的结果。

多年来，人们一直把金融危机之前东亚国家经济的强劲、持续发展，归结为一种“东方式的市场模式”，即在儒学理念（比如注重群体、讲求奉献、崇尚权威与服从，等等）支配下的市场经济，有的新儒学家甚至把东亚经济奇迹说成是从传统的“内圣”当中开出来的“新外王”。总之，东亚经济的成功，表明中学（东学）这个“体”，与西学这个“用”实现了完美的结合。李光耀、马哈蒂尔这些著名的政治家认定，东方价值观本身包含了经济跃进的原动力，如果把西方的市场经济当作一种工具加以利用，即把它置于东方价值观的制约之下，就可以一方面产生出甚至超过西方那样的生产力，另一方面又可以避免西方经济发展中出现的那种道德失范现象。这样的见解，从义理的层面看，当然是非常合理的。谁不希望“鱼”和“熊掌”兼而有之呢？只可惜，这种见解不过是一厢情愿罢了。有一点是怎么也不能否认的：只要是真正的市场经济，便绝不可能与东方价值观相容；换言之，老的“内圣”怎么也开不出新的“外王”来；曾经辉煌的东亚经济，不可能是以儒学为基础建立起来的（即便东亚国家的确在发展经济过程中注重了群体、奉献和服从等东方价值观）。经济腾飞作为一种结果，只能从西方思想观念中找到原因。

这么说的理由很简单：市场经济的最大特征之一是产权界限的泾渭分明，即“你的”和“我的”不能混淆。从经济资源配置（或生产资料占有与产品分配）的角度讲，市场经济是天然地拒斥任何形式的公有或平均主义的；从社会资源配置的角度讲，市场经济必然要维护个体利益，而不承认群体的利益，至少不承认群体利益高于个体利益之上。换句话说，如果在经济上推崇群体利益，就必然会导致产权界限的模糊，从而造成经济活力的下降乃至于丧失。此外，创新是市场经济的必然要求，因为不同所有者为获取自己最大的经济收益，必定会在市场上发生竞争，而竞争中的胜者总是那些勇于并善于创新的人。一个人之所以能够创新，恰恰因为他是与众不同的，即具有鲜明个性的人。因此，个性与创新是“一而二、二而一”的东西。凡此种种，都表明市场经济是建立在个体价值而不是群体价值基础之上的。

对个体价值的注重，正是西方文化的题中之义。现在人们已经公认，西方文化是一种“主体性”的文化，它强调的是“自我意识”及“我”与他人、对象、外界事物的区别。这是一种源自古希腊的世界观和价值观。经常讲西方人独立性强，主权观念重，这一切，归根结底还是那个“主体性”文化，即自我与对象世界的天然分立乃至对立造成的。从思维方式上讲就是，我所面对的是一个个对象，包括他人在内，我与这些对象一开始就处在相互分离的状态中；正是对象衬托出了我的存在，使我意识到了我自己，这就是主体意识（或个体意识）。另外，对象对我来说是一种“异己”的存在，它一点也不可爱、冷冰冰的，甚至是与我作对的，比如社会关系中人与人的竞争。既然如此，我当然不会喜欢这些对象，相反，我必须了解你，以便驾驭你、征服你，使你造福于我。于是有了科学（其对象是自然环境）和市场经济（其对象是人及人的财富）。可以想象，在这种文化背景下走过来的西方人，必定是独立自主的和富于进取心的，他们在科技和经济两方面取得丰硕的成果是不足为奇的。这一点，其实早在公元前 7 世纪就已经通过古希腊第一位哲学家的实践体现出来了。泰勒斯在当时既是一位最杰出的科学家（擅长天文、气象），同时又是一位成功的商人。他曾经利用自己掌握的知识预测了橄榄的大丰收，并趁机发了一笔财。这绝不是偶然的。然而科技与市场法则相互配合并促进了国民经济的大发展，这一点东方人却是直到 19 世纪才开始领会到的。拿中国来说，过去的 100 余年，无数国人为振兴国家而付出了数不清的血汗、眼泪甚至生命的代价，在先后尝试了封建买办资本主义和苏联模式的社会主义并均告失败之后，才最终认识到：市场经济是必由之路，科教兴国是根本。这个结论，业已成为邓小平理论最重要的组成部分；而这个结论，早在2700年前便由泰勒斯通过他自己的实践而预言式地做出了。

因此，尽管李光耀、马哈蒂尔把他们在领导本国经济发展过程中取得的光辉成就归因于东方价值观，但是实际上，这些成就的取得乃是由于采纳了西方式的自由市场经济的根本结果；换言之，市场体制在经济发展中发挥了“体”的作用，而团结、服从、守序、勤奋、耐劳等价值观，则发挥了“用”的作用。

二、经济全球化与文化全球化

看来，经济和科技的全球化，显然有一个国际公认的标准。这个标准，肯定不是由经济和科技的弱势国家制定的（比如第三世界国家），而是由强势国家，特别是由强势国家中的主导性国家制定的（比如西欧、北美，尤其是美国）。一句话，经济全球化，也就意味着经济发展走势和运行规则，以及科技发展方向与水准的西方化。拿中国来说，近年来常讲的“与国际接轨”，当然不是与第三世界国家的发展水平看齐，而是与西方发达国家的水平比肩；中国到21世纪中叶的发展目标，是成为“中等发达国家”，其各项指标，如国民生产总值、人均GDP、国民受教育程度、科技转化率、信息能力、环境质量、人的平均寿命，等等，显然也是与“发达”国家相比较而言的。总之，从经济发展的角度看，西方国家走过的路（即市场经济道路），已经具有了普遍意义。这正是物质文明建设上的“普世主义”。这一点，目前应当没有什么疑问，除非一个国家把意识形态的纯洁看得比实现经济的现代化更重要（比如朝鲜那样的拒斥市场经济的国家）。

问题是，文化的全球化或一体化是不是也将实现？或者说，精神文化领域里也会有普适的规则吗？

亨廷顿在1996年时认为，这是不可能的。理由如前所述，非西方文化（文明）在促进经济强劲发展方面仍然有强大的生命力。这种论点，我们已经进行了分析，认为是不能成立的。那么，西方文化的普世主义，究竟会不会发生呢？

从感情上讲，这是不应当发生的，或不能让它发生的。因为文化与经济、科技这种中性的东西不同，它在政治和意识形态上有着强烈的倾向性。一种文化的首要因素是价值观，即对利与害、好与恶、应当与不应当的主观判定，以及根据这种判定所进行的取舍。就中国而言，儒学传统至今仍拥有着巨大的文化支配力。儒学是在两千多年历史上经过多次对异质思想观念的吸收、改造、同化的过程中逐渐发展出来的一种古老文化，它的价值取向是世世代代中国人乃至其亚洲民族早就认同了的。比如“以义为上”“群体主义”“崇尚权威”“非物质主义”，等等。这些东西，已经融入世世代代中国人的文化遗传基因之中，直到19世纪中叶才开始有所消解。越是古老的文化，其惰性和排异性就越强，因而改变它的基本取向就越不容易。正因为如此，即使100多年前中国人在西方人的坚船利炮的打击下痛切地认识到自己的确不是人家的对手的时候，也仍然只愿意学习西方的“技艺”和“功用”，而认为自己的精神“本体”是动不得的，因为传统的价值观是老祖宗留下来的，是民族、国家的“根”。100多年来，不管中国发生了怎样天翻地覆的物质变化，在众多国人心里，传统观念仍然是不能割舍的文化情结。因此，哪怕是在经济全球化的浪潮已经席卷东方大地的情况下，甚至在众多从物质现代化的成果中享受到了富足、便利和快捷的人们心中，仍然要自觉不自觉地抵制、拒斥“文化全球化”这一幽灵，因为它意味着西方的文化殖民主义和霸权主义。

但是现实地思考一下，这个西方标准的文化全球化真的能被拒之于国门之外吗？

首先，根据历史唯物论关于经济基础决定政治和文化上层建筑的原理，或根据亨廷顿关于“硬权力”（经济、军事）必然衍生出“软权力”（文化和意识形态）的理论，我们实在没有办法得出文化全球化不能成立的结论，除非我们不承认经济全球化这回事。

其次，在当今这个技术时代，任何属于传统的东西都将面临生存的困境。

如果说20世纪是科学技术大规模影响人类生活的时代的话，那么，21世纪必将是科学技术全面介入甚至统治人类生活的时代。目前，人类正逐步接受生活的信息化和网络化，不久的将来，随着新的信息技术的发明和应用，世界将形成一个网络的整体。在这样的条件下，传统文化面临挑战和遭到解构几乎是不可避免的。这是因为现代技术本身包含了反传统性。任何技术都可视为有某种理性目标的程序化过程，对人来说，一切技术不过是执行一种特殊的生物功能。技术所付诸的生物特征是普适于全人类的，它不受或很少受人类主观行为的影响；像历史文化遗产、社会和政治结构、意识形态和文化背景，等等，几乎都不能对其造成实质性改变。在这个意义上，现代技术就其本性来说是敌视传统的。由于技术是一个不可逆的过程，并且技术已经成为人类生存环境的重要组成部分，我们只能前进不能后退，所以，拒绝接受可能危及文化传统的新技术，就会厄运降临。

再次，文化有两大社会功能，一是积累社会活动成果，二是传播社会活动成果。从积累的角度看，进入信息时代，成果的积累由日积月累的渐进方式转化为日新月异的激增方式。与之相适应，文化内容的淘汰与更新也会越来越频繁、越来越迅猛，随之而来的将是价值观念的持续震荡和代际关系的不断冲突。差不多每一代人都要换一种生活方式，文化的承继与延续将遇到不可避免的尖锐挑战。从传播的角度看，文化的传播方式将发生很大改变。以文字为主的时代正被以数字、视频和网络为主的时代所取代，文化内容的传播越来越广、越来越快、越来越多。随之而来的便是一个文化的多元化时代，换言之，传统文化的一维性结构将受到重创，即便这种结构已经存在了千百年。

最后，经济和科技全球化意味着国与国、人与人、文化与文化之间固有壁垒的溶解和消失，随之而来的便是经济、科技和思想观念之间的交流、碰撞、竞争，并最终走向融合。全球化是一个开放的、宽容的过程，其作用是双重的。一方面，它造成了多样化。就文化而言，全球化相当于把世界上不同国家和民族的文化放在一口大锅里搅拌，从而大大增加了不同思想、观念、情感、趣味之间相互交流与融合的机会；每一种文化在这个过程中都获得了展现自己的权利。另一方面，全球化又造成了一体化。尽管是多样性的文化，但只要交流，规则的产生就不可避免。交流越广泛、越频繁，某种普适的，即为不同文化群体所认同的共同性、一致性因素就会越多。这样的例子在历史上屡见不鲜。中国先秦时期的诸子百家，曾经造成了中国历史上最丰富的多元文化时代，但也正是在这种百家争鸣的过程中，最终形成了儒学的一统地位；唐代的儒、释、道三足鼎立，经过反复碰撞与交融，到了宋代，还是形成了儒学的独霸局面，即儒学精神渗透并改造了佛学和道学。在西方也是如此。基督教的一体化地位是在罗马时代形成的。在此之前，基督教思想与新柏拉图主义、怀疑主义以及众多神秘主义一道，形成了多元分立的局面，最后，基督教在吸取了新柏拉图主义的许多要素之后确立了自己的独尊地位。在 12 世纪，旧的经院哲学日益保守，它面临了诸如阿维罗依主义、神秘主义异端等的激烈冲击。正是在这种多样化的文化生态下，一种革新了的经院哲学——托马斯·阿奎那的思想，最终成为统摄性的思想。当前，全球化对不同文化所造成的影响是不尽相同的，因为不同文化的历史境遇与现实地位是不同的。有一点是不能不面对的：任何规则都是掌权者制定出来的，文化也是如此。文化的交流固然会使文化表象丰富多彩，但同时会强化文化的霸权主义和文化的殖民主义。这样的例子，在世界历史上，特别是近代以来的历史上，更是举不胜举。

在当今世界的文化格局中，强势文化，比如美国的政治文化、消费文化和大众传播文化，正在被强加给众多的弱势文化国家，尽管这里的“强加”，从方式上看是那么漫不经心。这一点，只需看看当今中国的情况就足以说明问题了。中国目前的娱乐消费市场基本上已被西方的商品和文化所统治。从 NBA 到汉堡包，从道·琼斯到葆拉·琼斯，从迪斯尼到好莱坞，从比尔·盖茨的经营理念到比尔·克林顿的性生活，真是无奇不有。当人们在影院里欣赏“泰坦尼克号”和“大兵瑞恩”的时候，已经情不自禁地接受了美国的价值观和生活样式；当那些愤怒抗议美国轰炸中国驻南斯拉夫大使馆的青年学生用砖块袭击美国驻华使、领馆的时候，他们一点也不愿意因此而放弃去美国留学、甚至到美国定居的梦想。这就是强势文化，这种文化是与一个国家经济、科技和军事上的强大正向适应的。从古至今，强势文化都具备了最开放的姿态，它们面对异己文化的挑战与竞争，总显得那么漫不经心，这是实力与自信心的体现；相反，弱势文化却总是封闭和谨小慎微的，因为其实力不济，从而信心不足。总之，在当前这个技术时代，信息的通行权决不会是完全平等的，谁的通行能力强，谁就会在文化的交流中占据主动乃至统治地位，反之就会处于被动乃至被统治地位。在全球化过程当中，世界的秩序并不是像许多理想主义者所期待的那样会日益公正，恰恰相反，这种秩序只能是越来越不公正。

有一种观点，认为文化不可能像经济、科技的全球化那样走向全球化，理由是经济、科技是讲“共性”的，而文化讲的则是“个性”，即对于经济、科技来说，“只有世界的才是民族的”；而对于文化来说，却是反过来的，“只有民族的才是世界的”。这种观点实在是成问题的。即便不把文化定义为“建立在经济基础之上的上层建筑”，这种观点也是站不住脚的。须知，当今世界的经济全球化，作为一种“共性”，恰恰是过去世界上各种不同的经济类型（即生产、交换和生活方式的多样性）是在不断地交流、碰撞的过程中形成的。这种经济的共性，说穿了就是市场规则。这是已经被反复证明了的达到经济最高效率的必由之路；而这条路，曾经也只是众多道路中的一条罢了。此外，即便在世界各国都承认市场经济规则这种共性的情况下，也并没有因此而使每一个国家在经济运行过程当中的个性消失。市场经济本身具有诸多类型，如英美型、日本型、西欧型、北欧型，以及“中国特色”的市场经济，等等。共性正是在诸多个性之中形成的，而共性并不掩盖个性。经济是这样，文化也是这样。如前所述，中国历史上的儒学、西方历史上的基督教就是在与其他具备了各自特色的思想文化的交流中形成一体化的。它们在后来的发展中，一方面保留了自己原有的特色，另一方面也吸纳了其他文化的因子，因而增强了自己的生命力。为什么只有经济才能有普遍价值，文化却只能有特殊价值呢？这不仍然是“中学为体，西学为用”的思路吗？至于说“只有民族的才是世界的”，这话如果是指一种独具特色的审美对象的话，那肯定是不错的，谁不乐意欣赏那些罕见的艺术类型呢？但如果这是指人类行为的准则和价值观，却未必成立。一个人只要与他人发生联系、进行交往，就一定要遵守某种共同的规则，否则联系、交往就会立即停止。如果每个人只按自己的方式与他人交往，其结果是不堪设想的。人与人交往是这样，国与国交往也是这样，文化与文化的交往仍然是这样。片面强调只有“民族的”，其结果就不会有“世界的”。因此，如果经济全球化意味着在承认差异和多样化的前提下求得共同的经济游戏规则（中国争取加入 WTO 就是这个目的），那么文化也是如此。全球化对文化是普适的。

总之，任何一种文化传统的特殊性，如果在与其他文化的交流过程中不能被它们所吸收而使这种特殊性变成人类文明的共同精神财富，其价值和存在的意义就是值得怀疑的。毕竟，人作为有理性的动物这一共同特征的重要性要永远大于人作为一个民族的一分子这一特殊性，所以，人类各民族之间必须借助交流而获得发展，其目的是达到某个普适于每一个民族的共同的精神境界。

不过这样一来，似乎就要面临一种困难的处境：一个国家、一个民族要获得发展，就非实行对外开放与交流的政策不可，但交流就不会只限于经济与科技，而必须进行全方位的交流，其中思想文化的交流占有最重要的地位；文化交流的结果是强势文化必然占据主导地位乃至于统治地位，因而相对弱势的文化都有失去个性、遭到同化的现实危险。为了避免让异己的强势文化给“化”了去，唯一的办法是关起门来，拒斥交流，就像改革开放以前的中国和现今的北朝鲜那样。不过这一点在今天这个信息化的高技术时代已经做不到了。对于北朝鲜来说，由于它从未允许现代技术和现代观念进入国门，故它继续实行封闭、拒绝交流，至少在理论上仍然是可行的；而对于已经搞了 20 来年改革开放的中国来说，任何人想要把已经放出去的“自由魔鬼”重新关进“潘多拉盒子”，即重新实施文化的封闭政策，则是完全不切实际的。

因此，不管我们愿意还是不愿意，与外来文化进行交流，不论是在广度上还是在深度上都将不可阻挡，并且将愈演愈烈，我们没有办法不面对文化全球化的浪潮；“中体西用”过去不是办法，今后也不是办法；关门主义更是绝路一条。

既然文化权力是由经济以及由经济派生的科技、政治和军事等硬权力决定的，那么，为不使中国的文化被西方强势文化所吞没，唯一现实的出路便是千方百计地发展我们的硬权力，首先是大力增强我们的经济实力。正如邓小平所说：“发展才是硬道理”。从古今中外的历史来看，强权从来就是胜过公理的，或者说，强权就是公理。在这样的生态环境下，我们的唯一目标就是通过全力发展我们的硬权力，来强化我们的软权力，即创造我们自己的强势文化。当游戏规则由中国人来引导，甚至由中国人来制定的时候，中国特色的普世主义就会成为现实，由东方人来诠释的文化全球化将成为公理。近年来，国家领导人一再讲要实现中华民族的“伟大复兴”。他们这么讲的时候，眼前一定浮现出了我们民族在汉、唐、明、清时期的辉煌，在那些年代，整个东方世界的文化范式都是中国人制定的，以至于形成了今天的“儒学文化带”。而这种范式的基础，正是中国古代强大的经济和军事实力。

因此，唯一的出路是以更加积极、更加开放的心态来面对国际间的思想文化交流，哪怕在这种交流中伴随着激烈的较量与碰撞。不要害怕文化全球化，哪怕这意味着我们固有文化中的许多成分的丢失。我们相信，丢失掉的总是那些被证明已经没有生命力的东西，而留下来的将以新的方式汇入世界文化大潮流，并在这种汇和的过程中迎来了自己生命的春天。

三、中国传统文化批判与马克思主义的东方化

东西方文化的交流是一个持续的、悠久的过程，由于中国东方文化固有的封闭性和保守性以及西方文化本质上的开放性和批判性，在双方交流的过程中就不可避免地会发生传统与现代、向后看与向前看之间的冲突。只要交流不停止，这种冲突就不会结束。这是一个总的特征。传统文化的惯性是历

史进步的阻力，而要推进历史前进，传统就不能不打破。但是，我们绝不是主张对历史采取虚无主义的态度。事实上，任何现代性都包含了历史传统的沉淀，如果说在现代经济和现代科技中这种沉淀已经微乎其微的话，比如：全球性的市场经济与自给自足的自然经济是根本不相容的；当代量子物理学也不需要阿基米德定律的帮助，那么，任何意义上的文化现代化，都不可避免地包含了传统文化（首先是价值观，其次是生活样式及审美趣味）的诸多因素；无论人们想对传统文化进行何等程度的清洗与拒斥，结果多少是徒劳的。在西方，19 世纪下半叶以尼采为代表的“价值重估派”对基督教文化进行了前所未有的否定，当今，所谓“后现代主义”也正在对近代以来的理性主义传统进行批判，效果不能不说是很大的。然而他们否定的传统却依然存在并发挥着影响。在中国，对传统的否定在 20 世纪曾达到登峰造极的地步。“五四”新文化运动的口号是“打倒孔家店”。但是结果却令人啼笑皆非：开始时传统的确被推翻了，代之而来的是起自西方的思想观念，如科学、民主、马克思主义，等等；但到了最后，旧的传统比如，家长制、泛道德主义、对个人价值的极端蔑视、平均主义，等等，不仅死灰复燃，而且以科学、民主特别是以马克思主义的名义，变本加厉地发展起来。

我们指出传统文化在受到现代性的冲击时将依然存在并将发挥重要影响这一事实，绝不是认为这一事实就是合理的；恰恰相反，我们认为这是不合理的，尽管它是现实的。我们的意思是，在这种情况下，我们应当以现实主义的态度来对待东西方文化的冲突，即保守与开放、封建与民主、向后看与向前看之间的较量。

传统有着巨大的惯性，但这种惯性并非不可克服，或并非不可放弃其统治地位。就中国来说，19 世纪中叶以来，特别是“五四”以来，在对待东西方文化交流的问题上，最合情合理、也最盛行的观点是实现两者的“优势互补”，并同时摒弃两者的“糟粕”。但是，100 多年过去了，我们究竟在什么地方真正做到了这一点呢？恐怕谁也拿不出令人非信不可的证据来。事实上，任何一种文化，必定是一个有机体，人们尽可能把它划分为“精华”部分和

“糟粕”部分，但这两部分却是内在地、不可分割地混合在一起的；另外，同一种文化因素，从一个意义上看是精华，而从另一个意义上看便成了糟粕。因此，想要像切西瓜那样对之进行“精糟分隔”，以便留下精的，去掉糟的，虽十分理想，却没有现实的可操作性。事实上，这种“互补”的观点不过是“中体西用”观点的另一种说法而已。中体西用在理论上的说服力是任何人都不能加以否定的，谁不愿意看到在中国实现“坚船利炮”与“贵和尚中”(也就是物质文明与精神文明）的并举呢？然而，坚船利炮乃是西方人那种天然的溯本求源的心理冲动和富于进取性的世界观、价值观的必然产物，这种冲动及观念同时又必定是张牙舞爪的，即排斥中庸的。这些东西，与“贵和尚中”的中国文化精髓无论如何是不能结合在一起的，因为贵和尚中、伦理至上以及群体主义，等等，其本身必然包含了怡然自得、不患寡而患不均、难得糊涂等生活态度。这些东西作为中国人心中的“内圣”，是永远也开不出“坚船利炮”这样的“外王”来的。

而要使中国在当今及未来这个全球化的时代里立于不败之地，甚至实现我们民族的伟大复兴，使中国拥有全球化过程中公认的、令美国等列强不敢小视的“强势文化”，我们那个传统文化的核心部分就不能不抛弃，至少要让它不再成为支配中国人精神世界的核心价值观。

令人欣慰的是，贵和尚中、道义至上之类的精神原则，目前已经被消解得差不多了；它们虽然还远远没有退出历史舞台（也许永远也退不出)，但至少已不再像过去千百年里那样处于支配地位了。这一切全得感谢邓小平。邓小平在中国实施以经济建设为中心、以对外开放为手段的国策，原本是想实现一个极其现实的目标：改变中国千百年来贫穷、落后的物质面貌。但是，这一国策要想获得成功，就只能引进并接受那些使西方国家早已获得成功的东西。这些东西，除了西方的资金、技术、人才、管理模式等“功用性”的因素之外，更重要的是他们的思想观念，或者说他们的哲学理念。这些理念(即西方人固有的“主客二分”的世界观、“对象化”的思维模式以及“个体本位”的价值观等)，恰恰是张之洞在100多年前提出“中体西用”的主张时明确予以否定的“西体”，以及后来人们提出对西方文化实行“去糟取精”时被明确规定为“糟粕”的东西。

惯性如此之大，以至于两千多年里不仅未遇到过真正的挑战，反而总是成功地同化了异己文化的中国文化传统，居然在短短20年时间里就被瓦解了，这在人类文明史上肯定是一件空前绝后的事情。的确，历史上其他的古老东方文明，如埃及文明、巴比伦文明和印度文明，它们的衰落总是激烈的外部事变（如战乱、自然灾害、外部入侵等）的结果，但中国发生的文化转型却是自上而下、和风细雨般地逐渐完成的。究其原因，国际大环境是客观因素。19世纪70年代末，冷战虽正打得难分高下，但不管是美国的西方阵营，还是苏联的东方集团，都认同并积极参与了新技术革命的浪潮；尽管两大集团大力发展科技（尤其是军事科技）力量是为了扼制对方，但是双方在这个竞争过程中还是大踏步地向现代化迈进了。于是，形势逼迫中国人立即采取行动，融入世界经济、科技体系之中。从这里也可以看出，由世界强国创造出来的经济、科技现代化，所代表的并非某一国家或国家集团狭隘的利益，而是全人类的共同利益。但是中国的历史性飞跃，不仅是经济的巨大进步，更是文化理念的转变，从根本上讲，靠的仍是邓小平改革的思想、开放的胸襟、全球性的眼光、务实的作风、果敢的魄力和坚韧的决心。在这里只想指出，邓小平在短短20年里能实现中国的经济腾飞和文化转型，有一个个人的心理因素是特别重要的，那就是他鲜明的实效作风。邓小平对中国传统文化的惰性与排异性无疑是深深了解的。因此，当他作为中国的最高决策者，决定重新启动并扩大他的经济振兴计划的时候，“狠抓一点，不及其余”，或者说，“不争论、集中力量搞建设”，便成了他始终坚持不懈地贯彻的一条原则。邓小平是中国历史上最伟大的现实主义者，他的现实主义精神帮助他实现了近代以来无数先进中国人想要实现而从未实现的强国目标。

文化的转型伴随着经济的腾飞而发生，这是邓小平不曾料到的，甚至也许是他不愿意看到的。但是，由于他是中国改革开放的总设计师，是改革的第一推动者，而文化这种软实力的变化是随着经济这种硬实力的变化而必然变化的，所以，精神层面的历史性转型就不能不归因于邓小平。邓小平在中国几千年文明史上扮演了一种解构旧文化、建构新文化的角色。这一历史地位，必将随着时代的发展而愈加显现。这件事也给予中国持改革态度的思想家和实践家们一个启示：由于传统文化的巨大惰性和保守性（也就是历史唯物论所讲的意识形态的巨大的“相对独立性”），要想正面地、直接地对其实施解构，往往是不能奏效的：要么碰得头破血流，要么被它同化了去。所以，最可行的办法是像邓小平1978年以后实行的改革那样：绕开敏感的意识形态纠纷，一心一意解决人民群众最切身的利益问题，一切从“有利于”出发。等到经济目标实现了，文化价值的问题也就迎刃而解了。在这种情况下，任何想要开历史倒车的图谋都必将不能得逞。

说到传统与现代性的冲突，还应指出一点：传统是一个相对的概念，即相对于现代、当前而言的概念。只要是为现在的发展打下了基础或做了铺垫的东西（包括做了负面的铺垫），都可以视为某种“传统”。长期以来，人们一提到传统，便想到孔子开创的儒学传统（顶多加上道、佛及心学等）。这个传统，我们曾经指出，由于其千百年来的沉淀，早已形成一种“超稳定”的意识形态体系（当然这并不意味着它从来也没有进行过革新）。其在思维方式上的表现在于，它不仅决定了千百年来的中国人在想什么，而且更决定了他们怎么想。通过语言、教育、习俗和日常生活，儒学思维方式已经成为中国人生活中不可分割的一部分，其强度不亚于先天遗传。但是，在先秦诸子百家的争鸣中，统治者和老百姓为什么偏偏选中了儒学而不是别的学说来作为思想统治的理论基础呢？显然，儒学中必定有某种成分使他们觉得有利可图。根据钱满素女士的看法，这种成分可以归纳为三点：保守倾向、等级模式和绝对性思维。

先看儒学的保守性。孔子说：“我非生而知之者，好古，敏以求之者也；”（《论语·述而》）孟子说：“在我者，皆古制也。”（《孟子·尽心下》）在他们看来，人类最美好的“黄金时代”的确是存在过的，即西周社会；今后不可能再有西周这样的时代了，更不用说能超过西周的时代。因此，现在应当做的，不过是“兴灭国，继绝世，举逸民”而已。可见，孔孟的思想注定是向后看的，即厚古薄今的，这种保守倾向至今影响着中国人。千百年来，凡是出了问题，便只能从古人、古代经典中找答案，自己是没有能力、也没有资格来解决的；即使自己的确找到了答案，也仍然要将其归功于某个古人或某部经典。总之，活人是没有权威的，超越历史是不合法的。在中国历史上，最具创新性的理论，最终也不过是“《六经》注我”而已。这种习惯延续到今天，便是有相当多的人“言必称马恩”。似乎离开了马、恩 100 多年前讲的某句话，自己就不能做出判断。在这样的心态与思维定式支配下，社会变化注定要被视为一种破坏性而非建设性的事情；不要说革命，就是改革（改良），也是不受鼓励的。可见，儒学中的复古思想与现代文明的步调是水火不相容的。

等级观念是儒学的第二大特征。在儒学那里，整个社会呈一个巨大的金字塔结构。那个塔基（即芸芸众生）是微不足道的，唯有那个塔顶（即最高统治者）才具有支配一切的最高价值。孟子讲：“一家仁，一国兴仁，一家让，一国兴让，　人贪戾，　国作乱，其机如此，此谓一言偾事，一人定国。”可见，这“一家”“一人”有着何其举足轻重的作用。虽然孔子和孟子也有“天下为公”“民为贵”的思想表述，然而他们从来没有想到过人民也会有自理的能力，“唯上智与下愚不移”才是天经地义的。因此，“天下为公”“民为贵”等思想，实质上是非常虚伪的，儒学与任何意义上的民主、平等观念均格格不入。

绝对化和教条主义是儒学的第三大特征。孔孟思想与老庄思想的一个最大的不同，就是前者倡导真理和道德的绝对性，而后者则持相对主义态度。不过孔子虽对“周礼”推崇备至，他自己毕竟没有自封为真理的化身。但是他的继承者们却做了这件事。董仲舒的“废黜百家，独尊儒术”就是一个最大的典型。从董仲舒开始，两千年一贯制，孔子思想成了“放之四海而皆准”的绝对真理。于是，一代又一代人，皆“以圣人之是非为是非”，而自己独立思考的权利从一生下来就被剥夺了。毫无疑问，这种绝对性思维和教条主义态度在思想上只能助长怠惰和无批判的自以为是，而在政治上则有利于专制统治，正所谓“天不变道亦不变”，它与现代开放精神和多元思维是直接对立的。

从对以上儒学的三大特征的分析可以得出明白无误的结论：在全球化浪潮中，首当其冲的就是儒学的核心价值观。因此，儒学这个最古老的东方传统，从本质上讲是反现代化的，因而是没有生命力的。

但是我们还有另外的传统，那就是科学传统和马克思主义传统。这两个东西相对于两千多年的儒学而言，当然是“现代性”的东西，因为它们毕竟来到中国才 100 来年；但是它们相对于今天这个高技术、全球化的时代来说，却是一种“传统”，因为它们毕竟已经有了 100 来年的历史。科学这个传统与当今时代有着最直接的传承关系。当前的高技术，说到底是从当初那个“赛先生”那里演绎出来的。我们已经指出，这是独属于西方文明的产物，是人类一切物质文明的最高体现。哪怕在最具东方色彩的国家，科学的价值也已经得到了公认。邓小平的“科学技术是第一生产力”的论断，作为一个价值判断，其语气的强度甚至超过了任何西方思想家和政治家所可能做出的判断。这最好不过地说明了科学这个西方的传统在中国等非西方国家的巨大影响。

现在应当特别予以高度重视的，是马克思主义这个在中国已经存在了 100 年的传统。我们曾经指出，马克思主义在中国目前的境遇多少有些令人尴尬：作为一种意识形态，马克思主义拥有一种无可争议的政治、社会地位。它不仅写进了党章和宪法，而且成为制定国家发展战略、路线、方针和政策时的根本性指导原则。但是，当人们对马克思主义进行文化学理层面的研究的时候，却显得没有力度。换句话说，当人们谈到中国的思想文化传统的时候，往往是把马克思主义排除在外的。如果只从义理层面来估价，马克思主义不被重视是有其历史的理由的。毕竟，马克思主义曾经长期以苏联僵化形态出现在人们面前，甚至仅仅表现为一种政治理念和国家意识形态，因而是不容置疑、不容讨论的。不过现在情况要好得多了。除了高等学校的公共政治课课堂之外，马克思主义目前不仅可以被讨论，而且可以从多方面、深层次地加以解读。不过话又说回来，从任何意义（尤其是从社会政治生活的意义）

上讲，马克思主义作为一种精神文化传统，都是不应当受到忽视的。道理也简单得很：作为一种起源于西域的文化模式，马克思主义居然能够在如此之长的时间里处于我们这个拥有两千年不间断文化传统的东方大国的社会进程的核心地位，这本身就是一件极其异乎寻常的事情，因而必定有其之所以如此的历史缘由。

自从马克思、恩格斯于19世纪40年代提出自己的学说以来，已经过去了快两个世纪。在这样长的历史时期里，马克思主义的发展实际上呈现出这样一个地缘文化事实：它产生于西方，却影响、改变和扎根在了东方。这是特别耐人寻味的。为什么会这样？我们认为，马克思主义作为人类智慧和人类优秀思想文化发展的结晶，是由两个大的部分构成的，即理想主义的部分和现实主义的部分。其理想主义部分主要是对人类美好生活（包括经济发展的高效率与分配制度的公平之间的统一，物质生活的不断改善与精神境界的不断超越之间的互补等等）的憧憬与构想，对人的全面发展（即人的创造性、人的精神生活的丰富多彩、人与人的友爱，等等）的关注，对劳动从“异化状态”向“本真状态”回归的信心。总之，从理想的和长远的方面讲，马克思主义是一种人道主义学说。在这个学说中，重要的并非是使人获取最大的经济收益，恰恰相反，它要使人从千百年来一直压迫着人们的经济需求下面解脱出来，以便使人及人类社会获得精神的解放。正是由于马克思所看到的社会和人的生存现状很不理想，主要表现为社会经济生活中的剥削和劳动的异化，所以马克思提出自己的学说首先是要表示一种抗议，即抗议人性的扭曲；其次，马克思要通过社会的和文化的批判来促使人们意识到自己的不利处境，进而自觉地去改善这种处境，使人的“自我”恢复原状。用艾里希·弗洛姆的话来解释马克思的思想就是，“人在事实上不是他潜在地是的那个样子，或者，换句话说，人不是他应当成为的样子，而他应当成为他可能成为的那个样子”[①]。可见，从根本上讲，马克思主义是一种“救世主义”，是

① 复旦大学哲学系现代西方哲学研究室编译《西方学者论〈一八四四经济学—哲学手稿〉》，复旦大学出版社，1983，第59页。

一种全力以赴地促使不合理社会现象向合理社会现象转变的“批判的武器”。

然而，正如马克思本人所讲的，“批判的武器不能代替武器的批判，物质力量只能用物质力量来摧毁；但是理论一旦掌握群众，也会变成物质力量。理论只要说服人，就能掌握群众”。这就是说，马克思主义不仅是一种理想化的人道主义理论，而且是一种力图改变世界的现实革命理论。换句话说，马克思主义一方面树立了一种理想社会、理想人格的范式，同时它又要求人们必须通过切切实实的行动，即“武器的批判”来达到这个目标。马克思主义的现实主义部分，即马克思主义关于社会变革的理论，是人们十分熟悉的。那就是通过揭露资本主义经济制度的剥削本质来唤醒雇佣劳动者的阶级意识，进而组织成为无产阶级的革命力量，在共产党及其领袖人物的领导下，首先在政治上实现变革。用马克思和恩格斯的话来说，“工人革命的第一步就是使无产阶级上升为统治阶级，争得民主”；在此基础上，“一步一步地夺取资产阶级的全部资本，把一切生产工具集中在国家即组织成为统治阶级的无产阶级的手中，并且尽可能快地增加生产力的总量”。要实现这两个目标，最重要的甚至是唯一的手段就是暴力：“共产党人不屑于隐瞒自己的观点和意图。他们公开宣布：他们的目的只有通过暴力推翻全部现存的社会制度才能达到，他们豪迈地宣布：无产者在这个革命中失去的只是锁链，他们获得的将是整个世界。”这正是马克思、恩格斯最先提出，后来又被众多的马克思主义者们接受并用以实现社会根本性变革的途径。

问题是，为什么马克思主义的现实功能没有能够在她的诞生地西方得到充分的发挥，却在遥远的东方（比如俄国和中国）取得了伟大的成功呢？

根据安东尼奥·葛兰西的解释，那是因为西方国家与东方国家的政治上层建筑有原则的区别。他认为，在东方，政治统治就是一切，或基本上就是一切。一旦在东方爆发无产阶级革命并且夺取了国家政权，无产阶级（或受压迫阶级）就会立即上升为统治阶级，随即实现经济制度的变革。而西方社会却更为复杂。它是“上层建筑”与“市民社会”的有机统一，资产阶级统治是建立在“强制”（暴力、压迫，等等）和“同意”（民众对体制的认同）相结合的基础上的。因此，一方面，在西方爆发革命的可能性和成功的可能性都很小，另一方面，即便夺取了国家机器，市民社会也会从内部将革命的成果逐步瓦解掉。因此，马克思设计的暴力革命的道路在西方是注定行不通的，足见葛兰西的观点是很有道理的。毫无疑问，马克思主义的理想主义部分是具有普遍意义的，它对人的全面发展和社会全面完善的描绘与预言，不论对西方还是对东方，都是一种普适的价值观。然而，马克思主义的现实主义部分，在西方和东方的适用程度却有天壤之别。不错，马、恩十分痛恨他们所生活的那个自由资本主义的社会，并通过大量论述来揭示了它的罪恶以及它被社会主义、共产主义所取代的历史必然性。但是，西方的资本主义制度，就像西方历史上其他社会制度一样，从来不是一成不变的。西方文化中所固有的批判性、怀疑性和相对主义，使得西方人不愿接受“永恒真理”“天不变道亦不变”那样的观念。马克思和恩格斯以及其他对资本主义持激烈否定态度的思想家们的批判，客观上促使这个制度的维护者们认真地对待这个制度的种种弊端，并千方百计采取经济的、政治的、科技的、社会的和文化的措施，来缓解甚至尽可能消除这些弊端。结果，资本主义便从马克思那个时代的自由、放任、粗放、赤裸裸的形态逐步演化为后来的理性的、成熟的和温文尔雅的形态了。而马克思当年对它的揭露、批判，以及当年设计的推翻它的现实途径（暴力革命等），便显得不现实了。在这种情况下，如果真的发生一场旨在推翻现存资本主义制度的革命（不管是暴力的革命还是非暴力的革命），那么，一方面不会有足够的“下层劳动者”参加，另一方面，即便有那么多人参加，他们在这场革命之后所失去的，便绝不仅仅是锁链。换句话说，西方的无产者已经失去了当初马克思和恩格斯曾对之抱有极大信心的阶级意识。

东方国家的情况则有很大的不同。首先，在东方国家，政治权力是支配一切的至高权力。正如葛兰西所指出的：最高权力一旦发生变故，改朝换代、社会大变迁便即刻实现。因此，马克思、恩格斯所设计的“剥夺剥夺者”“用暴力推翻现存制度”等革命方略，最能引起东方革命者的共鸣，也最易于被东方革命者所采纳（当然，在真正实施的时候，还必须与本国的具体情况相适应，设计出一种最可行的革命方式来。这是马克思主义之所以在东方取得成功的一个原因。另一个原因则是：东方被压迫民众与西方被压迫民众的生存境遇之间的差别实在是太大了，以至于一方面，马克思主义在力图唤起西方无产者的阶级意识和革命冲动时总是遭到失败，而另一方面，它在传播到东方国家时，却意外地将东方劳苦大众的阶级意识和革命冲动极大地激发出来了。的确，《共产党宣言》《英国工人阶级状况》《雇佣劳动与资本》《资本论》等著作所揭露出来的西方无产者的“非人道”的工作状况和生活状况，如果放到俄国和中国的劳动者当中来，简直就成了享受。马克思曾经把订阅报刊、孩子受教育等费用，折算成19世纪欧洲一个普通工人家庭的“社会必要劳动时间”；然而这样的开支在20世纪上半叶的中国，哪怕对于中等阶层来说也是不可能的。于是，当西方的工人阶级对马克思主义的召唤无动于衷的时候，东方的劳动人民却在了解到马克思主义的基本内容之后，便风起云涌般地投身于“剥夺剥夺者”“翻身做主人”的革命中去了。

马克思在谈到黑格尔哲学的现实意义的时候，曾经把这种哲学称作“法国革命的德国理论”。意思是说，黑格尔哲学从表面上看是一种用艰涩的语言包裹起来的保守的德国理论体系；但是，这种哲学内在的、本质的革命精神却是对法国大革命的理论策应。虽然黑格尔哲学未能在黑格尔的故乡德国造成现实的变革，但却引起了法国革命者的共鸣。马克思对黑格尔理论所产生的奇异社会效益的这种评价，不是也可以用来刻画马克思自己的理论吗？这一产生于西方而在东方国家造成了空前社会变迁的伟大学说，不正是一种“东方革命的西方理论”吗？

马克思主义能够在中国引起革命，已经很清楚了；但是它能够在中国扎下根来，其原因则更加深刻。人们往往把马克思主义成为中国近50年的指导思想这件事，归结为所谓“权力话语”的结果，这种说法当然是有道理的；但是，马克思主义与中国传统文化中的某些成分的天然一致，却是根本性的。作为西方文化的一个类型，马克思主义对人性的估价应该说是非西方化的，即它不承认人性的丑恶和原罪，反而认为人有着某种善良的意愿，比如人对“本来意义”的劳动的天然热爱，人对消除精神异化、回归自然本性的渴望，人在物质极大丰富的情况下对自身“全面发展”的向往，人对“物质生产领域的彼岸”的那个“历史自由王国”的憧憬，等等，都表明马克思对人性的“复归”是心驰神往的。而这种倾向，恰恰与儒学对道德理想的追求、对“大同世界”的渴望、对“人人皆可为尧舜”的期盼，是高度一致的。这是马克思主义扎根于中国的一个不可忽视的内在原因。

但是马克思主义比中国传统文化高明的地方在于：它从来都强调人的完善的每一步都不能不与社会生产力发展的特定历史阶段相联系，尽管这种联系并不是机械的和直截了当的，而是恩格斯一再指出的那样，是“归根结底”意义上的。可见，马克思主义是一种既包含了西方的“工具理性”精神，又包含了东方的“价值理性”意蕴的思想体系。在全球化浪潮即将从经济和科技领域涌向思想文化领域的形势下，正确地认识与估价100年来马克思主义在中国造成的正负影响，以便在革新了的马克思主义基础上，奋力找到沟通东西方文化壁垒的最佳途径，既是知识分子的分内之事，也是政治领导人的应尽之责。

再版后记

◇ 陶渝苏　徐　圻

此书初版是在二十年前，现在回想当年写作的初衷与过程，感慨与惆怅一并涌上心头。

本书的构思与写作有一个过程。20世纪90年代中期，国内学术界的一项集中而热烈的活动，就是围绕东西方文化价值问题展开讨论。当时一些主要的学术刊物登载了大量的学术论文，不少出版社也推出了一些有分量的学术论著。这些论著的深、广、新自不待言，但似乎都存在着这样一个倾向：在不经意间将马克思主义排除在了文化构建的视野之外。结果，马克思主义（尤指马克思本人关于人的哲学思考）成了一块理论飞地。

我们认为，有一个简单而无可辩驳的事实是不能不面对的：植根于中国文化沃土之上的马克思主义已经占据了长期而稳固的主流文化地位。因此，当前及今后相当长的时期，任何一项重要的思想文化事业都不可能不与马克思主义有直接的关联。由此还可以得出这样一个结论：对马克思主义进行真正深入的理论探讨，不仅是可能的，而且是十分必要的。当然，过去那种僵化和教条的理解肯定是无助于这种探讨的，所以重要的仍然是对马克思主义进行中国式的解读。我们的这些观点当年在《光明日报》《新华文摘》等报刊上发表后，得到了学术界一定的认可和呼应，这就促使我们下决心就这个问题进行更加深入、更加系统的研究。

1998年，我们以《马克思主义哲学与文化》为题，申报当年的国家社会科学基金课题并获得立项，我们的专题研究由此开始。

在确定研究思路时我们感到，仅仅对马克思主义（特别是马克思的人学理论）作形而上的思考，是过于抽象也过于狭窄了；必须使学术研究与中国及世界的现实相结合，或者说，必须使马克思主义的学说（既包括马克思本人的表述，也包括人们对他的表述所做的表述）介入生活世界，以便在已经发生特别是正在发生的历史文化活动中体现其不竭生命和恒久价值。

说到马克思主义在世界文明史上的地位，就不能不探讨马克思对人和人性的关注，也不能不对马克思关于人的平等、自由、异化等问题的思考加以解读；说到马克思主义与东西方文化的关系，就不能不对东西方文化各自的特点以及马克思主义与它们的联系与区别加以诠释；说到马克思主义的现代文化价值，就不能不结合过去的某些西方人对马克思主义哲学所做的独特理解和现在的某些西方人对“现代性”所做的批判与“超越”，来重新展示马克思主义在“全球化”态势下的现代意义。

本书的写作分工如下：徐圻撰写第一章、第二章、第八章；陶渝苏撰写第三章、第四章、第五章、第六章、第七章。

在此，我们要诚挚地感激贵州大学“百年贵大文化建设丛书”编委会将本书列入其“百年贵大学术精品文库”系列丛书予以再版，让我们20年后有机会再一次来审视这部书稿。同时我们要衷心感谢贵州大学出版社，尤其是郭晓林副社长，感谢他的热情推荐与支持；衷心感谢责任编辑吴亚微女士的认真工作和诚恳建议，为本书的再版倾注了心力。

2022年4月